Second Edition

Travel Product
Development Theory

여행상품과 여행에 관심 있는 모든 분들을 위한

여행상품개발론

고종원 저

백산출판사

Preface

어느덧 계절은 봄의 한가운데에 와 있다. 개나리와 진달래 그리고 벚꽃과 목련이 피어나고 한껏 신록의 계절의 정점을 향해 나아가고 있다. 두루두루 만사가 평안한 세월과 여유가 있는 성숙한 마음가짐이 더하여지기를 기원해본다.

여행업계에서의 고생의 시절, 관광선진국에서의 인솔자 업무수행을 통해 우리나라의 여행업계를 위시한 관광업의 발전을 소망하면서 나아가 발전하리라 믿어 의심치 않는 확신과 신념을 갖고서 그렇게 세월이 지나갔다.

오늘날 여행업계 성장의 속도는 가히 기대와 예측을 앞서 진행되고 있다. 이미 유망 직업으로 여행상품기획자, 여행 코디네이터라는 직업이 소개되어 알려지고 있다. 여행상품기획자는 고객의 시선을 끄는 여행상품을 만드는 직업으로 특별한 여행을 원하는 사람들을 위해 정보를 모으고 제공하는 업무를 담당하는 사람을 말한다. 여행 코디네이터는 여행소비자의 취향에 맞는 여행 일정을 추천하고 신상품을 개발하는 사람이다. 고객의 재정 상황과 여행 성향과 취향 그리고 휴가 일정 등을 고려하여 여행 스케줄을 작성해 주는 전문가를 의미한다. 이러한 직업이 부각되고 있는 것도 사실은 근자에 들어서 여행수요의 증가와 생활환경의 변화상황과 연계된다. 최근에 출시되고 있는 세계여행일주 상품은 고비용에도 불구하고 관심과 구매 능력 그리고 시간을 갖춘 세대에 의해 구매되고 있고 반응도 좋은 상황이다. 이렇듯 세계일주도 우리에게 이제는 일반화되어 가고 있는 것이 현실이다.

국내에는 현재 여행사 등록업체의 수도 여행수요 확대에 따라 1만 개 이상으로 증가일로에 있다. 여행사의 주요품목인 여행상품은 날로 다양화되고 세분화되고 있으며 여행사 입장뿐만 아니라 고객인 여행자의 입장에서도 선택의 주요 동기로 작용하고 있다. 또한 여행상품은 여행사의 판매의 주요한 수단으로 중요성을 강조해도 지나치지 않을 것이다. 그럼에도 불구하고 여행상품에 대한 구체적이고 실증적인 상품에 관련한 대학에서의 교육은 미비한 상황이라고 여겨진다. 사실 업계 변화의 속도에 학계의 움직임과 공조가 상당히 부진한 것이 사실이다.

특히 여행사에 대한 호텔관광 전공 학생들의 관심과 지원이 날로 증가하고 있는 상황에서 여행상품에 관련한 전공 교육으로서의 커리큘럼의 제공은 무엇보다도 중요하고 절실한 문제라고 판단된다. 여행업계와 시대 상황의 변화에 부응하기 위해서는 여행상품에 관련하여 지속적이고도 명철한 분석과 참신한 아이디어가 학계에서도 지원됨으로써 보다 여행업의 발전에 조력할 수 있다고 사료된다.

본서의 저작 동기는 나름대로 저자의 여행상품에 대한 관심과 연구 시간의 할애에서 비롯되었다. 그리고 여행상품 전반에 관한 고찰을 통해 여행상품의 흐름을 이해하려고 했다. 변화의 흐름을 통해 미래상품도 예측할 수 있을 것이라 여겨진다. 또한 업계의 상황과 현황을 고려하여 실제적으로 여행상품을 파악하고 분석하고자 하였다. 이러한 과정을 통해 여행상품의 종류는 상당히 다양하고 폭넓고 변화의 속도 또한 빠르다는 것을 인식하였다.

특별관심관광의 추구 성향이 높아지고 있다. 최근에 국내 여행상품에서도 예를 들면 영동 와인투어나 청도의 소싸움축제 그리고 와인터널 견학 코스 같은 상품 즉, 특별관심관광(SIT: Special Interest Tour)의 수요와 관심이 커지고 있다. 한편 남극 여행의 수요도 증가하여 세계적으로 한 해 약 2만 명에 이르고 있다. 이제는 아프리카 상품, 중남미 상품, 중동 및 지중해 지역의 특수지역 상품도 일반화된 상황이다. 계속해서 여행지역이 국내외를 막론하고 확대되어 여행상품의 다양화가 시도되고 있다. 동일 지역을 방문하더라고 방문목적과 여행상품의 종류가 세분화되고 있다.

본서에서는 여행사 상품의 일관적인 소개를 피하기 위해 여행 및 기행 저서의 관련 내용을 소개하기도 하였다. 본서의 주요한 목차를 소개하면 제1장 여행상품의 분류, 제2장 추천 여행상품, 제3장 여행상품 개발, 제4장 여행사의 여행상품 수배, 제5장 여행상품 현황과 분석, 제6장 여행업과 여행상품의 향후 전망, 제7장 여행상품 정책 및 제도, 제8장 여행상품 마케팅 그리고 부록으로 구성되어 있다.

여행상품은 다양한 소재로 상품화되어 가고 있고 개발의 가능성 또한 상당하며 잠재력은 무궁무진하다. 시간이 흐를수록 여행상품의 영역이 폭넓고 세분화되고 확대될 것이다.

여행업의 계속되는 발전에 여행업에 입문하여 나름대로 많은 시간을 종사한 입장으로 자부심을 느낀다. 여행업은 네트워크이다. 지난날 함께 했던 여행업 종사자들은 여행사, 현지 로컬 등 현재도 연계되어 활동하고 있다. 저자의 주변에는 이스라엘, 이집트, 스페인, 영국, 프랑스, 벨기에, 미국, 뉴질랜드, 호주, 필리핀, 태국, 아랍에미리트 등 많은 지역에서 지인들이 여행업과 관련한 사업, 랜드사, 가이드, 식당, 면세점 등 여러 분야에서 자신의 직업에 충실하고 있다.

2000년대 후반 이후의 상황을 예측해 보면 호텔 관광 지원자들에게는 전 세계가 하나의 진출영역이 될 것이다. 국내외의 관광산업 발전과 함께 다양한 방식으로 진출하여 자신의 분야에서 열심히 일하며 전문가로 발전해 나갈 것이다. 아울러 여행자들에게는 기존의 관광국가들과 함께 세계의 구석구석이 여행 대상이 될 것이다. 세계의 경제적, 정치적 협력과 공조로 젊은이들에게 문호가 더욱 개방되고 종사자로서의 기회가 확대될 것이다. 나아가 준비하고 자신의 경쟁력을 배양한 인재에게 보다 큰 혜택과 대우가 주어질 것이다. 이러한 측면에서 관광 분야의 비전과 발전 가능성은 세계의 여러 산업 분야와 공조하고 맥을 같이 한다고 하겠다.

본서는 나름대로 시간을 소요하고 할애한 연구로 생각된다. 부족하나마 노력의 결실은 온 천지를 창조하신 하나님과 십자가의 부활을 통해 인간을 극진히 사랑하신 주님께 영광과 찬미를 돌린다. 개인적으로는 금년이 아버님의 희수로 축하드리고자 한다.

부단히 달렸던 업계에서의 1990년대 초부터 2000년 중반까지의 생활이 그립다. 당시에는 많은 어려움과 고민과 갈등도 있었던 것이 사실이다. 지금은 당시 여행업계에서의 생활과 출장에 대한 그리움과 회상을 갖게 되며 참으로 유익하고 행복했던 시간이었음을 느낀다. 개인적인 감정을 넘어 여행업과 학교 교육의 공조는 강화되어야 한다고 생각된다. 산학협력은 실질적으로 산학 일체로 발전해야 한다고 사료된다. 이러한 맥락에서 업계의 업무 내용과 학교 교육의 긴밀한 교류와 적절한 균형이 유지되어야 할 것이다.

본서에서는 독자의 이해와 흥미를 위해 사진 첨부와 시사적인 내용 그리고 여행 및 기행 서적 등을 많이 참고하려고 하였다. 본서의 구독 대상은 전공 학생, 여행상품에 관심 있는 일반인 등 여행상품과 여행에 관심이 있고 향후 여행전문가로서 준비하는 분들이다.

저서의 제목은 '여행상품개발론'으로 정하였다. 일정 부분은 기존의 연구가 되어왔던 것도 사실이다. 그러나 '여행상품개발론'이라는 분야로 향후에도 지속적이고 한층 발전적인 연구가 이뤄지기를 기대한다. 이러한 측면에서 본서에 대한 독자와 관련분야의 전문가 그리고 일반인의 조언과 평가를 겸허하게 수용하고자 한다. 여러 면에서 부족한 내용과 노력으로 감히 자신의 주장을 하는 반성도 해보게 된다.

끝으로 지도교수이신 권순 교수님의 항상 변함없는 제자 사랑에 깊은 감사를 드린다. 그리고 본교에 몸담아 이러한 연구의 결실도 얻게 해주신 연성대학교의 이사장님과 총장님께 깊은 감사의 인사를 올린다. 또한 본서를 출간해 주신 백산출판사의 진욱상 대표님과 관계자 여러분께도 감사를 드리는 바이다. 또한 여행관련 사진을 제공해 주신 투어2000 여행사와 사례에 있어서 세계여행신문의 자료를 참고하여 사용함에도 감사를 드리는 바이다.

2007년 4월 11일

작년 여름 자주 찾았던 수리산을 바라보며 저자 고종원

Contents

Chapter 1 여행상품의 분류 • • • 13

Chapter 2 추천 여행상품 • • • 49

Chapter 3 여행상품 개발 ··· 87

Chapter 4 여행사의 여행상품 수배 ··· 119

Chapter 5 여행상품 현황과 분석 • • • 147

CHAPTER

1

여행상품의 분류

자네는 생의 심장부를 향해 가는 여행길에서
많은 사람을 만나게 될 거야.
그들로부터 무엇인가를 배울 것이고.
그러나 마지막 목적지는 자네 혼자 찾아야 해.
자네의 영혼 말고는 누구도 자네를
목적지로 안내해 줄 수 없기 때문이야.

(마음의 여행자, 한스크루바 / 서경홍 옮김, 조화로운삶, 2006)

CHAPTER

1 여행상품의 분류

여행상품의 종류는 기본적으로 국내 여행상품, 해외 여행상품, 외국인 여행상품 등으로 분류된다. 그리고 세부적으로 참가 형태, 참가 규모, 판매시장 등으로 분류된다. 이선희(1996)의 분류에 의한 여행상품은 다음과 같다.

〈표 1-1〉 여행상품의 분류

기본적 분류	국내 여행상품, 해외 여행상품, 외국인 여행상품
참가 형태	단체조직형 상품, 개인 참가형 상품
참가 규모	개인 여행상품, 단체 여행상품
판매시장	일반모집형 상품, 인센티브형 상품, 유연 단체형 상품, 통신 판매상품
여행목적	순수여행상품, 겸목적 여행상품
여행 형태	패키지여행, 시리즈 투어, 유람선 여행, 국제회의 여행, 전세 여행, 보상 여행, 인터라인 여행상품, 이벤트 여행상품, 임의여행상품
체류 형태	주유형 상품, 체재형 상품, 개방형 상품
기획주최자	기획 여행상품, 공동 주최상품, 주문 여행상품
참가자 계층	신혼 여행상품, 중년 여행상품, 노인 여행상품

자료 : 이선희, 여행업개론, 대왕사, 1996, pp.134~140; 유영준 외, 관광상품기획론, 대왕사, 2005, p.19.

1. 여행상품의 변형

1) 항공사/랜드사 연합상품

항공사와 랜드사가 연계하여 제작, 시판하는 상품을 말한다. 여행사가 배제된 상황에서 항공사와 랜드사가 직접 여행객 모집 및 현지 수배 등을 담당한다.

2) 항공권 판매대리점(GSA) 상품

항공사로부터 여행사가 판매대리점 계약 후 취급하는 항공권이나 해당 판매대리점에서 취급하는 판매상품을 말한다.

3) 허니문리조트 상품

최근에는 신혼여행이 더욱 고급화되어 가고 있는 추세다. 발리, 타히티, 팔라완, 세부 등 휴양지를 방문하는 허니문리조트 상품이 인기를 끌고 있다. 편안하게 휴식하고 즐기는 럭셔리한 상품이 주를 이루고 있다.

2. 여행상품의 변화

1) 세계문화유산 및 세계 7대 불가사의 방문상품

이탈리아 로마의 콜로세움

여행상품의 변화는 관광경쟁력을 지닌 세계적인 문화유산 관련 지역을 방문하는 상품과 관광객들에게 흥미를 유발하고 관광지를 찾게 하는 동인이 되는 세계적인 불가사의 한 지역을 관광 상품화하여 여행객들에게 어필하고 있다. 이러한 차원에서 본격적으로 여행 상품화되어

여행수요를 증가시키고 있다. 구체적으로는 한국의 사찰관광(Temple stay), 종묘제례, 팔만대장경, 석굴암, 불국사 등 국내 지역과 중국의 만리장성, 자금성, 서안 진시황제 병마총, 이집트의 피라미드, 이탈리아의 수상도시 베니스, 콜로세움, 피사의 사탑, 인도의 타지마할, 터키의 성 소피아 성당, 미국 서부의 그랜드캐니언, 캄보디아의 앙코르와트 등 해외지역을 들 수 있다. 이뿐만 아니라 중국의 장가계처럼 유네스코가 지정한 세계자연 문화유산 지역도 있다.

2) 특정 관심 관광

특별한 분야나 영역에 관심을 두고 진행되는 관광 형태로 목적형 여행이라 할 수 있다.

SIT(Special Interest Tour: 특별관심 여행/특정 관심 관광)이라고 명명된다. 현재 와인에 대한 관심이 증가됨에 따라 국내의 와인산지인 영동 와인코리아 와이너리를 중심으로 한 와인투어, 청도 감와인투어, 대부도의 와인투어[1], 임실 산머루 와이너리 투어, 해외 와인투어 지역으로 프랑스 보르도 및 브르고뉴 지역, 이탈리아 와인투어, 호주 와인투어 등 포도산지를 중심으로 와인투어 상품이 하나의 여행상품으로 자리 잡아 가고 있는데, 전형적인 특정 관심 관광이다. 최근에는 매니아가 증가하여 겨울철 주요상품이 된 스키투어, 낚시관광, 골프투어, 축제여행, 고래관광(Dolphin tour), 태백산 눈꽃열차, 록키 눈꽃열차, 개썰매관광 등이 특정 관심 관광으로 많은 SIT상품이 개발되고 있다. 미술에 관심이 있는 사람들이 함께하는 미술관 투어, 역사와 문화 그리고 유적에 대한 관심이 많은 사람들이 함께 하는 박물관 투어 등은 목적과 동기가 명확한 특정분야에 관한 관심 관광이

1) 그랑꼬또라고 불리는 와이너리를 투어하게 된다. 한국에서 가장 포도 재배에 적합한 곳 즉 테루아가 좋은 곳으로 평가된다. 장인정신을 갖고 있는 대표자의 의지와 집념을 엿볼 수 있는 견학이 가능한 장소이다. 캠벨얼리 품종을 중심으로 화이트, 레드, 로제, 코냑(브랜디)까지 다양한 와인을 생산하고 있다.

라 하겠다. 최근 관광 분야가 더욱 부상되고 있는 중국에서도 향후 유럽상품에서 경험하기를 선호하는 미술관과 박물관 투어상품의 준비를 가속화하고 있다. 2015년까지 3,000개의 박물관을 설립한다는 계획이며 2007년에 2,300개를 넘어서고 있다(세계여행신문, 2007.1.29.). 메디컬투어 즉 의료관광[2] 상품도 부각되면서 여행사, 항공사, 병원 등의 업무제휴를 통해 의료관광마케팅을 활성화하고 있는 상황이다.

3) 체험형 상품의 대두

단순하게 보고 즐기며 감상하는 관광이 아니라 관광객이 참여하는 형태의 여행상품이다. 현재 유럽에서 인기를 끌고 있는 농어촌관광, 국내외에서 특히 외식업 창업을 위한 창업자 답사여행, 한국영화의 발전과 연계된 영화드라마 촬영지 방문여행 등 체험하면서 느끼고 소기의 목적을 달성하는 체험형 여행상품이 증가하고 있다.

4) 노인관광상품의 증가

선진국에서는 연금의 정착과 평균수명의 증가 등으로 이미 오래전부터 노인을 대상으로 한 노인관광상품이 개발되어 왔다. 해외여행의 일반화가 이미 선행되었고 장기간의 여행형태로 발전되는 상황과 연계되어 크루즈 여행상품, 장기체류형 여행이 노인관광상품의 주종을 이루고 있다. 우리나라에서도 노인층을 대상으로 한 여행상품 개발 및 수요가 차츰 증가하고 있다.

5) 여행지역의 확대

캄보디아, 팔라완, 몰디브, 페낭, 페테르부르크(레닌그라드), 프라하, 마드리드 등이 항공기의 취항과 함께 상품화되어 일반적인 관광지가 되었다. 불과 몇 년 사

2) 2012년 방한 의료관광객은 15만 9,464명으로 정부의 정책적 지원 등으로 지속적으로 늘어나는 것으로 분석된다(Chosun.com; 2014.1.5.). 한국관광공사가 분석한 한국의료이용 외국인 실환자 통계자료에 따르면 2019년 한국의료를 이용한 외국인 실환자는 약 50만 명에 달했다(워크 국제의료관광코디네이터 블로그). 이는 우리나라가 의료관광의 경쟁력을 지속적으로 강화하여 중동 국가 등 외국인 의료관광객이 증가하는 것으로 알 수 있다.

이에 접근하기 어려운 지역에서 일반적인 관광지로 변모하였다. 중국의 티베트, 위구르 지역도 항공기 취항과 함께 상품화되어 수요를 증가시키고 있다. 최근에는 지중해 및 북아프리카 지역에 위치한 몰타, 튀니지여행도 소개되고 있어서 향후 수요가 늘어날 것으로 전망되고 있다.

스페인 세고비아의 로마시대 수도관

(1) 항공기의 취항 영향

특히 신규 취항되는 지역이 새로운 관광상품화가 되고 있다. 항공기의 취항에는 특히 대형여행사가 참여하는 여행형태로 발전하면서 수요 또한 커지고 있다. 체코, 레닌그라드, 페낭 등의 지역이 항공기 취항과 연계된 여행상품으로 대두되었다.

(2) 아프리카 오지여행

아프리카 지역도 여행상품의 수요가 증가하면서 개발이 확대되어 상품화되고 있다. 사파리 투어와 함께 잠비아, 짐바브웨, 남아공, 케냐 상품이 주요 지역으로 상품화되었다.

(3) 인도상품

인도는 기존의 배낭여행 상품으로 인기를 끌어 왔다. 최근에는 세계문화유산 탐방 상품으로 확대되어 상품화되어 수요가 진척되고 있다.

(4) 몽고 바이칼 상품

유목민의 생활을 볼 수 있는 탐방상품, 겨울에 이용하는 승마, 시베리아 지역을 횡단하는 열차 이용, 세계에서 가장 깊고 아름다운 호수로 최대 깊이가 1,620m인 바이칼 호수 방문을 할 수 있는 상품이다.

(5) 에코투어 상품

생태관광지역이 확대되고 있다. 호주의 퀸즐랜드 주도인 브리즈번의 탕갈루마 리조트상품은 에코투어상품으로서 돌고래 먹이주기, 사막 사파리와 모래썰매, 난파선투어 등의 친자연적이고 환경적인 형태의 여행을 추구하고 있다. 뉴질랜드의 경우에도 남섬의 마운트쿡 주변의 호수와 빙하지역도 오염되지 않은 생태관광지역으로 인기가 높다.

(6) 전문랜드 지역 확대

새로운 지역에 업무를 확대하는 랜드사, 즉 여행수배업체가 늘어가고 있다. 새로운 시작의 경우와 기존의 영역 외에 추가적으로 지역을 확대하는 경우 그리고 지역을 바꿔서 새롭게 개척하는 경우가 있다. 최근 동유럽, 아프리카, 남미, 두바이지역 등 중동 지역도 관광이 활성화되면서 랜드사가 생성되고 하나의 랜드영역으로 확장된 것처럼 새로운 지역들이 부상하고 있다. 몰타, 튀니지 등 북아프리카 전문 랜드사도 출현하여 새로운 여행상품을 제시하고 있다. 몰타, 튀니지와 발틱 3국(에스토니아, 라투비아, 리투아니아), 코카서스 3국(조지아, 아르메니아, 아제르바이잔) 등의 신규 목적지의 여행상품화는 국내에서는 잘 알려지지 않은 지역으로 색다른 매력을 줄 것으로 사료된다.

남극 목적지 여행상품

남극, 더 이상 죽음을 무릅쓴 탐험대나 가는 곳이 아니다. 남극 여행상품이 나왔다. 탐험대 수준의 체력은 없어도 된다. 돈은 많이 든다. '신발끈 여행사'가 마련한 '남미, 남극이야기 19일'은 남미 여행 전(혹은 후), 칠레에서 경비행기를 타고 남극으로 날아가 1박 2일간 머무는 일정이다. 839만 원부터이다. 더 드라마틱한 상품은 '남극점 밟기'이다. 남극점에 태극기를 꽂아 볼 수 있는 기회다. 거의 열흘간 크로스컨트리로 남극점을 향해 가는 일정이다. 상품가격은 무려 3만 8,500달러(약 3,700만 원), 항공권(350만 원선)은 별도이다.

– 중략 –

남극 상품은 사람들이 많이 가지 않는 곳을 선호하는 사람들과 교육업에 종사하는 교육자들이 주로 참여하고 있는 것으로 보고되고 있다.

내가 증명해 보이고 싶었던 것은 남극 또한 시간과 돈과 용기, 그리고 체력만 있으면 도달할 수 있는 하나의 여행지라는 것이다. 남극을 찾는 미국인은 한 해 약 1만 명, 영국 4,000명, 일본 800명, 필리핀 20명 등 한 해 2만 명이 남극을 여행한다. 그러나 2005년 남극을 여행한 한국인은 단 2명(크루즈 여행). 우리나라 해외여행객 수는 약 1,000만 명(일본의 해외여행객은 1,600만 명)에 이를 정도로 그 규모는 엄청나게 커졌지만, 우리에게 '미개척' 여행지는 아직도 많이 남아 있다.

– 중략 –

(장영복 신발끈여행사 대표: www.shoestring.kr).

6) 유학 어학연수 및 인턴십상품

미국 보스턴 MIT 대학교 강의실 복도

해마다 무역수지의 적자 요인으로 지적되는 유학, 연수가 크게 증가하고 있다. 그만큼 수요도 커지고 있는 것이 현실이다. 현지국에 어학연수를 위해 출국하는 학생들이 많아짐에 따라 해당 외국어를 습득하기 위해 현지 대학에서 학기제로 연계되는 대학의 학과 및 전공도 있다. 해외유학을 위해 사전에 답사형식의 여행인 캠퍼스투어, 현지 중동의 세계적인 관광특화 지역으로 부각되고 있는 두바이 호텔의 해외인턴십 등의 상품도 부각되고 있다. 해외에서 직장 등을 경험하는 인턴십으로는 일본, 말레이시아, 호주 등의 지역으로 많이 출국하고 있다.

7) 모험관광상품

일반적인 상품과는 달리 다소의 위험이 수반되는 특별한 여행형태의 상품이다. 뉴질랜드의 번지점프나 스키, 태국의 패러세일링과 제트스키 그리고 코끼리 트레

킹, 알래스카의 빙하투어, 네팔 · 티베트 · 대만 · 말레이시아 · 스위스 · 프랑스 등에서의 산악투어, 호주 시드니의 하버브릿지 모험관광상품 등이 이에 속한다. 터키의 카파도키아 지역의 열기구 풍선 투어도 인기있는 상품이다. 대부분 레포츠활동과 관련된 선택관광들도 이 범주에 포함된다. 마카오정부관광청이 선정한 마카오에서 꼭 해봐야 할 7가지 내용에 포함된 58층의 마카오 타워에서 마카오의 야경을 내려다보기와 스릴 만점의 스카이 워크, 스카이 점프는 216m의 높이에서 즐길 수 있다. 고산트레킹도 모험관광의 전형적인 형태가 될 것이다. 터키의 아라랏산, 남미 아콩카구아(6,959m), 러시아 엘부루즈(5,642m), 아시아 남쪽의 히말라야, 미국의 요세미티와 알래스카, 케냐의 킬리만자로 등의 지역이 대표적인 고산 트레킹 지역이다.

최근 뉴질랜드의 타스만 빙하는 호주, 뉴질랜드 상품과 연계되어 상품화되었다. 타스만 빙하는 마운트 쿡의 장엄한 자연과 어우러져 신비로움을 자아내는 뉴질랜드 최대의 빙하로 보트를 타고 빙하호 위를 달리면서 빙하수를 시음하며 빙하를 만져 볼 수 있는 특별한 모험관광이다.

2018 동계올림픽 개최지 평창에서의 한겨울 설산에서 즐기는 개썰매

평창에는 용평리조트와 휘닉스파크라는 국내에서 가장 잘 알려진 스키장이 있다. 스키는 겨울철 가장 인기 있는 스포츠로 국내에서도 자리잡고 있다. 특히 동남아에서 외래관광객들이 겨울철 스키를 타기 위해 입국하고 있어서 주목할 만하다. 눈이 많은 강원도의 대표적 지역인 평창에서 스키 외에도 외국에서처럼 인기 있는 개썰매상품이 개발되어 눈길을 끌고 있다.

동계올림픽을 개최한 평창에서 겨울철 개썰매상품이 출시되었다. 평창의 남병산으로 해발 1,000m 지역이다.

평창은 원래 사람에게 가장 좋은 기압과 리듬을 제공하는 해발 700m 지역으로 잘 알려진 곳이기도 하다. 이곳에서는 북극지방의 대표적인 썰매견인 알래스칸 말라뮤트가 썰매를 끈다고 한다.

초보자도 쉽게 개썰매를 탈 수 있다고 한다. 1,000m 지역이지만 길이 평탄하고 안전장치가 잘 되어 있어서 그렇다. 평창의 개썰매는 네 마리가 끌며 속도감과 스릴을 느낄 수 있다고 한다. 이용요금은 30분 동안 1인당 8,000원이다. 개썰매는 흥미롭고 신나는 놀이로 관심을 끌고 있다. 약 3시간 동안 충분히 즐길 수 있는 개썰매 피크닉코스는 1인당 8만 원 정도라고 한다. 개썰매의 참맛을 느낄 수 있다고 한다. 눈 덮인 산 주위의 경치를 감상하는 것도 훌륭하다고 한다. 평창 동계올림픽의 개최가 결정되었을 때부터 이러한 관광상품들이 모아져서 2018년 평창에서의 올림픽이 성공적으로 개최되는 데 일조하였다.

8) 배낭여행 상품

최고의 역사와 전통의 뮌헨 맥주축제(Oktoberfest)

기존의 서남부 유럽 배낭여행뿐만 아니라 동유럽, 동남아, 인도, 중국, 일본, 중동, 남미, 아프리카 등 전 세계 지역으로 배낭여행의 수요가 확대되고 있다. 이는 개별여행의 수요와 관련되어 있으며 젊은층을 중심으로 실제 자신에게 필요한 내용에 관련된 여행형태이다. 쇼핑, 특정 분야 등 구체적이고 다양한 목적을 지향하는 배낭여행의 수요도 증가하고 있다. 근자에는 자전거나 스쿠터 그리고 오토바이를 이용한 배낭여행이 증가하고 있다. 마니아들에 의해 전 세계 및 대륙을 일주하는 배낭형 자전거여행이 증가하고 있다. 짧게는 1달에서 길게는 7~8년이 소요되기도 하는데 보통은 1년 이내가 일반적이다. 여름철에는 직장인을 대상으로 하여 단기 여행 배낭여행 상품이 출시되고 있다. 홋카이도는 여름에 청량하고 시원하여 일본인들이 가장 선호하는 지역으로 노보리벳츠에서 테마파크를 이용한다. 시간적 · 경제적인 제약을 해결하는 배낭여행 상품이다. 상품요소별 구입과는 별도로 최근에는 동남아 배낭여행 상품의 경우 호텔 등을 업그레이드하여 편안하게 여행할 수 있는 상품도 선보이고 있다. 이는 개별수요 증가에 따른 여행수요 확보 차원에서 상품패턴의 다양화를 시도하는 사례라 할 수 있다.

9) 축제와 연계한 상품

세계적인 축제와 연계한 여행상품이 등장하고 있다. 세계 3대 축제 중 하나인 일본 삿포로 눈축제(유키마츠리)는 1950년부터 시작되었다. 2020년 71회 행사를 진행하였으며 2021년에는 코로나19로 취소되었다. 매년 2월 5일부터 7일간 눈과 얼음의 환상적인 조화를 체험하는 세계적인 이벤트이다. 삿포로 눈축제 관람 여행상품은 H여행사 등을 통해 상품화되어 전세기편으로 운영되었다. 가격은 999,000원부터 1,499,000원대로 판매되었다(www.hanatour.com).

중남미 지역과 연계한 중남미 5개국 16~19일 상품은 삼바경연대회를 관람할 수 있고 여행상품가는 5,990,000원에서 7,890,000원 정도로 판매되었다. 가장 많은 내방객을 유치하는 독일의 뮌헨 맥주축제, 브라질의 삼바축제가 세계 3대축제에 포함된다. 이탈리아 베니스에서는 가면축제와 함께 14세기부터 시작된 700년 전통의 베니스 보트경주인 레가타가 매년 9월 첫째주 일요일에 펼쳐진다. 스페인의 토마토축제는 1944년부터 매년 8월 마지막 수요일에 발렌시아 지방의 부놀 마을 광장에서 열리는 축제로 마을 주민들이 시의회 의원들에게 화가 나서 토마토를 던진 데서 유래되었다. 약 5만kg의 토마토는 시청이 부담하고 있다고 한다. 국내축제로는 충주 세계무술축제, 제천 의병제, 단양 온달문화축제, 청도 소싸움축제, 보령 머드축제, 금산 인삼축제, 영동 포도국악축제 등이 여행상품화되어 관광객을 유치하고 있다.

세계 3대 겨울축제 하얼빈 빙등제(눈꽃축제) 3일 상품

OK투어의 하얼빈 빙등제 3일 상품

캐나다 퀘벡 카니발과 일본 삿포로 눈축제와 함께 세계 3대 겨울축제로 손꼽히는 하얼빈 빙등제 3일 상품을 출시하였다. 1963년부터 시작된 중국 흑룡강성 하얼빈에서 개최되는 빙등제는 거대 얼음 조각으로 매년 많은 관광객을 유치하고 있으며, 2006년은 한중수교 15주년으로 한중 우호의 광장, 한국관을 별도로 설치하였다. 아시아나항공을 이용하며 1월 상품가는 59만 9,000원이었다. 2021년 한중수교는 30주년이다.
하얼빈 빙등제는 매년 1월초에서 2월초까지 한 달 정도 열린다. 빙등제와 빙설제는 별도의 장소에서 개최된다. 전 세계 유명 얼음조각가들이 세계 유명 건축물이나 동물 · 여신상 · 미술품 등의 모형을 만들어 전시한다. 주간 기온이 영하 20℃ 이하의 날씨이며 야간에는 영하 30℃까지 하강한다. 매년 1,500여 점 이상이 전시되는 세계에서 가장 오래된 대규모 눈 · 얼음 축제의 하나이다.

참조 : 세계여행신문, 2007.1.8, 28면.

10) 휴식 레저 자기계발에 중점을 둔 여행상품

기존의 휴양상품은 자연이 아름다운 장소, 모래사장이 있는 해변, 연인이 함께하는 이미지와 콘셉트로 여행상품을 강조하였다. 그러나 최근의 여행상품은 휴식, 재충전, 자기계발, 레저스포츠 등의 다양한 활동과 내용이 포함되어야 소비자에게 호소될 수 있는 환경이 되었다. 이러한 측면에서 여러 내용을 포함한 여행상품이 충실하게 개발되어 오고 있는 상황이다. 하나투어의 대한항공 괌 증편운항 상품광고를 보면 이러한 내용을 이해할 수 있다. '모든 것이 자유로운 괌, 휴양+쇼핑+레포츠'

11) 인터넷을 통한 저렴한 가격대 상품 선호

21세기에는 정보의 활성화와 접근성 향상으로 여행구매형태가 변화하고 있다. 주요한 여행사의 홈페이지의 상품을 비교, 분석함으로써 쉽게 여행조건 및 경비 등을 총체적으로 파악할 수 있다. 그래서 주요 여행사들이 특히 많은 자본을 투자하고 개발해서 여행사에 맞는 수요층을 유인하는 엔진개발에 집중하는 것이다. 이처럼 공유된 정보를 통해 소비자가 스스로 여행상품을 결정하는 현상이 크게 늘었다.

12) 마일리지투어

마일리지투어는 항공사 마일리지 보너스를 이용하여 여행상품을 이용할 수 있는 프로그램의 여행상품이다. 많은 여행사들이 할인혜택과 병행하여 마일리지를 적립해주는 마케팅을 실시하고 있다. 마일리지투어는 대한항공 마일리지를 이용할 수 있는 한진관광상품이 가장 대표적이다. 예를 들면 방콕, 파타야상품의 경우 대한항공 스카이패스 마일리지를 대략 60,000마일리지 보유하면 마일리지투어가 가능하다. 동유럽 4개국 7일 상품은 약 195,000마일리지를 공제하면 여행할 수 있다.

대한항공은 상용고객인 스카이패스 회원을 위해 항공권과 숙박은 물론 현지관광 등 모든 여행과정을 마일리지로 이용할 수 있는 상품을 내놓았다. 주요 여행지로 보면 피지 5일(약 14만 마일 공제), 동유럽 4개국 9일(약 19만 마일 공제), 호주 시드니 6일(약 12만 마일 공제), 방콕, 파타야 5일(약 6만 마일 공제) 등이다. 마일리지가 부족하면 나머지 비용은 현금으로 정산할 수 있다.

대한항공은 이 제도를 2003년부터 운영하기 시작, 2021년도 지금도 운영하고 있다. 항공사 입장에서는 부채에 해당하는 고객 마일리지를 비수기에 빨리 소진시키는 것이 매력요인이 된다. 소비자 입장에서는 수백만 원에 이르는 여행상품을 마일리지만으로 다녀올 수 있다(조선경제, 2006.11.3., B3면)는 것이 장점이 된다. 현재 마일리지투어는 대한항공 등 주요 항공사들이 고객유치 및 유지마케팅을 위한 차원에서 시행해오고 있다. 항공사의 부채와 경영상의 부담이 된다는 점에서 마일리지 혜택은 예전에 비해 줄어드는 상황이다.

13) 헬스투어 상품의 부각

명승지관광은 문화유적관광으로 발전하였다. 이후에는 체험여행이 부각되었다. 건강여행인 헬스투어는 여행과 건강을 동시에 만족시켜주는 4세대관광이다. 의사나 한의사의 검진과 처방은 기본이며 좋은 곳을 둘러보는 관광이 필히 포함된다. 헬스투어는 지친 사람들을 위한 맞춤여행으로 유럽에서도 프랑스의 온천, 음식과 관광이 결합된 관광상품으로 일반화되어 있다. 국내에서는 제주 한방테마파크의 1박 2일 코스에 숙소, 면역검사, 체질식사, 나노진주팩이 포함되어 있다. 한국의 힐튼호텔 건강패키지에는 건강식단, 운동, 테라피, 마사지, 약제 등 노화를 막는 처방이 호텔서비스와 결합되어 상품이 구성되었다. 한마디로 전문의가 배치되어 검진 및 식단을 추천해 주는 상품이다. 외국의 사례를 살펴보면 다음과 같다. 미국 워싱턴주에서 캐나다 빅토리아주를 운항하는 유람선의 경우, 유행하는 독감백신주사 서비스를 실시한 후 평균 승선객이 300명에서 800명으로 급증한 사례가 있다. 이는 건강과 접목한 헬스투어의 인기가 지속될 것을 보여 주는 것이라 하겠다.

헬스투어 상품 가운데 건강 한방 발 마사지를 소개하면 다음과 같다.

중국 건강 한방 발 마사지

약 1시간이 소요되며 미화 20달러이다. 중국 한방지압의 결정체로 수십 가지의 한약물에 발을 담근 후 전문 안마사가 마사지하여 여행에서 쌓인 피로를 풀어준다. 중국 전역에서 이용이 가능하다. 다리, 등, 어깨 마사지가 서비스된다.

14) 홈쇼핑 판매상품 증가

괌 PIC, 사이판 PIC, 클락/수빅/피나투보, 페낭 샹그릴라 등 많은 여행상품이 홈쇼핑 경로를 통해 판매가 확산되고 있다. 고급화된 여행상품과 휴양지상품 등이 해외여행상품을 중심으로 국내여행상품까지 주요 홈쇼핑 업체를 통해 판매되고 있다.

15) 고가 여행상품 증가

국내에서도 고품격 남미 6개국 크루즈 24일 상품이 있다. 가격은 12,000,000원에 판매되고 있다. 일본교통공사(JTB) 상품 중에 고가 여행상품으로는 몰디브섬 통째로 애인과 단둘이 8일(66,800,000원) 상품이다. 물리치료, 다이빙지도, 미용시설, 호화유람선을 이용하게 된다.

16) 카드사와 제휴 여행상품

주요 여행사들은 판매확대를 위해 카드사와 제휴하여 결제할 수 있도록 여행상품을 판매하고 있다. 무이자 할부, 특정카드와 제휴 할인혜택, 경품 및 이벤트 실시 등 다양한 방법으로 제휴마케팅을 하고 있다.

17) 가격경쟁력 보유한 상품 선호

여행업계의 상황과 연계된 내용이다. 중저가 여행상품으로 여행업계에서 좋은 성적을 나타내 온 노랑풍선여행사와 자유여행사는 2등만 하겠다는 AVIS 광고의 취지처럼 소비자에게 좋은 호응을 받아오고 성장해왔다. 노랑풍선여행사의 약진은 코로나19 상황에서도 TV홈쇼핑 등을 통해 발휘되고 있다. 2019년 코스닥에 상장기업이 된 노랑풍선은 여행업계에서 괄목할 만한 성장으로 사료된다. 무엇보다도 가격경쟁력을 보유한 상품을 기조로 하여 소비자에게 긍정적인 반응을 이끌어서 인기상품으로 부각되었기 때문이라 하겠다. 2005년도 상반기 빅히트 상품으로 평가되는 롯데관광의 북경 만리장성 4일 노옵션(299,000원) 상품, 서커스관람 포함 상해 소주 · 항주 4일(269,000~329,000원) 상품은 다른 여러 가지 특전을 제외하더라도 일단은 가격경쟁력을 지니고 있기 때문이다.

한편 업계에서 실적이나 가격경쟁력 차원에서 괄목할 만한 성장을 이룬 참좋은여행이 주목받고 있다. 헝가리 다뉴브강 유람선 침몰 사건으로 위기상황에 있었지만 이후에도 지속적인 성장을 구가하고 발전해 온 여행사이다. 중간의 유통마진을 없앤 합리적인 여행상품 가격 책정으로 홍보하며 소비자의 만족도를 이끌어내 좋은 성과를 내고 있다. 물론 코로나 상황에서는 어려움에 예외는 없다.

18) 중국, 인도 등 관광수요 증가에 따른 상품확대

해외여행의 목적지가 각국의 유치노력과 관광지개발 등으로 확대되는 상황에서 특히 중국의 발전을 보게 된다. 2019년 중국인 해외여행 관광객 수는 169,205,400명으로 해외여행의 수요에 부응하여 신상품 개발과 기존 상품의 보완 그리고 수요에 대비한 제반 준비가 이루어져야 하는 상황이다. 일본의 해외여행수요는 한국에서 가장 많은 비율을 차지해 왔고 지금도 중요한 시장이다.

인바운드의 수요증진을 위해서는 지속적으로 중국시장의 공략과 개발이 가일층 필요한 과제이다. 현재 비자문제 등 보완책을 강구해야 할 것이다. 중국 국가여유국 국장 샤오치웨이는 2007년 1월 18일 전국 관광회의 석상에서 2007년 중국을 방문하는 사람은 총 1억 2,900만 명이며, 1일 이상 체류관광객은 5,369만 명이고 이 중 외국인 관광객은 2,400만 명에 달할 것으로 예상된다고 발표하였다. 그 외 관광외화 수입총액이 3,700억 달러, 국내관광객 15억 명을 돌파할 것으로 예측(청사초롱 제323호, 2007.2.23., 5면)하였고 2021년 세계에서 관광객 유치 세계 4위에 위치하고 있다. 이러한 중국의 아웃바운드와 인바운드의 수요를 파악하고 예측하여 국내의 인바운드 여행사에서는 유치확대 방안과 선호상품을 한층 더 개발하여야 한다. 아울러 아웃바운드 여행사에서도 증가하는 해외송출 수요에 부응한 저가여행상품을 지양하고 부가가치와 고객만족도가 높은 상품개발에 노력해야 한다.

그동안의 저가행사로 인한 부실한 해외여행을 막기 위해 중국이 법을 개정하였다. 이에 따른 정상화 조치의 일환으로 시행되는 투어피 정상화와 쇼핑 등의 제한 조치는 환영할 내용으로 사료된다.

3. 영화 및 드라마와 연계된 상품

TV드라마와 연계된 상품은 특히 인기 있는 사극 촬영지를 방문하는 상품들이 많다. 기존에 '대장금'이란 드라마는 수원 화성 등의 방문 수요를 증가시켰다. '겨울연가' 촬영지인 춘천, 남이섬, 용평스키장은 국내뿐만 아니라 일본관광객들이 필수적으로 방문하는 주요 관광지로 자리잡았다. 영화 '실미도'가 알려지면서 무명 관광지였던 인천 실미도가 하나의 관광지로 부각된 것도 이러한 맥락이다. '공동경비구역 JSA', '친구', '태극기 휘날리며', '기생충', '미나리' 등의 촬영장소도 인기 있는 관광자원이 되었다. 그동안 인기 있었던 사극 드라마 '주몽'과 '연개소문' 그리고 '대조영'은 인기에 부응하여 촬영지 여행상품이 관심을 끌었고 '태양의 후예', '도깨비', '이태원클래스', '호텔 델루나', '사랑의 불시착', '빈센조', 'SKY캐슬', '슬기로운 의사생활' 등 많은 작품이 있다.

1) 연개소문 촬영지 여행

피알여행사 상품은 태안－연개소문 촬영지－만리포해수욕장을 연결하는 일정이다. 매일 출발하며 회비는 15,000원으로 조·중식, 왕복교통비, 입장료가 포함된 가격이다. 클럽레츠고여행사 상품은 문경－연개소문 촬영지－석탄박물관 일정이다. 조·중식, 왕복교통비, 입장료 포함한 조건으로 2006년 8월에 진행한 상품이었다.

2) 주몽 촬영지 나주 삼한지 테마파크 여행상품

신단, 동부여성, 철기제작소, 해자성문 등 국내 최초의 고구려세트장을 방문하는 코스이다. 주몽 촬영지 당일 상품은 37,000원, 무박 주몽 보성녹차 상품은 45,000원, KTX 고속열차 주몽여행은 85,000원, 항공 주몽 촬영지 상품은 129,000원이다. 상기 상품들은 모두투어리스트에서 주관하는 상품이다.

3) 고구려와 장보고 여행상품

보물섬투어에서는 대한항공 이용, 수학여행/단체여행/가족여행 최적지로 홍보하면서 여행에 참여함으로써 역사의 주인공이 될 것을 공지하였다. 장보고 유적지+불상분수쇼 해저세계 4일(269,000원) 상품은 연태, 해저세계관광, 야생동물원, 발 마사지 체험, 위해, 장보고 기념관, 장보고 기념비, 불상분수쇼 관람이 포함된다. 발해 고구려 유적지+압록강 유람 광개토대왕릉 4일(329,000원) 상품은 대련, 장군총, 광개토대왕비, 광개토대왕릉, 압록강 유람선 탑승 후 압록강변 신위주, 위화도, 월양도 등 관람, 발 마사지 체험이 포함된다. 그리고 대련 자유여행 3일(229,000원) 상품, 연태 자유여행 3일(229,000원) 상품은 특급5성 샹그릴라 호텔 2박, 조식뷔페 2회가 포함된다. 전 상품 2007년 3~4월 출발 기준이다(www.bomultour.com).

세계의 대표적인 영화제

- 베를린 국제영화제
- 베니스 국제영화제
- 아카데미 시상식
- 칸 영화제
- 모스크바 국제영화제
- 부산 국제영화제

4. 항공사 취항 연계상품 개발

항공사의 인천국제공항 취항과 연계되어 상품화되는 사례들이다. 2006년을 기준으로 몇 개의 사례들을 제시하면 다음과 같다.

1) 대한항공 연계상품

대한항공 라스베이거스 주3회 운항과 관련하여 9월 22일부터 출발한 상품이다. 하와이/라스베이거스/3대 캐니언(자이언캐니언, 브라이스캐니언, 그랜드캐니언) 9일 189만 원

상품과 라스베이거스/몬트레이/솔뱅 8일 149만 원 상품이다. 도시 전체가 거대한 테마파크인 라스베이거스를 강조하며 투어비스, 롯데관광, 하나투어, 한진관광이 참여하는 상품이다.

대한항공은 다롄, 웨이하이, 옌타이를 매일 운항하면서 다롄 골프 2박 3일 36홀 상품(399,000원)과 엔타이 / 웨이하이 골프 2박 3일 54홀 매일 출발 상품(499,000원)을 연합상품으로 진행하였다. 참여한 여행사는 가자투어, KRT여행사, 롯데관광, 모두투어네트워크, 범한레드캡투어, 보물섬투어, 세중해피투어, 오케이투어, 온라인투어, 자유투어, 하나투어리스트, 한진관광, 현대드림투어, 투어2000이다.

'가장 로맨틱한 여행을 위해 기다려온 그곳'이란 제하의 대한항공 취항 롯데관광 및 하나투어 상품을 살펴보면 다음과 같다. 대한항공 오스트리아 비엔나 주 3회 운항(정부인가조건)을 연계한 여행상품, 동유럽 5개국 9일(1,990,000원) 한정 상품, 동유럽 5개국 9일(2,590,000원) 상품, 유럽 5개국 12일(2,790,000원) 상품이다.

2) 외국항공사 할인항공권

에어마카오(Air Macau)에서는 인천-마카오(홍콩) 왕복편을 매일 운행하며 요금은 199,000원부터 책정하여 시판하였다. 출발 2주 전 예약조건으로 제한하였다.

3) 항공사 간 경쟁 할인항공권

2006년 말부터 2007년 상반기 중에 중국을 취항하는 국적기와 중국항공들의 항공요금 인하에 따른 경쟁이 치열해짐에 따라 항공권의 가격이 인하되고 파격적인 여행상품이 출시되었다. 이러한 상황으로 인해 주요 패키지여행사의 중국관련 상품들이 저가로 출시되어 소비자들의 수요가 증폭되면서 이에 따른 부작용도 나타났다.

아시아나항공의 경우 인천-다롄의 노선 항공요금이 11만 원대, 대한항공은 12만 원대의 특가로 판매되었고 중국동방항공의 경우는 10만 원대로 치열한 경쟁을 보였다. 이러한 요인은 겨울철에 중국이 비수기라는 점이 작용한 것으로도 보인다.

또한 대한항공은 평소 30만 원 내외의 가격인 서울-옌타이 노선을 상반기 초에 반값 이하로 할인 판매하였다. 대한항공 다롄 노선의 경우 왕복 12만 원대에 판매하였고 인천-옌타이와 웨이하이 그리고 칭다오 구간을 왕복 12~13만 원대에 판매하였다.

아시아나항공은 2007년 상반기에 인천으로부터 옌타이, 선전, 칭다오, 난징, 창춘 구간의 왕복 항공권을 11~13만 원대에 판매한 것으로 알려졌다.

5. 동화여행 상품

동화여행이란 유럽을 무대로 만들어진 동화의 장소로 찾아가는 꿈의 여행이라 할 수 있다. 어린시절 읽었던 기억과 꿈을 기억하며 차별화된 아름다운 여행을 기획할 수 있다. 현재 이러한 상품은 가시적으로 상품화가 구체적으로 되어 있는 상황은 아니다. 추천 여행상품은 8일이며 스위스, 독일, 덴마크가 주요지역이 된다. 길게는 15일, 30일 코스로 상품화가 가능하다.

① 알프스의 소녀 하이디의 무대－스위스 마이엔펠트
② 동물 음악대의 무대－독일 브레멘
③ 빨간 모자의 무대－독일 알스펠트
④ 곰돌이 푸의 무대－영국 하트필드
⑤ 이상한 나라의 앨리스－영국 옥스퍼드
⑥ 피터팬의 무대－영국 스코틀랜드
⑦ 피노키오의 무대－이탈리아 콜로디
⑧ 백설공주의 무대－스페인 세고비아
⑨ 돈키호테의 무대－스페인 라만차
⑩ 80일간의 세계일주의 무대－프랑스 낭트
⑪ 플랜더스의 개－벨기에 안트베르펜
⑫ 닐스의 이상한 여행－스웨덴 스코네
⑬ 산타클로스의 무대－핀란드 로바니에미
⑭ 안데르센의 자취를 찾아서－덴마크 오덴세(참조: 이형준, 동화를 찾아가는 아름다운 여행, 즐거운상상, 2005).

6. 고객이 만든 상품

포커스투어에서는 고객이 참여하여 제작한 상품을 공지하고 있다. "포커스 유럽 일정은 고객께서 만들어 주십니다. 이은주, 이수진, 김동현 고객님 감사드립니다."라는 신문광고를 공지하고 있다. 흑해의 신화 터키 일주 8일(1,690,000원) 상품, 파라오의 신화 이집트 완전 일주 8일(1,690,000/1,790,000원) 상품, 헤라클레스의 기둥 스/포/모/바로셀로나+지브롤터 12일(2,390,000/2,490,000원) 상품, 문명의 보고 터키/그리스 일주 8일(1,390,000/1,490,000원) 상품, 동유럽 속의 진주 동유럽 5개국 9일(1,790,000원) 상품이다.

7. 고성투어

고성투어는 프랑스의 고성(Chateau)을 방문하는 여행을 말한다. 역사와 전통을 간직한 유럽의 고성을 방문하는 여행은 고성을 방문하여 역사와 정취를 느끼는 것뿐만 아니라 호텔로 개조하여 숙박시설화된 장소에서 고급스러운 서비스와 문화를 음미하는 차별화된 여행으로 인식되고 있다. 현재 소개되고 있는 고성투어의 구체적인 장소를 소개하면 다음과 같다.

① 로맨틱 드라마의 촬영지 샤토 드 몽빌라젠느(Chateau de Montvillargenne): '파리의 연인'의 촬영장소로 국내에 잘 알려지게 되었다. 주인공들이 춤을 춘 무도회장이 고급스럽게 보였다.

② 샹티이 성(Chateau de Chantilly & Musee conde): 파리 북부 45~50km에 위치한다.

③ 다빈치의 비밀을 간직한 샹보르 성(Chateau de Chambord): 르와르 지역에 위치하고 440개의 방과 365개의 벽난로가 있다.

④ 꿈의 정원 빌랑드리 성(Chateau de Villandry)

⑤ 루와르의 브리싹 성(Chateau de brissac)

⑥ 천사가 내린 수도원 몽생미셸(Mont-saint-Michel) 등이다(김솔이, 유럽 그 지독한 사랑을 만나다, 이가서, 2006).

8. 불교문화 체험

한국의 사찰관광상품은 외국인들에게 관심과 수요를 증가시킬 가능성을 열어 놓고 있는 비전있는 상품이다.

한국 불교문화 체험상품은 2006년 12월 한국관광공사로부터 우수상품으로 인정받기도 하는 등 좋은 평가를 받고 있다. 호준환 고엔씨 사장은 "한국불교는 참선과 명상을 중시해 미주, 유럽인들이 관심을 갖고 있는 선, 웰빙 등의 가치와도 부합한다"며 "스트레스가 많고 건강에 관심이 있는 전문직 종사자, 지식 노동자를 대상으로 상품홍보를 진행할 예정"이라고 밝혔다.

이 상품은 도시투어와 불교체험을 동시에 할 수 있는 것이 특징이다. 3박 4일 일정의 경우 첫째날 인사동, 조계사, 남대문시장 등을 둘러보고 둘째날 강화도로 이동한다. 이날 템플스테이가 이뤄지며 외국인 스님들이 참선하는 곳으로 알려져 있는 연등국제선원에서 하루 일정을 진행하게 된다. 일반 한국인도 경험하기 어려운 발우공양, 절 명상 등을 체험할 수 있으며 서양인에게는 낯선 온돌방에서 숙박하기도 한다. 셋째날에는 직접 예불에 참석하며 다도배우기, 기공강좌 청강 등을 진행한다. 서울로 이동해서는 한국 전통무용 공연을 관람하며 일정을 마무리한다.

호사장은 "불교체험이라는 큰 테마 안에 온돌방, 다도, 김치 등 한국을 대표하는 문화를 포함시켜 상품을 구성했다"며 "짧은 일정이지만 한국을 알차게 체험할 수 있는 상품이 될 것"이라고 말했다(세계여행신문, 2007.1.8., 19면). 상품가격은 65만 원이며 자세한 일정은 다음 표와 같다.

제1일	서울	• 인천공항 도착 • 서울 시내관광 • 인사동, 조계사, 남대문시장 • 호텔 체크인 후 자유시간	서울 세종호텔 (또는 동급호텔)	• 석식–한정식
제2일	강화	• 강화도 이동 • 강화도 관광 • 광성보, 초지진, 전등사 • 템플스테이 참가 • 연등국제선원–예불, 참선	연등 국제선원	• 조식–사찰식 • 중식–산채비빔밥 • 석식–사찰식(발우공양)

제3일	서울	• 템플스테이 • 예불, 참선, 다도 배우기, 기공강좌 • 서울 이동 후 자유시간 • 한국 전통무용 공연 관람	서울 세종호텔 (또는 동급호텔)	• 조식－사찰식 • 중식－사찰식(발우공양) • 저녁－양식
제4일	서울	출국		• 조식－호텔식

출처: 세계여행신문, 2007.1.8, 19면.

9. 발상의 전환에 의한 관광상품화의 사례

원래부터 천혜의 자연조건과 환경에 의해 생성되고 조성된 관광지와는 달리 초기에는 관심의 대상이 아니라 오히려 문젯거리와 해결해야 하는 성격의 장소로 인식되던 곳과 무의미한 공간이었으나, 현재 대단한 성공사례로 주목을 받는 관광지로 거듭난 곳들이 있다. 몇 개의 사례를 소개한다.

1) 일본 돗토리현 모래언덕

현재 관광명물로 알려져 있으며 동서 16km, 남북 1.5km에 걸쳐 있다. 처음에는 불모의 사막으로 전혀 쓸모없는 공간으로 인식되어 지역에서는 걱정거리이고 해결해야 할 숙제였다. 그러나 1963년 국립공원으로 지정 후 낙타를 수입해 관광객들에게 사막에 온 기분을 느끼게 하는 관광상품으로 개발, 관광자원으로 변모하였다. 발상의 전환이 이룬 관광자원화의 성공적 모델이라 하겠다. 현재는 사막보존운동에 연인원 1,500여 명이 참가하고 있는 관광명소이다.

2) 브라질 빈민촌 파벨라

브라질 리우데자네이루의 최대 빈민촌인 호싱냐에는 수많은 무허가 주택들이 언덕을 따라 다닥다닥 들어서 있다. 가장 가난한 동네이지만 바다가 내려다 보이는 전망은 최고인 지역이다. 거주민은 약 25만 명이며 폭 1m의 골목은 판자촌의 정글로 묘사된다. 현지에 거주하는 가이드가 동행하여 안내하는데 그 이유는 현지가이드를 앞세워야 안전이 보장되기 때문이다.

3) 두바이 인공섬

아랍에미리트의 수도 두바이의 주메이라 해변에 건설된 야자수 모양의 '팜 주메이라'가 가장 대표적인 인공섬이다. 30만km^2 면적에 빌라 4,000채와 호텔 25개가 건설되었다. 두바이는 해안을 따라 2010년까지 인공섬 4개를 만들어 세계적인 휴양지로 개발하는 프로젝트를 추진하였다. 중동의 사막국가로 석유자원 외에는 뚜렷한 특징과 경쟁력이 없었던 이 나라에서 인공섬을 만들어 관광자원화 하는 구상은 가히 도전적이며 대단한 추진력이고 발상의 전환이 이뤄낸 성과이며 성취라고 평가된다.

미국 국회의원 해외여행 수칙 중 해외여행지 관련 내용

워싱턴포스트(WP)는 미국 국회의원들이 해외여행 때 지켜야 할 수칙을 소개하였다. 주요한 내용은 세금으로 해외에 가면서 부인을 대동하거나 유명관광지를 가면 놀러 갔다는 언론의 비난을 피할 수 없다는 것 등의 내용이다. 몇 개의 해외여행지 관련 내용을 살펴보고 해석하면 다음과 같다.

- 여름엔 북쪽으로 가는 걸 피하고, 겨울엔 남쪽 가는 걸 피하라. 국민의 혈세로 이탈리아를 가면 절대 안 된다(관광지라 놀러 간다는 비판을 받을 수 있다). 파리 에어쇼에 가는 것도 극도로 조심해야 한다. 특히 봄, 가을에 가는 걸 피하라. 겨울에 따뜻한 카리브해 휴양지에 가는 것도 의심받는다.
→ 여름철에는 북반구 지역, 특히 북유럽은 상대적으로 선선하고 기온이 서늘하여 여행하기에 적합하다. 그리고 남반구 지역, 호주나 뉴질랜드는 겨울철에는 따뜻하여 여행객들이 상대적으로 많이 찾고 있다. 유럽 지역 가운데에서도 이탈리아는 유럽의 코치투어나 배낭여행의 관문이 되는 주요지역으로 관광객들이 선호하는 지역이다. 전형적인 관광지로 부각되어 있고 관광객들이 즐겨 찾는 유럽의 핵심지역으로 인식되고 있다. 그리고 세계의 주요한 이벤트나 축제는 가장 많은 내방객들이 방문하므로 선호하는 행사와 목적지가 되고 있다. 아울러 따뜻한 중남미 지역의 주요 휴양지의 경우도 겨울철에 선호되는 지역이 된다.
- 피라미드, 마추픽추, 갈라파고스, 이과수폭포, 만리장성, 타지마할, 앙코르와트 사원, 아프리카 사파리 등 세계적 관광지에 가지 마라. 취임식 · 장례식에 참석하기 위해 가야 하는 경우는 어쩔 수 없지만 중간에 상트페테르부르크에 들렀다 가는 건 의심을 살 수 있다.
→ 세계적인 관광지이며 세계의 문화유산, 자연유산 그리고 불가사의 지역은 누구나 방문하고 싶은 곳들이다. 이러한 장소의 방문은 특별한 사유가 없는 한 일반적인 관광목적의 입국자로 분류되고 인식되기 때문이다. 특히 상트페테르부르크는 레닌그라드를 지칭하며 러시아의 파리로 불리는 전형적인 유럽풍의 도시로 러시아의 주요 관광지로 인식되고 있다는 점이다.

참고 관광상품화 사례 : 세계에서 가장 높은 호수

중국 티베트 자치구 나무춰 호수는 해발 4,718m, 넓이 1,940km^{2}의 규모로 웅대하고 수려한 경관을 자랑한다. 이러한 세계 최고의 자원은 관광객들에게 알려지고 자연발생적으로 많은 관광객들을 유입시킨다. 이러한 과정 속에서 정부나 관광기업의 구체적인 마케팅을 통해 수요 확보차원에서 관광상품화되어 외부의 관광객들을 지속적으로 끌어들이게 되는 것이다.

4) 한여름 밤의 크리스마스 이벤트

싱가포르가 연중 더운 기후임에도 12월 눈 없는 크리스마스로 나름대로 차별화되어 인식되는 것처럼 발생의 전환은 더운 여름철에도 방문객들에게 호소하고 있다. 8월 초 잠실 롯데월드에서 열린 한여름 밤의 크리스마스 이벤트는 산타할아버지, 산타밴드와 함께 인공 눈을 맞고 즐기는 행사로 나름대로 새롭고 참신한 아이디어이다.

5) 싱가포르 마리나 베이 리조트

싱가포르의 카지노 유치의 고민하에 이뤄진 이 리조트는 결과적으로 성공한 복합리조트로 평가받는다. 마리나 베이 리조트(Marina Bay Resort)는 꼭대기층 옥상에 배 모양의 수영장을 만들어 세계의 관광객들에게 흥미와 관심을 끌고 있다. 인공적인 발상이기는 하나 이국적인 분위기를 연출한다. 이 수영장은 호텔투숙객만 이용할 수 있으며 마리나 베이 리조트는 도시국가 싱가포르의 랜드마크가 될 만큼 인기 있는 장소가 되었다. 쇼핑몰, 카지노 등의 시설이 연계되어 있어서 경쟁력을 더한다. 색다른 발상의 전환이 반영된 리조트로 가치가 크다.

10. 세계적 축제상품

세계의 축제와 연계된 상품개발도 많아지고 있다. 방문객의 수요를 보더라도 세계적인 축제의 경쟁력을 파악할 수 있다. 이러한 측면에서 축제와 연계된 상품의 수요도 증가할 것은 분명하다고 본다. 독일의 맥주축제는 세계에서 가장 많은 방문객을 끌어들이는 축제로 연간 700~800만 명선을 유치하고 있는 축제로 알려져 있다. 국내에서도 이천 · 여주 · 광주를 연계한 도자기 축제에서 내방객이 500만 명 이상 방문한 결과를 보더라도 축제의 관광상품화의 위력은 대단하다고 평가된다.

미국의 추수감사절, 나이아가라폭포 페스티벌, 영국의 글래스고우 축제, 스페인의 산페르민(거리투우) 축제, 스코틀랜드 에딘버러 축제, 러시아의 백야 축제, 루마니아의 드라큘라 축제, 노르웨이 바이킹 축제, 이탈리아 베네치아 카니발, 네덜란드 튤립 축제, 캐나다 퀘백 겨울 축제, 홍콩의 용선제, 태국의 송크란 축제, 호주의 시드니 카니발, 뉴질랜드의 마오리족 축제 등이 세계의 대표적인 축제이다.

1) 독일의 옥토버 페스티벌

10월 축제라는 의미로 가을의 수확을 기뻐하는 페스티벌이다. 매년 9월 셋째 주 토요일 정오부터 10월 첫째 일요일까지 16일간 열리는 국민축제이다. 독일은 1516년 바이에른 왕국 때부터 맥주를 생산하였다. 독일인 1인당 맥주 음용량 144리터로 세계 1위이다. 우리나라는 연간 36리터로, 독일의 맥주 음용량은 우리나라의 4배 수준에 달한다. 축제기간 중 100여 개의 고유 민속행사가 개최된다. 개최 도시인 뮌헨은 148만 명 인구로 독일의 제3의 중심도시이다. 매년 600만 명 이상의 맥주 애호가가 참여하여 맥주 약 500만 리터, 닭 65만 마리, 소시지 110만 톤이 소비된다. 대회장에는 5,000명이 수용 가능한 거대한 천막이 몇 개씩 설치된다. 대형천막 외에도 가족들이 함께 참여하여 즐길 수 있도록 놀이시설을 갖춘 유원시설 등 테마파크가 설치되어 즐거움을 배가시킨다.

2) 일본의 삿포로 축제

2019년 66회를 맞이한 홋카이도 삿포로에서 가장 유명한 축제이다. 1950년에 고교생이 6개의 눈조각을 오도리 공원에서 만든 것에서 유래되어 세계적으로 유명한 축제로 발전하였다. 매년 2월 상순에 1주간 오도리 공원을 무대로 하여 눈의 제전이 열린다. 크고 작은 눈조각이 약 330개로 외국에서도 많이 참가하는 국제적인 행사로 발전하였다. 보통 200만 명 이상의 내외국민이 방문하여 내방객들의 치안과 질서유지를 위해서 자위대가 파견될 정도로 규모가 성장한 세계적인 축제이다.

3) 브라질의 리우축제

매년 2~3월 축제가 열린다. 화려한 의상의 무희들, 휘황찬란한 각종 퍼레이드, 흥겨운 삼바리듬과 정열의 삼바춤은 브라질만의 노하우이다. 삼바는 아프리카에서 노예로 강제로 끌려온 흑인들에 의해 시작되었다. 포르투갈은 브라질 원주민인 인디오를 몰아내고 비옥한 토지에 사탕수수를 심고 노동에 필요한 노예들을 아프리카에서 강제로 끌고 왔다. 흑인 노예들은 온종일 힘든 노동을 끝내고 잠자리에 들 때 고향을 그리워하고 배고픔의 고통, 슬픔을 잊기 위해 고향에서 즐기던 노래와 춤을 추게 되었다. 이것이 삼바의 유래이다. 리우축제는 국민들의 자발적 참여가 크다. 시가행진과 퍼레이드가 압권이다. 브라질 최고 수준의 클럽, 삼바학교가 행진에 참여하며 자부심이 대단하다. 카니발을 위해 만든 야외공연장인 삼바도르모는 보통 한 달 전에 매진된다. 1년 동안 준비하고 참가하는 약 20개 팀이 공연 및 쇼를 보여준다. 거리에서도 일반인들이 준비한 모방공연이 펼쳐진다. 4천만 명 이상이 영양실조이고 2천5백만 명이 빈민촌에 거주하며 1천2백만 명의 버려진 아이들이 배고픔에 고생하는 브라질에서 삼바는 현실의 고통을 잊게 해주는 안식과 평화의 치료제로서의 역할을 하고 있다. 축제기간의 장기화로 국가경제를 피폐하게 하는 역기능이 상당히 크다는 비난도 받고 있다. 그러나 브라질인들은 그들이 즐기는 것은 광란이 아닌 화합과 열정이라고 한다(고종원, 세계관광, 대왕사, 2006; www.festivalo.co.kr)

브라질의 삼바축제는 독일의 옥토버 페스티벌, 일본의 삿포로 눈축제와 함께 세계 3대 축제로 정평이 나있다. 브라질의 리우 카니발에서는 참가자만 5만여 명이고 관람객 6만여 명 이상이 축제 공연을 즐긴다. 관람을 위한 입장요금만 15만원 정도라고 하니 상당히 높은 편이다. 브라질에서는 삼바축제의 위상이 대단하다. 삼바축제에서의 화려한 등장과 성공을 위해서 삼바스쿨에 속한 4,000명 이상의 팀원들이 공연 퍼레이드에서 행진한다. 우승 시에는 명예와 금전적인 성공, 즉 광고출연과 후원금 등의 수익이 보장된다고 한다. 그래서 경제적으로 어려운 상황임에도 불구하고 참가한 팀당 약 300만 달러 정도를 지출한다고 한다. 그만큼 삼바축제는 브라질 사람들에게 의미가 남다르고 열기도 최고조로 부각되고 있다. 삼바축제는 리우시에 있어서 가장 중요하고 큰 관광자원으로 방문객은 축제를 참관하는 외국인 관광객을 포함하여 70만 명 이상으로 추산하고 있다. 리우데자네이로는 호주의 시드니, 이탈리아의 나폴리와 함께 세계 3대 미항으로 알려진 곳이기도 하다. 삼바축제는 특히 지역경제에 활력을 주는 역할을 한다. 축제를 통해 해당 지역에 경제적인 기여를 하기 때문이다. 반면 축제기간에는 특히 호텔, 레스토랑 등의 비용이 평소보다 급등하는 문제 등이 있다.

11. 축제의 관광상품화 사례

축제는 여행과 밀접하게 관계가 있다. 예를 들면 국내의 가장 유명한 축제로 자리잡은 보령머드축제나 함평나비축제의 경우 국내여행사들에 의해 여행상품화되어 관광객들을 유입시키는 데 기여하고 있다. 외국에서도 브라질의 삼바축제나 독일 옥토버 페스티벌도 외국인 관광객들을 유입시키는 데 결정적인 역할을 하고 있다고 해도 과언은 아닐 것이다. 국내외적으로도 축제의 성공은 지역경제 활성화뿐만 아니라 국가의 관광경쟁력 제고에도 가장 주요한 역할을 담당한다고 할 수 있다. 몇 개의 축제를 통해 관광상품화된 사례를 살펴보자.

1) 몽골 나담축제

칭기스칸 탄생 800주년을 기념한 축제이다. 몽골 정부는 칭기즈칸의 이미지를 관광상품화하기 위해 축제를 크게 준비하였다. 결국 축제를 통해 몽골의 관광경쟁력을 제고하기 위한 조치라고 할 수 있다.

2) 벨라루스 중세문화축제

13세기 유럽의 기사복장을 착용하고 축제에 참여해야 한다. 민스크시 서쪽 노보그루독의 한 성을 공격하는 장면을 재연하는 축제이다. 매년 철저한 고증을 거친 복제 갑옷과 무기들이 동원되어 축제가 발전되고 있다.

3) 스페인 산 페르민 축제

스페인의 동북부 팜플로나에서 열리는 축제이다. 400년의 전통을 지닌 축제로 세계에도 많이 알려진 축제이다. 매년 7월 7일부터 일주일간 개최된다. 축제에 참가한 사람들은 우리를 뛰쳐나온 소떼에 쫓겨 전력질주하며 뿔에 받혀 다칠지도 모르는 짜릿함을 즐긴다. 위험이 수반되는 소몰이 행사로 유명하다.

4) 베니스 가면축제

유럽의 유명한 겨울축제이다. 베니스 카니발(Venice Carnival)은 매년 12~19일간 열리며 운하와 광장, 궁전 등에서 다양한 프로그램이 진행된다. 축제기간에는 숙박비가 인상되기도 한다.

5) 봉화 은어축제

매년 8월 초 2만여 명의 관광객과 주민이 참여하는 축제이다. 물놀이 축제로 은어잡기, 은어퀴즈왕 선발대회 등 다양한 행사가 개최된다.

6) 인제 빙어축제

강원도 인제군 남면 부평리 소양호 선착장에서 1월 말경 열리는 인제 빙어축제는 겨울철에도 많은 관광객들이 찾아와서 즐기는 축제가 되고 있다. 얼음 위에서 얼음마차를 타고 직접 빙어를 낚는 즐거운 체험을 하며 약 10일간 열리는 부상하고 있는 축제이다.

7) 횡성 한우축제

대한민국 단, 하나의 명품 횡성한우를 내세우는 축제이다. 소 달구지 타보기, 한우요리 경진대회, 인간 소싸움대회, 횡성한우배 장사 씨름대회 등의 참여형 이벤트가 열린다. 또한 횡성한우 시식코너를 전시와 판매와 함께 병행하는데 재미있고 다양한 주제의 이색전시로 한우주제관과 횡성홍보관을 연다. 축제를 신나게 하는 버라이어티 공연도 열린다. 횡성군의 유명한 안흥찐빵마을도 참가한다.

8) 보령 머드축제

매년 7월 중순경에 충남 보령시 대천해수욕장에서 약 1주일 정도 열린다. 한국의 축제 중에서 외국인에게 가장 잘 알려진 축제이다. 온몸에 피부에 좋은 청정 머드(mud·진흙)를 묻히며 뒹굴 수 있다. 문화관광부가 선정한 '최우수 문화관광축제'다. 개막일에는 거리퍼레이드를 시작으로 요트 퍼레이드와 축하공연, 머드 불꽃 판타지 등 7개 행사가 이어진다. 대형 머드탕, 머드 수퍼슬라이딩, 갯벌극기체험, 해변 머드셀프마사지, 갯벌스키체험 등 재미난 프로그램이 19가지나 있다. 세계피부미용경진대회, 해변국악공연 등 매일 저녁 이어지는 볼거리도 풍성하다. 2005년에는 외국인 3만 2,000명을 포함해 156만 명이 다녀갔다(www.mudfestival.or.kr;

조선일보, 2007.7.14., A12면). 1998년부터 2021년까지 24년간 이어져 온 대한민국 대표 축제이다. 아시아 3대 축제로 인증을 획득하였다(프레시안, 2021.7.26.).

코로나19 상황에도 2021년 24회째를 맞아 7월 23일부터 8월 1일까지 10일간 개최되었다. 코로나19의 영향으로 온 · 오프라인은 동시에 진행하였다. 온라인에서는 유튜브 채널 '머드 TV'로 중계하여 현장에 가지 않아도 축제를 즐길 수 있었으며 온라인 조회수 203만 회를 기록했다(뉴스1 2021.8.2.). 현장에서는 방역이 강화된 가운데 진행되었다. 예를 들면 머드광장에는 머드로 샤워하고, 얼굴 팩을 할 수 있는 1인 자동체험시설이 설치되었다. 관중석에는 관객 없이 가수들의 무대가 진행되었다(MBN뉴스: 2021.6.23.).

9) 청도 소싸움축제

청도 소싸움축제는 문화관광축제로 많이 알려지고 국제화된 축제로 발전하고 있다. 매년 일본 소와의 싸움 등 외국인들의 관심과 참여도 높아지고 있다. 보통은 3월 하순경 5일간 열린다. 소싸움 경기관람 외에도 인기 연예인 공연, 먹거리 장터가 펼쳐진다. 국내의 여행상품으로도 판매되며 많은 관심과 흥미를 끌고 있는 축제로 발전해 나가고 있다.

세계의 이벤트

세계의 이벤트라면 세계 78억의 인구가 열광하는 세계 스포츠의 제전인 월드컵을 들 수 있다. FIFA가 갖고 있는 중계방영권, 1986년 멕시코대회 때부터 월드컵의 독점대행을 시작한 스포츠 마케팅 전문대행사인 ISL(International Sports Culture & Leisure Maketing)이 갖고 있는 휘장 · 상품화권, 조직위원회가 갖고 있는 입장권 판매권이 연계된 세계적인 이벤트이다. 1994 미국월드컵은 52게임에 연인원 320억 명, 결승전 20억 명이 관람하였고 1998 프랑스월드컵은 64게임에 연인원 370억 명, 결승전 17억 명이 관람하였으며 2002 한일 월드컵은 30~31일 기간 동안 평균 300~400만 명이 TV시청, 연인원 600억 명이 관람하였을 것으로 추정하였다(http:www.soccer4u.co.kr; http://search.empas.co.kr). 또한 올림픽도 세계의 이벤트로 분류할 수 있다. 2004년 아테네올림픽의 경우를 보면 스포츠 이벤트 개최로 수요가 확대되면서 스포츠웨어 시장도 급속히 성장하였다. 아테네 올림픽의 투자비용은 90억 유로(당시 환율로 12조 8천500억 원)로 전철 등 교통 인프라 건설비가 포함 안 된 금액이다. 대 테러비용은 10억 8,000만 유로(1조 5,420억 원)가 지출된 것으로 확인된다. 결국 올림픽을 일종의 투자로 인식하여 준비하는 것을 보게 된다(http://search.naver.com; www.daum.net).

12. 문화관광축제 현황

문화관광축제는 문화관광부가 우수축제를 세계적인 관광자원으로 육성하기 위해 전국 각 지역축제 중 관광상품성이 큰 축제를 대상으로 지난 1995년부터 해마다 집중 육성하고 있는 축제를 말한다. 전국의 지역축제 1,000여 개 중 광역시 · 도에서 추천한 축제 중에서 관광상품성이 크고 경쟁력이 있는 우수한 축제를 선정해 지원하고 있다.

최우수 축제에 선정된 문화관광축제에는 1년간 축제당 최대 2억 7,000만 원, 등급 구분없이 선정된 문화관광축제에는 2년간 축제당 6천만 원 이내를 지원한다. 관광진흥개발기금에서 국비로 지원한다(문화체육관광부;대한민국 구석구석).

지원금 이외에도 '문화관광부 후원' 명칭 사용, 축제전문가의 자문 및 평가, 한국관광공사의 해외 지사망을 통한 축제 해외홍보마케팅 등의 지원을 받게 된다. 향후 문화관광부는 경쟁체제와 선택과 집중의 원칙에 따라 한국을 상징하는 문화관광축제를 집중 육성 · 지원하는 방향으로 문화관광축제 제도를 운영할 예정이다.

또한 세계적인 축제로 육성하기 위해 해외홍보 마케팅 지원을 강화하고 지자체별 축제 자율조정 평가시스템의 정착, 전문가 컨설팅시스템의 활성화, 방문객 통계시스템의 개발 및 축제 평가시스템의 보완 등 문화관광축제 제도의 지속적인 개선을 통해 축제의 질적 수준을 제고하고 경쟁력을 강화해 온 것으로 알려졌다.

그동안 최우수 축제에는 춘천 마임축제, 양양 송이축제, 보령 머드축제, 김제 지평선축제, 강진 청자문화제, 안동 국제탈춤페스티벌, 진주 남강유등축제 등이 선정되었다.

또한 문화관광축제에는 부산 자갈치축제, 연천 구석기축제, 영동 난계국악축제, 금산 인삼축제, 강경 젓갈축제, 무주 반딧불축제, 함평 나비축제, 남도 음식문화큰잔치, 하동 야생차문화축제 등이 선정되었다.

이 외에도 대구 약령시축제, 광주 김치대축제, 이천 쌀문화축제, 인제 빙어축제, 화천 산천어축제, 평창 효석문화제, 충주 세계무술축제, 한산 모시문화제, 아산 성웅 이순신축제, 천안 흥타령축제, 남원 춘향제, 진도 신비의 바닷길, 경주 한국의 술과 떡잔치, 풍기 인삼축제, 문경 찻사발축제, 정월대보름 들불축제, 서귀포 칠십리축제 등이 있다.

하이서울 페스티벌, 광안리 어방축제, 인천 소래포구축제, 대전 사이언스 페스티벌, 외고산 옹기축제, 파주 장단콩축제, 자라섬 국제 재즈페스티벌, 원주 한지문화제, 음성 품바축제, 괴산 청결고추축제, 고창 모양성제, 보성 다향제, 담양 대나무축제, 무안 백련대축제, 봉화 춘양목송이축제, 지리산 한방약초축제, 합천 팔만대장경축제, 한산대첩 축제, 제주 왕벚꽃축제 등도 경쟁력 있는 축제로 평가된다.

13. 여성중심 상품

여성은 소비의 중심으로 남성에 비해 가계를 장악하고 지출에 관여도가 크다. 소비의 중심선상에 있는 여성고객을 위해 각 기업체에서는 상품과 마케팅 개발에 힘쓰고 있는 현실이다. 여행사도 여심을 확보하기 위해 상품개발과 마케팅에 큰 비중을 더하고 있다. 여성은 남성보다 본인이 좋아하는 지출항목에 과감하게 충동적인 구매행동을 보이므로 이러한 여성고객을 대상으로 여행마케팅이 전개되고 있다. 쇼핑, 스파, 식도락, 도시탐험, 나이트라이프 등 여성이 선호하는 필수아이템을 테마로 한 여행상품들이 동남아 지역을 중심으로 판매되고 있다. 아시아 지역으로 출국하는 여성고객이 매우 빠른 속도로 증가하고 있는 상황과 연계하여 여심마케팅을 기획한 H투어의 담당자는 '타깃마케팅은 수익다변화를 위해서도 필요하며 여심상품이 동남아 상품패턴도 다각화시키는 데 큰 역할을 하였다'고

평가하였다. 여성중심 상품은 호텔, 식사, 교통과 전반적인 서비스의 개선이 고려되어야 한다. 호텔은 쾌적성 · 안정성 · 편의성, 식사는 분위기 · 음식수준이 중요하며 교통도 안정성과 편의성을 확보하는 것이 중요하다. 여성마케팅은 동남아와 유럽상품이 성공할 수 있는 요소가 많으나 여행일정의 변화 없이 기존 판매상품에 말만 여성상품을 표방해서는 회사의 이미지 실추와 실패할 공산이 크다는 것이 여행사 관계자의 평가이다. 다음은 H투어의 여심상품이다.

① 발리 6일(89만 9,000원): 아스톤발리의 '레이디스 객실'을 이용한다. 레이디스 객실은 여성 전용으로 특별히 제작된 20개의 객실로 여성들만 사용할 수 있다. 바이올렛 컬러의 세련된 인테리어가 돋보이고, 다양한 스파용품을 비치한 상품이다.

② 싱가포르 5일(104만 9,000원): 주 테마는 쇼핑으로 오차드 로드와 리틀인디아 · 아랍스트리트를 투어하며 아람사 스파와 다양한 식도락 체험 등을 할 수 있는 상품이다(세계여행신문, 2007.1.8., 30면) 향후 여행사의 성공은 여행수요의 중심선상에 있는 여심을 끌 수 있는 여성상품의 성공적 운영에 있다고 할 것이다.

14. 우수여행 인증상품

우수여행상품은 소비자에게 여행상품의 선택기준을 마련하고 여행상품의 국제경쟁력 제고를 목적으로 전국의 여행사를 대상으로 완성도, 안정성, 독창성, 시장성 등의 평가를 거쳐 우수여행상품을 선정하는 인증제도이다(이데일리, 2019.7.3.).

문화관광부에서는 2006/2007년도 우수여행상품 인증심사에서 2차에 걸친 심사에 총 342개의 상품 중 내국인 국내여행상품 20개, 외국인 국내여행상품 15개, 내국인 해외여행상품 40개 등 총 75개의 상품을 선정하였다. 이 가운데 문화관광부가 인증한 동남아 8개 상품 중 4개 상품을 가야투어가 차지해 허니문 전문여행사로서 상품 품질관리 및 현지행사 관리능력을 인정받았다는 평을 받았다. 가야투어가 우수여행상품 인증을 획득한 상품은 후아힌 힐튼리조트 & 스파 5일, 크라비 라야바디 리조트 5일, 필리핀 다바오펄팜 리조트 5일, 세부 마리바고 블루워터 아무마 스위트 직항 5일 등이다. 허니문 최다 우수여행상품을 인증한 가야투어는 이를 계기로 기존 상품의 품질관리 및 고객 서비스에 지속적인 노력을 펼쳐나간다는 방침이다(세계여행신문, 2007.1.8., 15면). 우수여행상품 인증제도는 여행사의 고질적인 병폐인 상품모방과 카피를 막는다는 측면에서 필요한 제도이며 문화관광부가 인증한 상품이라는 점에서도 고객들이 신뢰할 수 있다는 장점을 지닌다.

이 제도가 우리나라 여행상품의 경쟁력을 제고하는 역할을 하기를 기원한다.

그러나 한편으로는 나름 여행사의 주력 상품화와 고객에게 홍보차원에서는 좋은 제도이나 여행상품의 실제 경쟁력과 상품의 차별화라는 차원에서는 부족한 부분이 많이 있지 않은가를 평가하게 된다.

CHAPTER

2

추천 여행상품

가슴의 불을 따르라. 너에게 기대하는 세상의 것을 따르지 말고.
나를 찾아 마지막으로 떠나 본 적이 언제였는가?
주인공도 아니고 방관자도 아닌,
그 사이 어디쯤에서 우리는 살아가고 있다.
누군가는 말했다. 세상은 한 권의 책이며,
여행하지 않는 자는 그 책의 단지 한 페이지만을 읽을 뿐이라고.
그러나 자기 자신에게로 여행하지 않는 자는
아무것도 읽지 않는 것과 같다.
나를 찾아 얼마나 멀리까지 가보았는가?
마지막으로 떠나 본 적이 언제였는가?

(마음의 여행자, 한스크루파 / 서형홍 옮김, 조화로운삶에 관한 류시화의 서평)

CHAPTER

2 추천 여행상품

1. 신혼여행

통계청의 자료에 따르면 2005년 316,375건, 2004년 310,944건, 2003년 304,932건으로 매년 약 60만 명이 신혼여행을 가는 것으로 나타났다. 선호되는 신혼여행 목적지를 보면 푸켓, 발리 등의 동남아시아, 호주, 프랑스와 스위스 등의 유럽지역으로 비행시간 최소 10시간 이상의 장거리 상품도 인기를 끌고 있다. 여행지보다 특정 리조트를 골라 선택하는 고급 빌라형 리조트가 인기를 끌어왔다. 고급 빌라형 리조트상품이란 소위 풀빌라 형식의 호텔이나 리조트상품을 말한다. 풀빌라는 호텔룸이 단독으로 되어 있으며 개인전용 풀장이 갖춰져 개인 프라이버시를 보호받을 수 있다. 태국의 파타야와 푸켓, 괌과 사이판, 필리핀의 보라카이와 세부, 인도네시아의 발리, 중국의 해남도, 호주, 뉴질랜드, 몰디브, 하와이, 프랑스, 이탈리아, 스위스, 그리스 등 풍광이 아름다운 유럽과 지중해 지역이 수요가 많고 선호되는 신혼여행지이다. 중동의 두바이도 신혼여행지로 부상하고 있다. 두바이에서는 7성급 호텔 등 고급호텔, 사막 사파리투어, 워터파크를 즐길 수 있다. 두바이는 역발상의 기획과 세계 최고의 관광객 유치를 위해 프로젝트를 개발해 왔다.

신혼여행은 예전에는 정적이었지만 최근의 추세는 리조트 내의 시설을 이용한 레저스포츠 등의 다양한 활동과 투어 그리고 자기개발적인 활동을 선호한다.

Club Med나 PIC Club 등을 찾는 신혼여행객들은 해변에서 일광욕이나 스파 등의 휴식 외에도 산림욕, 호핑투어, 수상 및 해양스포츠, 승마, 트레킹, 골프, 경비행기 등 다양한 참여형 관광을 추구하고 있다. 유럽과 지중해 지역에서는 크루즈투어를 통한 기간이 긴 신혼여행의 수요도 점차 증가하고 있는 상황이다.

태국의 푸켓은 스파, 호핑투어, 코끼리 트레킹 등 경험할 것들이 많은 곳이다. 크라비는 피피섬으로 유명하며 볼거리가 많고 호핑투어가 권장된다. 사무이는 다양한 체험과 투어를 할 수 있는 지역이다. 파타야는 에메랄드빛 바다가 펼쳐진 것으로 유명한 세계적인 휴양지이다. 발리는 리조트가 세계적으로 알려진 곳이 많고 그 수가 많아서 리조트의 천국으로 불리고 있다. 또한 풀빌라가 가장 많고 해산물요리를 즐길 수 있는 지역이기도 하다.

태국의 후아힌 리조트

세부는 바다가 아름답고 맑아서 휴양형 관광객들이 선호한다. 보라카이는 하얀 백사장이 인상적이다. 팔라완은 타본동굴, 산호초로 아름다운 혼다베이, 스킨스쿠버를 즐길 수 있다. 몰디브는 천 개의 섬과 인도양의 에메랄드빛 바다의 휴양지로 알려져 있다. 골드코스트는 온화한 기후와 42km에 걸친 금색 모래사장이 장관이며 관광시설이 잘 정비되어 있다. 괌은 깎아지른 절벽과 아름다운 해변 그리고 정글과 산호가 좋다. 동양의 하와이라고 불리는 해남도는 유네스코가 선정한 청정지역으로 74km의 세계 제2의 긴 해변을 갖고 있다. 하와이는 폴리네시안 전통의 문화와 비취색 바다 그리고 최적의 기후를 즐길 수 있는 곳이다. 이러한 장소들은 신혼여행을 다녀온 경험자로부터 소개를 받거나 구전을 통해 알려지며 각국의 관광청이나 여행사의 홍보 마케팅 활동을 통해 신혼여행지로 추천되고 있다.

2018년도, 2019년도 인기 신혼여행지는 하와이, 2020년은 코로나19의 영향으로 제주도가 인기 신혼여행지로 부각하였다. 네이버 veiw 상단에 노출되는 신혼여행지 콘텐츠를 보면 2018년 그리스/크로아티아, 하와이, 몰디브 순으로 나타났고 2019년은 하와이, 칸쿤, LA/칸쿤/라스베이거스, 그리스, 스페인, 세이셸/케냐, 뉴욕/칸쿤 순으로 나타났다. 한편 2020년도 인기가 급상승한 신혼여행지로 울릉도가 부각되었다(관광지식정보시스템; www.tour.go.kr).

이러한 분석은 코로나19의 영향으로 인한 국내로의 신혼여행의 전환과 지중해 지역, 휴양지, 카리브해, 유럽, 아프리카의 휴양지 등이 최근 신혼여행지로 부각되고 있음을 알 수 있다.

2. 여행작가 추천 여행지

1) "파리 · 로마 베스트30"(서울문화사) 저자 이화득 · 이미경의 추천

(1) 파리에 가면 오베르에 가서 고흐를 만난다.

파리의 오베르는 파리 북서쪽 근교에 위치한 도시로 고흐의 집이 있다. 고흐의 그림 '호텔 드 빌(Hotel de Ville)'에 있던 시청건물이 바로 마을 가운데 주차장 안쪽에서 있다. 고흐가 살던 방은 좁은 계단을 올라가는 지붕 밑 다락방으로 작은 창에 햇볕도 잘 들지 않는 작은 공간으로 추정하고 있다. 파리에서 오베르까지는 기차로 약 1시간 정도이다. 고흐동상이 있는 고흐공원, 고흐 형제의 묘가 있다. 반 고흐가 실제로 그림을 그린 오베르시청, 라부여관, 오베르성, 오베르의 거리와 계단, 도비니 아틀리에 정원, 까마귀 나는 밀밭, 오베르 교회 등을 실제로 볼 수 있다. 명화와 비교하여 감상하면 감동이 더 크게 다가오는 코스라고 사료된다.

(2) 로마에 가면 저녁 무렵 나보나 광장에 꼭 간다.

유럽은 광장의 문화라고 한다. 광장에서 물물거래를 위한 시장이 열리고 만남의 장소가 되며 대화와 토론의 광장이 되는 곳으로 존재해왔다. 유럽 대부분의 주요도시와 인구가 밀집한 거주 지역에는 광장이 존재한다. 시마다 도시의 중심을 이루는 광장 한 군데씩은 꼭 있다. 나보나 광장은 로마의 어느 광장보다도 재미있고 기분 좋은 곳으로 평가되고 있다. 특히 관광객들이 선호하는 곳이기도 하다. 저녁에 카페에 앉아 음료를 마시며 여유로움을 즐기기에는 최고의 장소로 꼽히고 있다. 저자는 베르니니의 조각으로 장식된 멋진 분수와 광장을 둘러싼 건축물의 장식을 감상하는 것도 좋다고 권고한다. 세계 각지에서 모여든 인파를 구경하는 것도 재미있고, 넓은 광장 곳곳에서 벌어지는 거리 예술가들의 퍼포먼스를 보는 것도 즐겁다고 한다. 노천레스토랑에서 해물스파게티에 맥주 한 잔 마시는 기분도 썩 좋다고 추천하였다. 나보나 광장은 로마의 스페인 광장 등과 함께 명소로 자리잡고 있다. 우리나라 여행객들에게도 자유시간에 추천되는 곳이며 근처에 판테온 신전이 가까이 있어서 더욱 좋은 곳이라고 생각된다.

2) "세계 최고를 찾아가는 여행"(랜덤하우스코리아) 저자 권기왕의 추천

권기왕의 저서 "세계최고를 찾아가는 여행"에서는 그 어느 곳보다 가장 먼저 가봐야 할 절대 비경 30곳을 소개하고 있다.

(1) 자연이 빚어낸 예술지역

① 사하라 사막－에르그 셰비

세계 최대의 사하라 사막에서 가장 아름다운 모래언덕을 보게 되는 코스이다. 에르그 셰비(Erg chebbi)는 모로코이다.

② 그레이트 배리어 리프

세계에서 가장 아름다운 산호초 바다를 보게 된다. 그레이트 배리어 리프(Great Barrier Reef)는 호주에 있다.

③ 두바이

아랍에미리트의 두바이(Dubai)는 가장 빠른 속도로 세계 최고를 꿈꾸는 도시이다. 사막에 세워 올린 고층 건물들이 참으로 인상적이다. 두바이는 발상의 전환으로 이루어진 관광 지향적인 도시로 평가된다.

④ 할레아칼라 화산

세계에서 분화구가 가장 큰 화산 할레아칼라(Haleakala)는 미국에 있다.

⑤ 베네치아

세계에서 가장 유명한 물의 도시인 베네치아(Venezia)는 118개의 섬과 400개의 다리가 있는 아드리아해의 여왕으로 묘사된다. 영어식으로 베니스라고도 불리는 이곳은 가능한 한 빠른 시간 내에 방문해야 할 곳으로도 전해진다. 매년 도시가 조금씩 가라앉고 있기 때문이다. 바다 위에 세워진 불가사의한 도시로서 가치가 크다.

⑥ 리우데자네이루

브라질의 리우데자네이루(Rio de Janeiro)는 세계에서 가장 아름다운 항구도시이다. 세계 3대 축제인 삼바축제의 도시로도 잘 알려져 있다.

(2) 매혹적인 랜드 아트 지역

① 요세미티 국립공원

요세미티 국립공원(Yosemite N.P.)은 미국에 소재한 세계 최대의 단일 화강암 바위가 있는 계곡이다.

② 로텐부르크

로텐부르크(Rothenburg)는 세계에서 가장 아름다운 독일의 중세 복원도시이다. 이곳을 방문하면 동화 속의 마을처럼 이쁘고 중세적인 느낌을 받는다. 아침 산책을 하면 조용한 도시의 느낌도 인상적이다. 아침인사를 건네는 지역 주민들도 친절하다는 인상을 갖게 된다. 호텔도 전원적이고 중세의 고풍스러운 전통 건물로서 기억에 남는다. 상가를 구경하며 쇼핑하는 것도 재미있다.

③ 포카라

포카라(Pokhara)는 세계 최고의 산맥 히말라야를 병풍처럼 두른 네팔의 도시이다.

④ 보드나트

네팔에 소재한 보드나트(Bodhnath)는 세계에서 가장 큰 불탑이다.

⑤ 티티카카 호수

티티카카(Titicaca)는 세계에서 가장 높은 호수로 페루에 소재한다.

⑥ 아스완

아스완(Aswan)은 이집트에 소재한 세계에서 가장 긴 나일강변의 도시이다.

(3) 지구의 걸작 지역

① 루브르 박물관

루브르 박물관(Musee Du Louvre)은 세계에서 가장 유명한 그림을 소장한 곳으로 프랑스에 있다. 하루 약 3만 명 이상이 방문하는 자타가 공인하는 세계 최고의 박물관으로서 의의와 가치가 있다.

② 라파스

볼리비아의 라파스(La Paz)는 세계에서 하늘과 가장 가까운 도시이다.

③ 아마존

브라질과 페루에 경계한 아마존(Amazon)은 세계 최대의 열대우림이다.

④ 삿포로

일본의 삿포로(Sapporo)는 세계에서 가장 유명한 눈축제 도시이다. 홋카이도(북해도)의 도청소재지이다.

⑤ 룩셈부르크

룩셈부르크(Luxemburg)는 세계에서 국민소득이 가장 높은 나라이다. 프랑스어를 사용하는 작은 나라로 금융, 물류, IT산업이 발전해 있다. 국민소득은 세계 최고 수준이다.

⑥ 진시황릉

중국의 진시황릉(秦始皇陵)은 세계에서 가장 큰 개인 묘이다.

⑦ 그랜드 캐니언

미국의 그랜드 캐니언(Grand Canyon)은 세계에서 가장 거대한 계곡이다.

톨레도

⑧ 톨레도

스페인의 톨레도(Toledo)는 세계 최고의 중세 요새도시이다. 도시를 방문하면 마치 중세에 온 것 같은 매우 인상적인 도시로서 가치를 부여하고자 한다.

(4) 환상의 세계지역

① 그랜드 바자르

터키의 그랜드 바자르(Grand Bazzaar)는 세계 최대 규모의 재래시장이다. 이스탄불에 있고 규모가 매우 크다. 터키와 이슬람 및 중동의 문화를 느낄 수 있는 장소이다.

② 다보스

스위스의 다보스(Davos)는 세계 최고의 겨울 스포츠 휴양지이다.

③ 아크로폴리스

그리스의 아크로폴리스(Acropolis)는 세계 최초 서구 문명의 발상지이다. '높은 언덕'이란 의미로 해발 150m에 위치한 고대 그리스 도시 아테네의 상징이자 랜드마크(트립어드바이저)로 평가된다. 유네스코 세계문화유산으로서 가치가 있는 관광자원이다.

④ 자금성

중국의 자금성(Forbidden City)은 수도 베이징에 위치한 세계에서 가장 큰 궁전이다. 1407년 건축이 시작되어 14년 동안 20만 명이라는 엄청난 사람들이 고생하여 완공되었다(네이버지식백과; 아드리안 길버트). 9,999개의 방과 잘 조성된 정원이 있으며 약 500년 동안 명·청조 황제의 궁전이었다. 유네스코 세계문화유산에 등재되었으며 현지에서는 고궁박물원으로 불리기도 한다.

⑤ 디즈니월드

세계 최대의 테마파크인 디즈니월드(Disney World)는 미국의 플로리다주 올랜도 부근에 소재한다. 세계 최대규모의 종합휴양지로 평가된다.

⑥ 멕시코시티

멕시코의 멕시코시티(Mexico City)는 인구 2천500만 명의 세계 최대의 도시이다.

고원도시로 해발 3,000m 정도에 위치한 인구밀도가 높은 도시이다.

⑦ 이과수 폭포

아르헨티나의 이과수 폭포(Iguacu Falls)는 세계에서 가장 웅장한 폭포이다.

⑧ 티베트

티베트(Tibet)는 중국 남서부 티베트족 자치구로서 세계에서 가장 높고 가장 큰 고원에 위치한다. 인구는 2010년 기준으로 약 300만 명이다(두산백과).

⑨ 타지마할

인도의 타지마할(Taj Mahal)은 인류가 세계에 남겨놓은 가장 아름다운 건축물이다.

⑩ 오클랜드

뉴질랜드의 최대도시이며 경제의 중심지로 북섬에 위치한다. 뉴질랜드의 오클랜드(Oakland)는 세계에서 가장 살기 좋은 환경 도시이다(권기왕, 세계최고를 찾아가는 여행, 랜덤하우스코리아(주), 2006, pp.6~9).

3) "죽기 전에 꼭 가봐야 할 여행지 33"(랜덤하우스코리아) 저자 권기왕의 추천

권기왕은 그의 저서 "죽기 전에 꼭 가봐야 할 여행지 33"에서 대자연과의 가슴 벅찬 조우, 섬과 바다가 부르는 낭만과 아름다움, 인류의 유산 그리고 문명, 변하지 않는 삶의 모습, 문학/미술/음악의 무대, 너무 작고 너무나 아름다운 옛 마을들로 구분하여 소개하였다.

(1) 대자연과의 가슴 벅찬 조우

① 모뉴먼트 밸리

미국의 모뉴먼트 밸리(Monument Valley)는 붉은 평원 위에 펼쳐진 가슴 벅찬 대자연의 황량함으로 표현하였다.

② 화이트 샌즈

미국의 화이트 샌즈(White Sands)는 짙푸른 하늘과 백색 모래의 절묘한 대비를 나타내는 지역이다.

③ 이과수 폭포

브라질과 아르헨티나의 이과수 폭포(Iguacu Falls)는 우레처럼 쏟아지는 축복 같은 폭포수로 표현하였다.

④ 그레이트 오션 로드

호주의 그레이트 오션 로드(Great Ocean Road)는 거친 절벽 틈에 숨쉬는 위대한 자연의 아름다움으로 묘사하였다.

⑤ 옐로스톤

미국의 옐로스톤(Yellowstone)은 대자연 속에서 솟구치는 뜨거운 간헐천과 버팔로의 땅으로 표현된다. 1871년 국립공원으로 지정되며 세계 최초의 국립공원이 되었으며 수많은 협곡, 호수, 온천 등 특이한 자연 절경의 장소이다.

(2) 섬과 바다가 부르는 낭만과 아름다움

① 미코노스와 산토리니

그리스의 미코노스와 산토리니(Mykonos & Santorini)는 천년 세월이 담긴 휴식 같은 에게해의 물빛, 그리고 그리움이다. 페리로 이동할 수 있는 그리스의 대표적인 섬 투어 코스이다. 동화 같은 곳에서 그리스 음식과 와인을 즐기는 맛집 투어가 추천된다.

② 소렌토와 카프리

이탈리아의 소렌토와 카프리(Sorrento & Capri)는 사랑과 정열을 잉태한 아름다운 고향이다.

소렌토에서 카프리까지는 페리로 이동해야 한다. 풍랑이 거세면 뱃멀미를 조심해야 한다. 앞자리보다는 뒤에 앉아 이동하는 것이 좋다. 카프리섬은 아름다운 희귀식물 등을 볼 수 있는 곳이다. 온난한 기후와 비경으로 인해 로마시대부터 황제의 별궁이 있었고 세계의 부호와 스타들의 별장이 있는 곳으로 미로의 골목, 해안절벽 등이 특징이다.

③ 몰디브

몰디브(Maldives)는 세상에 남겨진 천상의 옥빛 낙원으로 묘사한다.

④ 키 웨스트

미국의 키 웨스트(Key West)는 파라다이스로 가는 징검다리를 건너 충만한 열정을 발견한 곳으로 묘사한다. 미국 플로리다주의 남부 먼로카운티에 있는 최남단 항구도시로 미국의 땅끝마을로 불린다.

⑤ 서인도 제도

푸에르토리코의 서인도 제도(West Indies)는 카리브해의 맑은 해풍이 이국의 상쾌함을 몰고 온다고 표현한다.

(3) 인류의 유산, 그리고 문명지역

① 앙코르와트

캄보디아의 앙코르와트(Angkor Wat)는 동남아 밀림 속에서 발견한 세계 최대의 유적지이다.

② 치첸 이트사

멕시코의 치첸 이트사(Chichen Itza)는 잊혀진 마야문명의 흔적을 찾아 하늘까지 치솟은 산정을 오른다고 표현한다.

③ 피라미드

이집트의 피라미드(Pyramid)는 '인간의 능력을 뛰어넘는 이집트의 닫혀 있는 전설 속으로'라고 묘사한다.

④ 마추픽추

페루의 마추픽추(Machu Picchu)는 잃어버린 잉카의 공중도시이다.

⑤ 보로부두르 사원

인도네시아의 보로부두르 사원(Borobudur)은 신들도 입을 다물지 못한 웅대한 규모로 표현한다.

⑥ 아잔타와 엘로라

인도의 아잔타와 엘로라(Ajanta & Ellora)는 인간의 염원이 만들어낸 불가능한 석굴의 신화로 표현한다. 인도 불교 유적의 아름다움을 잘 표현하고 있다는 평가이다.

(4) 변하지 않는 삶의 모습

① 이키토스의 벨렌

페루 이키토스(Iquitos)의 벨렌(Belen)은 원시의 아름다움을 그대로 간직하고 있는 수상마을이다.

② 구아딕스

스페인의 구아딕스(Guadix)는 수백 년 동안 동굴집을 고수하는 고집스러운 사람들의 도시이다. 스페인 남부 그라나다주 중부의 도시이다.

③ 실크로드와 바리쿤 초원

중국의 실크로드와 바리쿤 초원(Silk Road & Balikun Grassland)에서 실크로드의 영화(榮華)는 스러지고 황량함만 떠돈다고 표현한다.

④ 우로스

페루의 우로스(Uros)는 자연과 함께 눈뜨는 안데스 고원의 아침으로 묘사한다.

⑤ 카파도키아

터키의 카파도키아(Cappadocia)는 동서양을 잇는 문명의 땅으로 표현한다. 비와 바람에 쓸리며 만들어진 수많은 기암괴식들이 있는 곳으로 아나톨리아 고원에 있는 암석군 지대이다. 1985년 유네스코 세계자연문화유산으로 지정되었다(세계테마기행; ebs 지식클럽).

⑥ 아미시

미국의 아미시(Armish)는 문명을 거부한 채 평화롭게 살아가는 사람들의 땅으로 표현한다.

(5) 문학, 미술, 음악의 무대 지역

① 프라하

체코의 프라하(Praha)는 중세유럽의 모습을 가장 잘 간직한 현재의 중세도시이다.

② 베르겐

노르웨이의 베르겐(Bergen)은 피오르의 아름다움을 대표하는 도시이다. 야경이 아름답고 인상적인 제2의 도시이다.

③ 산타 페

미국의 산타 페(Santa Fe)는 미국에서 스페인의 문화를 느낄 수 있는 감성의 도시이다.

④ 캄포 데 크리프타나

스페인의 캄포 데 크리프타나(Campo de Criputana)는 유럽 최고의 풍자소설 "돈키호테"의 풍차마을이다.

⑤ 알비

프랑스의 알비(Albi)는 물랭루주의 화가 로트레크의 고향으로 천재의 고독이 스며있는 곳으로 묘사한다.

⑥ 멤피스

미국의 멤피스(Memphis)는 '로큰롤의 왕' 엘비스 프레슬리의 왕국으로 그의 영혼이 지배하는 곳으로 표현한다.

(6) 너무 작고 너무나 아름다운 옛 마을

① 카사레스

스페인의 카사레스(Casares)는 여행자의 지친 영혼을 어루만져 주는 백색마을이다.

② 애로 타운

뉴질랜드의 애로 타운(Arrow Town)은 도시의 콘크리트를 떠나 자연의 품에 잠들고 싶은 곳으로 묘사한다.

③ 코르드

프랑스의 코르드(Cordes)는 현실의 모든 욕망은 멀리 사라지고 평온이 찾아드는 곳으로 표현한다.

④ 신트라

포르투갈의 신트라(Sintra)는 시인 바이런이 '에덴의 동산'이라 예찬했던 천상의 마을이다.

⑤ 바하라흐

독일 남서부 라인란트팔츠주에 있는 소도시로 라인강의 진주로 평가된다. 팔츠 와인(화이트)과 음식투어가 추천된다.

독일의 바하라흐(Bacharach)는 진정한 그리움을 느끼게 해줄 쌉쌉한 포도주 한 잔이 있는 마을로 표현하였다(권기왕, 죽기 전에 꼭 가봐야 할 여행지 33, 랜덤하우스, 2006, pp.6~9)

3. 차세대 여행상품

1) 정글투어

칸차나부리 '리버콰이 정글투어'는 한국인들을 비롯해 동양인들에게는 거의 알려지지 않은 곳으로 평가되어 왔다. 간혹 개별여행객들이 방콕에서 1일 옵션상품으로 정글투어를 하는 게 고작일 정도로 리버콰이 정글투어는 태국에서도 천혜의 밀림지역으로 손꼽히는 곳으로 평가되어 왔다. 뭔가 흥미롭고 이색적인 정글체험을 준비하고 있는 가족단체나 허니문이 있다면 여름과 가을시즌에 안성맞춤인 지역이다.

2) 예술과 정열의 도시 프로방스

프로방스 지역은 프랑스 관광성을 비롯해 여행사 유럽팀장들이 추천하는 지역이다. 교황청이 있는 아비뇽, 프랑스 제일의 항구 마르세유 등 일반인도 익히 알고 있는 관광지와 함께 8월 중순까지 라벤더 투어가 가능한 엑상프로방스도 성당 및 세례당과 같은 역사적 유물이 가득해 관광상품으로서 가치가 충분하다.

3) 북인도 상품

인도상품이 급변하고 있다. 배낭여행 상품과 자유여행으로 발달한 인도에 리피터가 증가하면서 기존의 상품과는 차별화된 상품을 원하는 여행객들이 증가했으며, 인도전문 여행사들 역시 새로운 지역상품을 출시하였다. 기존의 상품은 타지마할을 대표해 델리 · 아그라 · 바라나시 등 관광지를 둘러보는 일정이었으나 앞으로 주목되는 관광지는 레 · 마날리 · 다람살라 · 암리차르 지역과 상품일정에 포함되지 않은 스리나가르 · 알치 · 라마유르 지역이 있다. 이 지역들은 하나같이 차별화된 문화와 절경을 자랑한다.

4) 호주 바이런 베이/헤이만 섬

호주의 시드니 · 멜버른 · 케언즈 · 브리즈번 등 직항 노선중심으로 상품이 개발,

판매되었던 데 비해 최근에는 다양한 수요층에 맞춘 이색적인 상품을 속속 출시하고 있다. 자유여행, 허니문 등 개별여행 패턴의 상품개발이 빠르게 진행되어 왔다. 2005년 가을 허니문 시장에 첫 선을 보인 헤이만섬은 럭셔리 상품 콘셉트에 맞춰 기획됐으며 좋은 반응을 보였다. 또한 차세대 여행지로 손꼽히는 바이런 베이는 뉴사우스웨일즈주의 대표상품 관심을 끌어왔다. 특히 바이런 베이는 사우스웨일즈주 관광청에서도 집중적인 홍보 마케팅을 전개한 것으로 전해졌다(세계여행신문, 2006.6.12., 41면).

호주 코란코브리조트

4. 추천 패키지여행 상품

1) TC클럽 추천 best 여행상품

(1) 유럽 5개국 10일 상품

영국-프랑스-스위스-이탈리아-독일코스이다. 추천 이유는 볼거리가 많고, 변화가 많고, 지역별 맛이 다르고, 배울 것이 많다는 점이다. 이 코스는 유럽의 핵심국가로 많은 관광객들이 선호하는 일정이다.

① 에펠탑, ② 루브르 박물관, ③ 트레비 분수, ④ 파르테논 신전

(2) 도쿄 반딧불투어

주말을 이용하여 가까운 도쿄를 여행하는 것이 좋다는 점과 특별히 직장인들에게 해당한다고 추천한다. 우리나라와 문화가 달라서 볼 것이 많다는 점을 제시한다.

(3) 그리스/터키/이집트/스페인(에게해 크루즈 포함)

볼거리가 많고 새로운 문화를 경험할 수 있는 코스로 추천한다. 가격도 적당하다는 점과 유럽과는 또다는 측면 그리고 룩소의 고대문화가 압권이라는 점을 강조한다. 단점으로는 항공 일정이 좋지 않아 불편한 점이 있다.

(4) 밴쿠버/캘거리/록키/토론토/나이아가라

록키의 아름다운 자연을 보고 나이아가라의 웅장함을 관광할 수 있는 점을 강조한다.

(5) 동유럽 8박 9일

프라하－비엔나－잘츠부르크－잘츠카머구트－부다페스트 등의 코스로 동유럽이라는 색다른 유럽의 면모를 강조한다. 예전에는 공산권 지역이었던 다양한 문화가 있는 지역임을 알린다.

(6) 뉴질랜드 남북섬

아름다운 자연을 감상할 수 있는 곳임을 강조한다. 북섬은 화산섬, 남섬은 남알프스 지역으로 피오르 관광을 할 수 있다는 점을 든다.

(7) 북경/서안/장가계/원가계

볼거리가 많은 지역임을 설명한다. 다양한 중국문화를 체험할 수 있고 자연관광과 저렴한 가격이 경쟁력 요소이다.

(8) 중남미 16박 17일

멕시코시티－칸쿤－리우데자네이로－이과수－등의 코스이다. 아즈텍, 마야, 잉카문명을 볼 수 있고 칸쿤에서 아름다운 카리브해를 볼 수 있다. 멋진 삼바쇼도 관람하고 아마존 정글에서 자연의 소중함도 느끼는 시간을 보낼 수 있다.

(9) 호주/뉴질랜드

마음이 편해지는 여행코스라고 소개한다. 아름다운 시드니항과 로토루아에서 온천을 즐길 수 있다고 추천한다. 뉴질랜드는 코로나19 이후 가장 청정하고 자연적인 지역으로 관심이 더욱 집중되고 있다.

(10) 인도

인도는 볼거리가 많고 힌두교는 다신교라서 전통과 풍습이 다양하다.

(11) 미서부 7박 8일

로스엔젤레스－라스베이거스－그랜드캐니언－라플린－후레스노 등의 코스이다. 도시관광이 일반적이지만 위대한 자연자원인 그랜드캐니언과 요세미티 국립공원의 자연의 광대함을 강조한다.

(12) 하와이

와이키키해변 외에도 아름다운 석양과 야경의 환상적인 풍경을 추천한다. 하와이는 훌륭한 자연환경과 기후가 연중 19~21℃로 사람이 가장 살기 좋은 온도와 날씨를 형성하고 있는 곳으로도 각광받는다.

(13) 방콕 파타야

볼거리와 즐길 거리가 많은 관광 최적지이며 나이트클럽, 가라오케 등의 장소도 있다. 전통문화자원을 기본적으로 갖추고 있고 최근 관광발전을 위한 그동안의 노력이 결실을 맺어 아시아 선두 관광국가로 위치하고 있다.

(14) 러시아 · 북유럽

러시아－상트페테르부르크－헬싱키－유람선－스톡홀름－오슬로－구드방겐－베르겐 코스이다. 규모가 큰 유람선을 타는 것과 볼거리가 많은 러시아, 아름다운 북유럽의 전경을 추천한다. 겨울에는 영하권으로 추위가 심해 날씨의 영향으로 여름에 주로 투어가 활성화되는 지역이기도 하다.

(15) 미동부여행

뉴욕－워싱턴－루레이동굴－나이아가라 폭포－천섬－보스턴 일정이다. 아름다운 도시를 관광하며 멋있는 뉴욕과 워싱턴, 천섬의 작은 섬들을 관광할 수 있다.

워싱턴의 백악관 전경

(16) 북경/용경협/연길/백두산

우리나라의 과거를 볼 수 있고 길림성은 우리나라의 예전 생활 모습이 그대로이다.

(17) 싱가포르/빈탄

싱가포르는 도시국가이지만 자연적인 관광자원이 많이 구축되어 경쟁력을 지닌 국가로서도 인정받는다.

싱가포르는 도시관광으로서의 만족감과 적당한 물가 그리고 밤에 갈 곳이 많은 점을 제시한다(출처: www.tourescort.com) .

2) 여행커뮤니티 투어에스코트가 추천하는 .야간 자유시간 도시 정보

(1) 맨해튼

소호를 중심으로 카페와 식당이 많다. 지하철 N라인을 이용하면 편리하다. 특히 엠파이어스테이트 빌딩의 야경은 한마디로 압권이다. 수많은 타워 중에서도 가장 최고이다. 도시가 주는 아름다움이 있다.

뉴욕 엠파이어스테이트 빌딩의 1층 로비

뉴욕시내 전경

(2) 파리

샹젤리제와 대학가가 많은 생미셀이 있고, 퐁피두 문화센터 주위로 카페가 많다. 생미셀과 퐁피두 주변은 파리의 서민적인 분위기를 느낄 수 있다. 프랑스의 가장 핵심지역이며 세계관광의 중심도시이다.

(3) 싱가포르

오차드 거리 주변으로 볼거리가 많다. 카페들이 많고 전망이 좋은 곳이 있다. 주변에 스탠퍼드호텔이 있는데 야경이 좋다. 오차드 거리는 다카시마야 쇼핑센터 등 쇼핑할 곳이 많다.

(4) 로마

로마 야간에는 2군데가 분위기가 좋은데 음악이 있고 낭만과 사랑을 느낄 수 있는 나보나 광장과 판테온 거리이다. 2000년전의 문화와 유적을 느낄 수 있는 영혼의 도시로 평가된다.

(5) 시드니

오페라하우스 주변으로 카페가 많다. 다알링하버에서는 시드니의 분위기를 느낄 수 있다. 시드니는 세계 3대 미항으로 불린다. 주위의 환경과 경관이 매우 아름다운 호주의 대표도시이며 관문이다.

(6) 오클랜드

오클랜드는 뉴질랜드 북섬의 북단에 위치한 도시로 다인종이 거주한다. 뉴질랜드의 최대도시이며 경제의 중심지로 평가된다. 스카이시티(호텔) 주변에 식당과 카페들이 있다. 오클랜드는 상대적으로 야간에 볼거리가 별로 없는 편이다.

(7) 런던

런던은 세계 최대 도시로 평가된다. 영국의 정치, 경제, 문화, 교통의 중심지이자 수도이다. 소호 중심으로 카페와 펍, 오페라극장이 많다. 오페라극장도 많다. 차이나타운도 근처에 있다.

런던의 빅멘(국회의사당) 전경

(8) 홍콩

침사추이 주변으로 쇼핑가와 식당이 많다. 침사추이에서 강변쪽으로 향하면 홍콩섬이 한눈에 들어온다. 홍콩은 서양과 동양의 문화가 잘 접목된 곳으로 평가된다.

(9) 파타야

파타야 1번 도로에는 여러 노천바가 많고 태국의 유명한 킥복싱도 볼 수 있다. 세계적인 휴양지로 많은 관광객들이 방문하는 곳이다. 이곳에서 쾌속보트로 이동하는 산호섬에서는 특히 윈드서핑, 수상스키, 스노클링, 스킨다이빙, 파라세일링, 제트스키, 바다낚시 등을 즐기는 사람들이 많다.

(10) 라스베이거스

라스베이거스는 사막 위에 건설된 도박의 도시로 화려한 야간 조명이 압도적이다. 야간에 호텔 앞에서 홍보용 쇼를 하는데 그 수준이 상당하고 볼 만하다 (www.tourescort.com).

5. 네티즌이 뽑은 최고의 여행지

론리플래닛은 2018년 최고의 여행지-나라 TOP 10으로 칠레, 대한민국, 포르투갈, 지부티, 뉴질랜드, 몰타, 조지아, 모리셔스, 중국, 남아공을 선정하였다. 2020년 최고의 여행지-도시 TOP 10에는 오스트리아 잘츠부르크, 미국 워싱턴 D.C., 이집트 카이로, 아일랜드 골웨이, 독일 본, 볼리비아 라파스, 인도 코치, 캐나다 밴쿠버, 아랍에미리트 두바이, 미국 덴버(론리플리닛 매거진) 순으로 선정하였다.

SRT 매거진 11월호를 통해 2020년 기차 여행객이 뽑은 최고의 국내여행지는 단양군이 1위, 목포, 울산, 완도, 장흥, 대전, 강진, 신안, 공주, 제천 순으로 나타났다. 단양은 풍경이 아름답고 고수동굴 등 많은 동굴이 절경을 자랑한다. 또한 액티비티를 즐길 수 있는 레저도시로 패러글라이딩, 래프팅, 짚와이어, 알파인코스터, 만천하 슬라이드, 경비행기 운행 등이 높은 평가를 받은 것으로 보인다.

참고로 공주는 공산성, 마곡사, 한옥마을 등 오랜 역사 특유의 여유로움과 고즈넉함을 느낄 수 있는 관광명소가 많은 것으로 분석되었다.

투어익스프레스가 Daum여행, MSN 등과 공동으로 실시한 '2007년 최고의 여행지를 찾아라' 설문에서 네티즌이 뽑은 최고의 여행지는 총 9,878명의 추천을 받은 홍콩이 선정됐다. 홍콩은 총 6만 5,644명이 참여한 이번 설문에서 15%를 차지했으며 뒤를 이어 2위를 차지한 시드니가 8,710명으로 13.3%의 점유율을 나타냈다. 특히 라스베이거스의 경우 총 5,492명이 추천한 가운데 4,586명이 남성인 것으로 나타나 83.5%를 차지하였다. 여성들이 선호하는 지역으로는 싱가포르, 파리, 스페인, 프라하, 인도, 뉴욕 등이 있으며, 프라하의 경우 총 3,742명이 추천한 가운데 여성의 비율이 70.7%를 차지하였다. 또한 인도와 스페인 등도 여성의 비율이 남성의 2배를 뛰어넘으면서 여성들이 선호하는 목적지로 선정되었다.

각 지역의 연령별 추천자 수를 살펴보면 홍콩의 경우 20대가 6,514명으로 월등히 높은 수치를 기록했으며, 20대는 남성이, 30대는 여성이 더 높은 수치를 기록한 것으로 나타났다. 시드니는 30대가 3,070명으로 가장 많은 추천수를 기록하였다. 남녀비율에서는 20대는 여성이, 30~40대는 남성이 더 많은 수를 차지했다. 싱가포르의 경우, 20, 30대가 각각 3,283명, 3,184명을 기록해 비슷한 수치를 보였지만, 남녀비율에서는 20대는 남성이 66.1%, 30대는 여성이 83.4%를 차지하면서 큰 차이를 보였다. 도시별 주요 연령 및 남녀비율을 보면 라스베이거스는 20대 여성, 파리 20대 남성, 런던 30대 여성, 도쿄 30대 여성에서 많은 추천을 받은 것으로 조사되었다(세계여행신문, 2007.2.12., 15면). 다음 표는 지역별 추천자 수를 나타내고 있다.

순위	지역	추천자 수(명)	남(명)	여(명)
1	홍콩	9,878	5,687	4,191
2	시드니	8,710	4,750	3,960
3	싱가포르	6,861	2,902	3,959
4	라스베이거스	5,492	4,586	906
5	파리	5,026	1,370	3,656
6	프라하	3,742	1,095	2,647
7	런던	2,477	1,977	1,100
8	아테네	2,444	1,010	1,434
9	스페인	2,406	776	1,630
10	터키	2,318	1,119	1,199

11	도쿄	2,178	1,107	1,071
12	로마	2,114	810	1,304
13	샌프란시스코	2,011	937	1,074
14	인도	2,010	630	1,380
15	밴쿠버	1,847	901	946
16	멜버른	1,810	844	966
17	제주	1,610	831	779
18	베이징	1,445	714	731
19	뉴욕	1,265	461	804
총계		65,644	32,507	33,737

출처: 세계여행신문, 2007.2.12., 15면.

참고 2018 최고의 도시 TOP 10

1. 스페인 세비아
2. 미국 디트로이트
3. 호주 캔버라
4. 독일 함부르크
5. 타이완 가오슝
6. 벨기에 안트베르펜
7. 이탈리아 마테라
8. 푸에르토리코 산후안
9. 멕시코 과나후아토
10. 노르웨이 오슬로

출처: 론리플래닛

6. 이집트에서 해야 할 5가지, 하지 말아야 할 5가지

1) 나이와 관계 없이 국제학생증을 꼭 만들자

이집트는 국제학생증의 힘이 엄청나다. 일반 관광지 외에 사막투어도 할인이 될 정도이다. 학생이 아니라도 괜찮다. 카이로의 여행사는 대부분 나이에 관계 없이 1분 만에 학생증을 만들어준다.

2) 비둘기요리를 먹고 오자

비둘기요리는 한국에서는 흔히 볼 수 없는 요리지만, 이집트에서는 전통과 자부심이 대단하다. 눈 딱 감고 입에 넣어보자. '닭고기'다 생각하면 먹어줄 만하다.

3) 사막에 누워서 손가락으로 이름을 써보자

이집트 사막에 남기고픈 이야기를 써보자. 글씨는 사라지겠지만 평생 잊지 못할 다짐으로 남는다. 또한 캄캄한 사막 밤하늘에 쏟아지는 별들은 꼭 보고 오자.

4) 석양 무렵 나일강에서 펠루카를 타자

나일강을 유유자적 떠도는 돛단배 펠루카. 해가 지기 1시간 전인 5시쯤 타서 나일강을 감상하자.

5) 스텔라 맥주를 마시자

맥주의 원조는 회교국 이집트이다. 그중 스텔라는 꼭 먹어봐야 할 대표 맥주로 시내 곳곳을 뒤져보면 전문 주류매장을 찾을 수 있다.

6) 공항에서부터 사기당하지 말자

공항에서 시내로 들어가는 버스는 1.5파운드(약 350원)에 탈 수 있다. 하지만 기사에게 가격을 물어보면 2파운드 이상 달라고도 한다.

7) 아랍어를 포기하면 안 된다

아랍국 이집트에는 아라비아 숫자가 없다. 이집트는 대부분 숫자표기에 아랍어만 사용한다. 버스 번호는 물론이고 음식값도 다 아랍어로 써 있다. 즉 숫자도 못 읽으면 엄청난 사기를 당할 수 있다.

8) 피라미드 앞에서는 낙타 사진을 찍지 말자

낙타 피라미드 투어는 상당히 비싸다. 싼 값에 낙타를 타고 가다가 돈을 더 안 주면 낙타에서 내려주지를 않는다(생각보다 높다). 낙타를 찍으면 사진 값을 달라고도 한다. 다른 것 찍는 척하면서 몰래 찍는 것이 요령이다.

9) 침대열차를 타지 말자

아스완까지 13시간의 기차여행. 외국인을 위한 침대차는 일반석에 비해 10배 이상 비싸다. 사실 2등석도 우리의 무궁화호 요금 이상이다. 되도록 화장실에 가지 말자. 화장실의 더러움은 압권이다(www.nextour.co.kr ; 김동완).

참고 주의할 사항

이집트 카이로에서 여행 중 놀랐던 것은 우리나라 버스는 사람들이 정류장에 내리고 탄 후 출발해야 하는데 이집트에서는 사람들이 버스에 오르기도 전에 버스가 출발하는 것이었다. 그 바람에 사람들이 거의 뛰어가며 버스를 탔다. 특히 나이 든 할아버지도 예외 없이 뛰는 것을 보면서 더욱 놀랐다. 이것도 이집트에서는 주의해야 할 일이 아닌가 생각된다. 오래전에 보았던 일이라 지금은 개선이 되었으면 다행이지만 아무튼 조심해야 할 내용으로 명시하고자 한다.

7. 감동이 큰 베스트 관광지

① **이과수 폭포**: 브라질, 아르헨티나, 파라과이에 걸쳐 있다. 자연의 아름다움을 경험할 수 있다.

② **폼베이**: 이탈리아 남부 나폴리, 소렌토와 연계된 관광지이다. 2000년 전 도시의 시설과 규모를 보고 감탄하게 된다.

③ **에베소, 카파도키아**: 터키의 문화유적지인 에베소와 자연환경이 특이한 카파도키아는 좋은 볼거리이다. 에베소는 상업이 매우 발달했던 곳으로 많은 사람들이 모였던 야외극장을 보더라도 도시의 부를 통해 경제와 문화가 활성화된 지역이었던 것임에 틀림없다.

④ **라스베이거스**: 사막 위에 세운 도시로 감동적이다. 호텔 앞에서 열리는 환상의 쇼는 볼 만하다.

⑤ **로키산맥**: 캐나다를 여행할 사람은 나이아가라를 생각하지만 로키산맥의 대자연은 경이롭다.

터키의 에베소 야외극장

⑥ **스위스 알프스**: 알프스의 최고봉은 몽블랑으로 4,807m이며 스위스, 프랑스, 이탈리아, 오스트리아에 걸쳐있다(두산백과). 스위스의 자연은 어느 곳을 가도 아름답다.

⑦ **앙코르와트**: 앙코르와트는 과거 크메르 왕국의 사원이다. 세계문화유산이며 불가사의한 장소이다.

⑧ **하와이 폴리네시안 매직쇼**: 하와이 폴리네시안 매직쇼는 만족스럽고 감동과 감탄을 자아낸다.

⑨ **베드로성당**: 카톨릭의 총본산이다. 예수님의 수제자로 십자가에 거꾸로 못박혀 순교한 베드로의 무덤 위에 세워졌다고 해서 베드로성당으로 명명되었다. 유럽 최고의 장소라 해도 과언이 아닐 것이다.

⑩ **맨해튼의 야경**: 맨해튼은 뉴욕의 자치구 중 가장 인구밀도가 높은 곳이다. 야경으로는 세계에서 가장 훌륭한 장소 가운데 하나일 것이다(자료 : www.tourescort.com).

8. 계절을 이용한 여행상품

1) 우리나라와 반대 기후 지역

우리나라와 기후가 반대인 지역은 여행하기에 괜찮은 조건을 제공한다. 우리나라에서 더위나 추위로 고생하다가 반대 기후에서 여행하느라 며칠을 보내는 것도 특이하며, 색다른 여유로움을 주기 때문이다. 대표적인 국가는 호주, 뉴질랜드, 브라질, 아르헨티나, 남아프리카공화국, 그 외 남극쪽의 국가들이 이에 속한다.

2) 언제나 여름 기온이 나타나는 지역

우리나라와는 달리 항상 일정하게 더운 기후를 지닌 나라들이 있다. 날씨로 인해 대체로 사람들이 여유로우며 분주하지 않고 느긋한 성향이 있다. 우리나라에서는 연중 이곳을 목적지로 하여 여행을 출발하지만 특히, 겨울철에 출발하면 적당한 지역들이다. 동남아의 대부분의 국가들이 속한다. 태국, 인도네시아, 싱가포르, 괌, 사이판 등의 지역이다. 이곳들은 계절의 구분은 있지만 사계절이 우리나라의 여름과 같다.

태국 방콕 새벽사원

3) 봄, 가을이 적당한 지역

우리나라의 인바운드 상황을 보면 외래관광객들이 봄, 가을에 상대적으로 많이 입국하는 것으로 판단된다. 이는 계절적으로 여행하기에 적당한 기후이기 때문이다. 유럽의 경우도 봄, 여름, 초가을이 여행하기에 적당한 이유는 일몰이 늦게 이뤄져 그만큼 여행시간을 충분히 확보할 수 있기 때문이다. 노르웨이, 스웨덴, 핀란드, 덴마크, 러시아, 캐나다 등은 특히 겨울에는 여행하기에 어려움이 큰데, 바로 일몰시간과 관계가 있다 하겠다. 대체로 세계여행은 5~9월 말까지는 큰 어려움 없이 여행하는 데 지장이 없다고 할 수 있다.

스웨덴 스톡홀름 전경

9. 이탈리아 여행 중 야간에 방문할 만한 추천장소

로마의 베네치아 광장

로마에서 숙박 시 나보나 광장과 판테온 신전은 필히 가보는 것이 좋다고 추천된다. 이곳에 가면 로마의 아름다운 밤의 정취를 느낄 수 있다.

나보나 광장은 원래 로마제국시대 대전차 경기장이었다고 한다. 지금은 주변에 카페, 분수대 등이 있으며 많은 시민들과 관광객들이 산책하며 거닐고 있다. 관광객들에게는 아름다운 여행의 추억을 만들어 주는 장소로 변모하였다. 예전에는 관광일정 중에 단지 로마투어 코스 가운데 한 장소에 불과했던 것이 사실이다. 광장 주위의 카페에 앉아 카푸치노나 오렌지 주스 한잔하면서 대화를 나누는 것도 행복한 시간으로 기억될 것이다. 4~5유로면 가능하다. 특히 이곳에서는 시내에 위치한 호텔로 다시 찾아가기에 편리하다. 주변에 택시가 많아 큰 어려움 없이 이동할 수 있다.

판테온 신전은 지구상의 남아 있는 고대 건축물 중에서 가장 보관상태가 좋은 건축물로 평가된다. 건축을 공부하는 사람이라면 로마의 판테온 신전을 방문할 가치가 크다고 한다. 돔의 천장이 원형으로 뚫려 있어 비가 오면 빗물이 바닥에 떨어지지 않는다 하여 신비스럽게 여겨진다. 주위에는 나보나 광장처럼 멋진 카페들이 즐비하다. 특히 맥도날드, 슈퍼, 아이스크림 가게 등이 있어서 관광객들에게 편리한 곳이다. 나보나 광장과 판테온 거리는 도보로 5분 이내 거리에 있어서 2곳을 한꺼번에 구경할 수 있다. 로마의 아름다운 밤의 운치를 느낄 수 있는 좋은 장소로 추천되고 있다(자료 : www.tourescort.com).

10. 인기상품

지역별 인기상품을 H여행사를 기준으로 주요상품을 정리하였다.

1) 동남아

방콕 / 파타야, 캄보디아, 발리, 싱가포르 / 빈탄

2) 미주

밴쿠버 / 휘슬리, 하와이, 미서부 디즈니, 뉴욕 / 나이아가라

뉴욕의 자유의 여신상

3) 유럽

동유럽, 그리스 / 터키 / 이집트 룩소르, 서유럽, 그리스 에게해 크루즈와 터키 온천욕, 융프라우와 베니스+유럽

4) 대양주

호주 · 뉴질랜드 북섬, 괌, 팔라우, 사이판, 시드니 / 포트스테판

5) 기타

2021년 7월 기준으로 인터파크투어의 그린여행 페이지를 참고하면 스위스, 하와이, 괌, 사이판, 몰디브, 푸켓, 미주, 프랑스, 독일, 체코, 크로아티아, 터키, 그리스, 스페인을 인기 있는 여행국가와 지역으로 추천한다. 괌과 하와이를 바다를 품은 찬란한 휴양지로 표현한다. 스위스는 황홀한 청정자연을 품은 국가로 체르마트의 은하수를 강조한다. 이 밖에 영국, 이탈리아, 인도네시아, 필리핀과 태국, 베트남, 싱가포르, 홍콩, 대만, 일본, 캐나다, 호주, 뉴질랜드를 강조한다(전자신문, 2021.7.1. 참고).

오사카 / 교토 / 나라 / 벳부, 고마츠 / 하코네, 도쿄, 상해 / 항주 / 소주, 북경 / 만리장성 / 빙등제, 서안, 계림 / 장가계 / 원가계 / 광저우(www.ehanatour.co.kr).

2007년 B여행사가 겨울시즌 1~2월 출발 기준으로 인기절정 추천상품으로 소개한 상품을 살펴보면 다음과 같다. 세계 7대 불가사의 앙코르와트 상품으로 캄보디아 / 앙코르와트 5/6일 상품, 베트남(하노이)/캄보디아(앙코르와트) 6일 상품, 겨울 속 여름 괌상품으로 PIC 골드 5일 상품, 눈의 축제 화이트 일루미네이션 일본 홋카이도 상품으로 홋카이도 / 삿포로 / 도야+노천온천 4일 상품, 눈축제 홋카이도 / 삿포로 / 도야 4일 상품, 이집트 / 스페인 / 터키 특선상품으로 사막캠핑 두바이 시티투어 이집트 완전 일주 9일 상품, 파티마+신트라 스페인 / 포르투갈 / 모로코+바르셀로나 12일 상품, 웰빙온천+베르가모 산상 궁전 터키 일주 9일 상품, 정해년 신년맞이 대축제 20만 원 할인! 겨울 속 여름 괌 PIC골드 가이드 팁 & 선셋바비큐 5일(1,099,000원) 상품이다(www.redcaptour.com).

히트상품은 일반 소비자에게 폭넓게 수용되어 인기를 얻고 매출이 급성장한다. 기업경영에도 기여하는 히트상품은 시장에서 소비자의 인지도가 높고 상품의 독특함으로 주목을 받게 된다. 판매신장과 함께 시장에서의 점유율 등이 높은 것이 바로 인기상품, 즉 히트상품이다. 다음 그림은 히트상품의 비법이다.

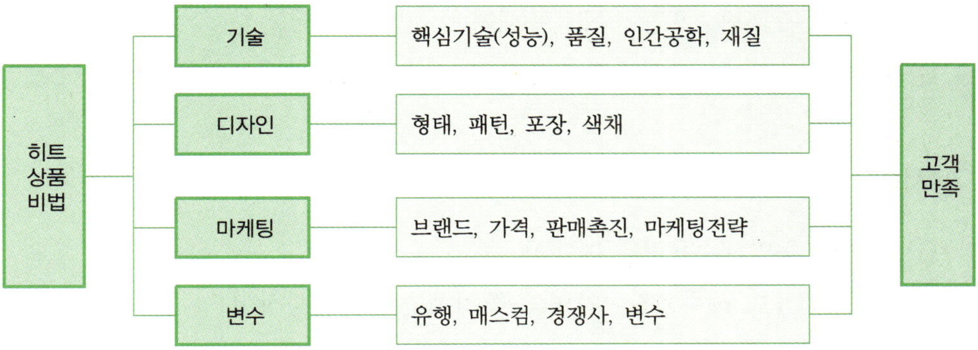

출처: 정찬종 · 신석호, 여행상품 기획 · 판매실무, 백산출판사, 2006, p.166.

11. 해수욕장 각양각색 별미 투어

1) 동해

① 고성 화진포 해수욕장 — 물회
② 속초 속초해수욕장 — 오징어 순대
③ 양양 낙산해수욕장 — 송이요리
④ 동해 망상해수욕장 — 곰치국
⑤ 울산해수욕장 — 고래고기
⑥ 강릉 경포대 해수욕장 — 순두부
⑦ 울릉도 — 홍합밥

2) 남해

① 완도 신지도 명사십리 해수욕장 — 전복요리
② 여수 만성리 해수욕장 — 서대찜 · 회
③ 남해 상주해수욕장 — 돌멍게
④ 사천 삼천포항 — 전어요리
⑤ 보성 율포해수욕장 — 녹돈

⑥ 서귀포 중문해수욕장 ─ 해물뚝배기
⑦ 제주시 용두암 · 이호테우 해수욕장 ─ 자리물회

3) 서해

① 강화도 동막해수욕장 ─ 밴댕이
② 태안 만리포 해수욕장 · 안면도 꽃지해수욕장 ─ 붕장어
③ 무안 톱머리 해수욕장 ─ 낙지
④ 부안 격포해수욕장 ─ 바지락칼국수 · 죽(출처 : 조선일보, 2006.7.13., D4면)

4) 전국 별미 여행지역

강원도 용대리 황태양념구이, 강릉 초당두부, 전남 영광 법성포 굴비정식, 강진 한정식, 장흥 삼합, 순천 짱뚱어탕과 해물닭볶음탕, 광양의 불고기, 담양 죽통밥이 유명하다. 전북 군산 오징어와 회, 고창 참두릅도 유명하다. 제주 서귀포 똥돼지, 충남 예산 붕어조림, 부산 밀면, 경남 마산 아구찜, 경기도 한탄강 메기 매운탕, 광주 소머리국밥, 이천 쌀밥, 강화 장어, 충북 단양 마늘정식, 충주 묵밥, 제천 올갱이국 등 지역마다 수많은 별미와 맛집을 경험할 수 있다.

CHAPTER

3

여행상품 개발

인생 뭐 있어
그냥 떠나는 거지.
둘은 그러나, 가장 소중한 것을 경험하게 된다.
가족, 한 줄기 바람, 물 한 모금, 낯선 이가 주는 도움,
지는 해의 아름다움, 작은 친절, 사소한 일상, 죽음과의 대면,
현재를 즐기는 것, 이런 것들이 얼마나
가치 있는지를, 런던 사무실에 죽치고 있었다면
눈을 감는 순간까지 몰랐을,
이런 것들의 소중함을 절실히 느낀 것이다.
이들이 몸을 맡긴 보트의 이름은
산스크리트어로 '해탈', '자유'를 뜻하는 '목사'였고, 25~30세를 지나며
이들은 진정한 자유의 한가닥을 잡을 수 있었다.

(스티비 스미스 지음 / 정은지 옮김, 25세 인간의 힘만으로 지구를 여행하다, 디오네)

CHAPTER

3 여행상품 개발

1. 연령대별 여행선호도에 따른 상품개발

이러한 상품은 공식적인 통계나 데이터 등 집계된 자료를 통해 분석하도록 한다. 여기에서 소개하는 자료는 2004년 월드트래블이 한국관광교류전에 참가한 방문자를 대상으로 조사한 자료를 근거하여 정리하였다.

1) 10대

국내는 제주도 및 바다를, 해외는 일본을 선호한다. 동행자는 국내, 해외 모두 친구이다.

2) 20대

국내는 제주도와 강원도이며 해외는 유럽을 선호한다. 4박 5일 이상의 장기여행을 선호하며 해외 유명대학 참관상품을 희망한다. 또한 오지 패키지상품 개발을 희망한다.

3) 30대

국내는 제주도, 섬 등 휴양지이며 해외는 일본, 유럽 순으로 선호한다. 음악, 계절, 직업별 테마여행 개발을 건의한다. 여성은 개별여행을 선호한다.

4) 40대

남성은 가족을 동반한 패키지여행을, 여성은 친구와 동행하는 패키지여행을 선호한다. 주말을 이용한 단기 휴양형 여행 즉 온천이나 리조트를 선호한다. 국내는 제주도를, 해외는 중국, 일본, 유럽, 미주 순으로 선호한다.

여행사에 대한 의존율이 비교적 높다. 노년층을 위한 특화상품과 차량의 이동이 편리한 상품 개발을 희망한다.

2. 여행 의뢰자로부터 확인할 사항

1) 관광목적

휴식인가 결혼기념일을 위한 여행인가를 파악한다. 가족을 위한 휴가여행인가 효도여행인가 등 구체적인 목적을 파악하여야 한다.

2) 관광장소

국내인가 해외인가를 파악하고 산악지역인가 해안지역인가, 또는 계곡인지 내륙인지 파악한다.

3) 관광기간

정확하게 몇 월 며칠인가와 주중 또는 주말 출발인지를 확인한다.

4) 관광경비

고객이 여행에 지출하고자 하는 경비를 파악한다. 항공기의 선택사항이나 호텔 수준 및 등급, FOC 여부, 인솔자 동반 여부 등을 확인한다.

5) 관광자의 연령층

특수지역 여행의 경우 연령층을 파악하고 건강상태 그리고 지병 여부와 여행 경력 등을 종합하여 판단하여야 한다. 성지순례, 동남아, 일본, 중국, 미국, 유럽 등 목적지에 따라 연령을 고려해야 한다.

6) 여권 및 사증 확인

여행사와 고객 간에 사전의 점검 없이 종종 공항에서 여권과 비자에 문제가 있음을 발견하게 되기도 한다. 이로 인해 출발 바로 직전 확인되어 출국을 못하는 경우가 생긴다. 사전에 정확하게 여권 유효기간 및 만료일 그리고 비자소지가 요구되는 국가로 출발하는 사람은 비자발급에 관련하여 사전에 철저한 준비가 요청된다.

3. 여행요금 산출

여행요금을 산출할 때에는 항공료와 지상경비를 중심으로 다음 항목의 내용들이 포함된다.

① **항공요금**: 항공사로부터 해당 여행사에 책정된 구간의 운임을 적용해야 한다.

② **지상비**: 선박, 기차, 버스 등 교통운임 / 숙박운임 / 식사요금 / Meeting & Sending off Service / 수화물 운반요금 / 제세금, 서비스료 등 제 경비

③ **TC수당**: 일반적으로는 미화 30달러(한화 3만 원) 정도로 책정된다. 그러나 회사의 수당이 다르고 국외여행인솔자의 경력과 업무능력에 따라서도 차이가

나며, 특히 VIP그룹의 경우 베테랑 TC를 섭외해야 하므로 수당이 올라갈 수 있다. 하루에 미화 70~100달러 선에서 책정되는 경우가 많다.

④ **보험료**: 최근에는 보험의 중요성을 인식하고 보험금 1억 원에 여행사들이 대부분 가입하고 있다. 그러나 단거리 체재기간이 많은 동남아상품의 경우 5천만 원 보험금에 가입하기도 한다. 보험금 규모는 출발 전 고객에게 공지하여 착오가 없도록 해야 한다.

⑤ **공항세**: 현재 인천공항세 원화 17,000원은 항공권에 포함되어 있다. 태국의 공항세는 2007년 2월부터 500바트에서 700바트로 인상되었다. 태국국제공항에서 징수한 방식에서 항공권 발권시 포함시키는 것으로 변경되었다. 2007년 2월 말을 기준으로 아시아 각국 공항세는 다음과 같다. 네팔 23,000원, 말레이시아 12,000원, 베트남 13,000원, 싱가포르 15,000원, 인도네시아 12,000원, 캄보디아 23,000원, 타이완 8,500원, 필리핀 14,500원, 홍콩 18,000원(세계여행신문, 2007.2.26.13면)으로 원화로 환산한 금액이다.

⑥ **출국세**: 관광진흥개발기금을 말한다. 성인 1만 원은 항공권에 포함되어 있다. 우리나라에서는 보통 해외에 출국하는 사람에게 동일하게 부과하는 세금으로 출국세라고 한다.

말레이시아의 경우에는 이코노미석 승객과 비즈니스석과 일등석의 출국세가 다르다. 그리고 출국하는 나라가 아세안 국가가 아닐 경우 더 비싸다. 예를 들면 인도네시아, 태국, 필리핀, 싱가포르, 브루나이, 베트남, 라오스, 미얀마, 캄보디아 9개국이 아닌 경우 이코노미 승객은 20링깃(약 5,775원), 비즈니스석과 일등석 승객은 150링깃(약 4만3,000원)이다(서울경제, 2019.8.3.).

⑦ **국경세 및 비자비용**: 예를 들면 캄보디아 비자비용은 20~25달러이며 미얀마는 50달러이다. 인도네시아에 입국할 때 25달러를 내면 30일간 체류할 수 있는 입국비자를 발급받을 수 있다(MBC 2.16 뉴스; 세계여행신문, 2007.3.5., 51면). 유럽에서는 체크포인트 비용이 포함되어야 한다. 체크포인트 비용은 도시입장료로 2007년 2월부터 크게 인상되었다. 피렌체는 230유로에서 410유로,

베니스는 180유로에서 410유로(약 5만 원)로 올랐다. 결국 2배 이상 오른 비용은 랜드피를 상승시켰다. 유럽 투어에서 피렌체와 베니스의 비중을 고려할 때 여행객의 부담을 증가시킬 것으로 보인다. 체크포인트 비용은 국외여행 인솔자가 공동경비를 걷어 지불하였던바, 더 많은 경비를 거두어야 하는 문제를 일으킬 것으로 전망된다. 또한 상품에도 반영되어 상품가가 소폭 증가한 것으로(세계여행신문, 2007.1.29, 47면; 2007.2.12., 49면) 나타났다.

⑧ **기념품**: 기념품은 어떤 품목이나 아이템으로 하느냐에 따라 비용이 결정될 것이다. 예전에는 조끼나 여행용 쌕 가방 등을 제공하였으나 최근에는 여행의 일반적인 상황에서 여행사들은 특별한 기념품을 제공하지 않는 회사가 많다.

참고 투어가이드가 준비해야 하는 송신기와 수신기 장비

근자에 여행업계에서 현지 투어 중에 변화가 있는 것은 복잡한 관광지에서 설명을 잘 전달하고 이동 중에도 가이드의 설명을 경청할 수 있도록 가이드의 송신기 외에 수신기와 이어폰을 제공하는 것이 일반적이다. 만약 분실 시에는 소정의 비용을 배상으로 고객이 지불해야 한다.

4. 여행상품의 가격결정

일반적으로는 여행상품의 가격에는 비용(Cost)과 이익을 계산하여 결정한다. 비용에는 항공료, 지상경비(Land fee), 보험료, 국경세 및 공항세, 비자비용, 안내자 경비, 기념품 등이 포함된다. 예전에는 예비비가 추가되었으나 여행사 간의 경쟁이 치열해지면서 예비비는 항목에서 제외되는 형편이다. 원가에 근거해 이윤을 추가하여 가격을 결정하는 원가중심의 가격결정(Cost-based pricing), 경쟁업체의 가격을 고려하여 가격을 결정하는 경쟁중심 가격결정(Competition-based pricing) 방식이 있다.

여행상품의 가격결정에는 내부영향요인과 외부영향요인이 영향을 미치게 된다. 다음은 가격결정에 영향을 미치는 요인들을 이해하기 위한 그림이다.

〈그림 3-1〉 가격결정에 영향을 미치는 요인들

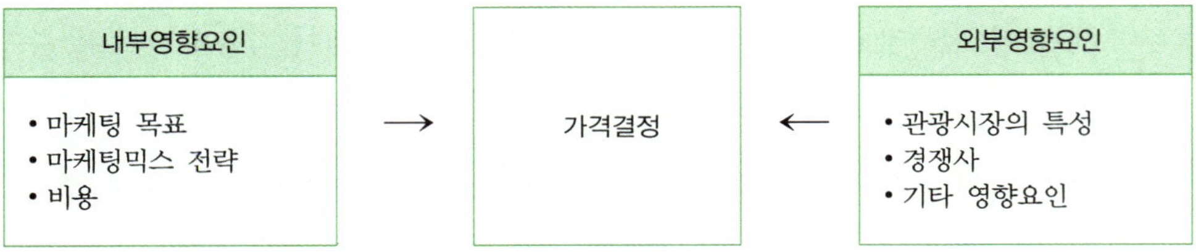

자료: 유영준 · 송재일 · 임진홍, 관광상품기획론, 대왕사, 2005, p.116.

여행사의 여행상품 가격결정요인을 살펴보면 다음과 같다.

1) Kotler, Gary(1993)

제품, 서비스원가, 경쟁사의 가격, 기타 외부요인, 가치에 대한 소비자의 인식에 의해 최저가격과 최고가격 사이에서 결정된다.

2) Lovelock(1996)

가격결정은 원가, 경쟁, 고객에의 가치제공의 세 가지 요인에 의해 결정된다.

3) Kotler(1996)

여행상품의 구매결정 단계에서 크게 작용하는 것은 타인의 태도, 예상 밖의 상황적 요인이다.

4) 환율

1997년 IMF외환위기 때에는 인바운드 부문에서는 호기였고 아웃바운드 부문에서는 절망적이었다. 다시 말해 기존에 800~900원대였던 환율이 미화 1달러에

2,000원대까지 상승하였으므로 해외여행 부문은 참으로 더욱 어려운 조건이 되었고, 반대로 인바운드에서서는 기존의 수입보다 2배에 가까운 상황이 되어서 수익성이 좋은 상황이었던 것이다. 그만큼 어려운 우리나라 경제에 관광부문이 기여했던 공로가 있다. 예를 들면 환율에 있어서 미국달러 대비 원화가치가 1,000원 단위에서 900원 단위로 낮아짐으로써 해외여행 부문은 더욱 호황기로 가고 인바운드에서는 반대상황이 되는 것이다. 즉, 원화가 평가절상이 된 만큼 수출업체들은 어려움을 겪었던 것이다. 최근에 해외여행 부문에서 중국보다도 일본의 수요가 늘어나서 해외여행 순위 1위를 차지한 요인은 비자면제와 함께 엔화가치가 낮아진 영향이 크다. 예를 들면 2000년대 초 원화와 엔화의 환율은 100엔은 1,100원이었으나, 2021년 중반기 기준 100엔은 1,000원 정도로 내려서 해외여행의 수요를 긍정적으로 유발하였다. 예를 들어 한국인이 일본에서 쓴 비자카드 사용액의 경우, 2005년 1분기 5,027만 달러에서 2006년 4분기 7,047만 달러로 오른 것도 이러한 영향이다. 그리고 일본을 찾은 한국인들이 2001년 113만 3,971명에서 2006년 211만 8,719명(조선일보, 2007.2.21., A3면)으로 증가한 수치에서도 판단할 수 있다.

최근 5년간 방일한국인의 수는 2016년 509만 명, 2017년 714만 명, 2018년 753만 명, 2019년 548만 명(여행신문, 2021.1.26.)으로 늘어난 것도 환율의 영향이 크다고 하겠다.

5. 여행상품 개발과정

여행상품을 개발하는 것은 새로운 상품을 개발하는 과정을 통해 이루어진다. Stage-Gate의 모형은 아이디어 생성, 기초조사, 세밀한 조사, 개발, 시험 및 검증, 생산과 출시, 출시 후 검토의 단계를 거쳐 신상품이 개발되는 모형이다. Urban과 Hauser의 모형은 기획파악, 설계, 테스트, 도입, 수명주기관리의 단계로 개발과정의 모형을 구성하였다(조성옥, 신상품개발을 위한 의사결정지원시스템 연구, 한국과학기술원 석사학위논문, 1997, p.14). Kotler, Bowen & Makens(1999)는 아이디어 창출, 아이디어 평가, 아이디어 및 시험, 마케팅전략, 사업성 분석, 상품 서비스 개발, 직원교육, 시험 시장, 상업화의 단계로 신상품을 개발하였다(Philip Kotler, John Bowen & James Makens, Marketing for Hospitality and Tourism, second edition, Prentice-Hall International, Inc., 1999, p.291).

1. 아이디어 탐구
2. 채용
3. 선발평가
4. 개발
5. 테스트
6. 상품화
7. 시장세분화

여행상품 개발 시 병행하여 고려되어야 하는 것은 시장세분화이다. 우리나라의 경우, 해외여행 부문과 외래관광객유치 부문에 각각 주요국별 그리고 국가별 시장세분화가 되어야 여행상품 개발에 효과적인 방안과 개발이 이루어질 것이다. Koter, Bowen & Makens(1999)의 시장세분화의 기준 및 변수를 표를 통해 살펴보자.

〈표 3-1〉 시장세분화의 기준 및 변수

세분화유형	기준 및 변수
지리적 세분화	지역, 도시규모, 인구밀도, 기후
인구통계학적 세분화	연령, 성별, 세대규모, 가족생활주기, 소득, 직업, 종교, 인종, 국적 등
심리적 세분화	사회계층, 생활양식, 개성
행동적 세분화	구매상황, 편익, 사용자 유형, 사용률, 로얄티 유형, 구매준비단계, 상품에 대한 태도

자료: Kotler, Bowen & Makens, 1999, pp.242~243; 유영준 외, 관광상품기획론, 2005, p.77.

6. 여행상품 개발요소

1) 항공일정(Air schedule)

항공일정은 여행상품의 골격으로 항공일정의 구성없이는 무의미한 여행상품이 되는 것처럼 여행상품의 근간이 되는 요소라 할 수 있다. 실제로 여행상품 제작 시에는 주어진 날짜에 출발하는 항공편 유무를 확인하고 해당하는 시기에 출발하는 항공사의 구체적인 출발과 도착시간과 항공기 좌석 유무와 가격 등 구체적인 내용을 파악해서 여행상품의 골격을 확인 및 구성하도록 한다. 보통 여행사에서는 토파스시스템과 아바커스시스템 등을 이용한다. 예전에는 OAG 등 타임테이블을 이용하여 여행상품을 제작하기도 하였다. 대한항공은 2021년 2월 기준으로 174대의 항공기를 보유하고 있으며 평균기평은 약 10.5년이다(위키백과). 해당 항공의 비행스케줄을 파악하여 일정을 작성하면 된다.

참고로 대한항공은 2020년 1분기 기준 44개국 125개 도시에 항공망을 연결하고 있다(나무위키). 코로나 상황에서 대한항공은 아시아나를 인수하여 국내 최대의 항공사로 공고히 하며 세계에 보다 경쟁력 있는 항공사로 도약할 것으로 예상된다.

2) 현지 연계 교통수단

현지 방문국에서 교통수단 없이는 여행상품 진행이 곤란하다. 관광버스는 현지의 주요한 교통수단이 될 것이며 육지에서 섬을 방문할 때 전세선(Charter ferry) 같은 교통요소를 의미한다. 현지 연계 교통수단이 확보되지 않으면 여행상품 구성에 큰 차질을 불러오게 된다.

3) 현지 일정 제반요소

현지 일정을 원활하게 진행하기 위해서는 관광지의 입장에 관련하여 문제가 없는지를 파악해야 한다. 특히 공사 중인 관광지의 입장이 불허되는 경우가 있으므로 잘 파악해야 한다. 두오모성당, 세비아성당 등이 공사 중인 경우에는 방문할 수 없으므로 다른 대체 관광지로 일정을 구성해야 한다.

4) 하루에 소화할 수 있는 일정 운영

일일 관광일정 내에 무리없이 관광활동을 수행하기 위해서는 사전에 검증된 일정으로 진행하여야 한다. 그래서 항공회사에서는 상품화 과정에서 여행사의 담당 전문가들을 초청하여 팸투어를 실시하는 것이다. 결국 고객이 만족하는 여행상품을 개발하는 것이 요청되기 때문이다.

7. 상품기획 시 검토사항

1) 시장성

시장에서의 비교우위(Competitive advantage)를 보유하고 있는가 하는 문제를 말한다. 판매가 잘 될 것인가 하는 문제로 여행시장에서 향후 수요가 점증할 것인가 하는 문제이기도 하다. 또한 타사와 같은 지역의 여행상품이더라도 더 낫고 좋은 상품으로서의 가치를 보유하여 시장에서 평가가 좋을 것인가 하는 문제로 생각될 수 있다. 2000년 이후 휴가여행이 휴양형 고급리조트 숙박을 선호하는 추세로 팔라완, 팔라우, 괌 등의 지역 상품이 시장성이 좋은 상품으로 평가되고 있다.

2) 제품생명주기

여행상품은 소비자의 호응도가 밑받침되어야 하며 항공일정이 지속되어야 존속할 수 있다. 구매연령과 계절성에 크게 영향 받지 않는 참여도가 높고 연중 수요가 있는 상품이면 장수 상품이 되기 쉽다. 성장기, 성숙기가 지속적으로 오래가는 상품이 공급자의 입장에서 가장 필요한 상품이다.

3) 기업여건

해당하는 여행품목에 가장 효과적인 유통경로를 구축하는 방안이 강구되어야 한다. 실적이 우수한 여행사의 여행상품들은 나름대로 판매에 가장 적합한 경로를 구축한 것이 성공의 요건이 된다. 예를 들어 홀세일러 방식으로 영업함으로써 성공한 하나투어, 모두투어는 특히 전국의 1만 개가 넘는 여행사들을 대상으로 한 영업방식으로 성공을 이뤄냈는데 바로 적합한 경로를 구축했기 때문이라 하겠다. 다음 〈표 3-2〉는 정찬종 · 신석호(2006)가 제시한 자사 자원분석의 주요 항목이다.

〈표 3-2〉 자사 자원분석의 주요항목

기업력	- 사업영역 - 기업 및 브랜드 이미지 - 상품특성 - 사업의 성공요인 - 상품의 공급력
기술력	- 기술정보력 및 조사력 - 기술개발력(테마개발, 핵심기술, 노하우) - 연구개발자의 구성 - 기술특허, 라이센스 수 - 연구개발비 · 설비
판매력	- 시장조정력(고객, 시장분할) - 마케팅의 효과(판매액, 판매량, 시장점유율, 영업이익) - 마케팅의 비용 - 광고, 프로모션력 - 유통채널(채널수, 업태, 규모) - 구매능력(거점수, 판매촉진, 자사의 포지션, 브랜드경쟁력)
생산력	- 재료조달(질적 · 양적코스트, 납기, 구입처의 능력) - 생산설비 · 시스템의 가동상황 개선 · 개발력 - 품질관리력, 생산관리력
관리능력	- 기획력 - 재무력 - 자금활용력 - 조직력(인재활용력)

자료: 정찬종 · 신석호, 여행상품 기획 · 판매실무, 백산출판사, 2006, p.118.

4) 장래성

여행상품의 성공은 무엇보다도 여행자들이 선호하는 상품이어야 한다. 아울러 이용빈도가 높은 상품이어야 한다는 측면에서 정확한 예측이 나와야 할 것이다. 소비자의 변화하는 트렌드에 부응하는 상품이어야 한다는 점도 고려되어야 한다.

8. 신상품 개발의 요건

여행사가 신상품을 개발하기 위해서는 기술을 반영하는 제품(Seeds)과 소비자 요구를 반영하는 니즈(Needs: 필요) 및 신상품에 대한 아이디어나 콘셉트 조사 및 기획의 과정을 거친다. 신상품은 기업이 보유한 기본적인 경영자원으로서의 기술력, 경영력 및 영업력이 바탕이 되어 제품(Seeds)과 니즈가 융합되고, 아이디어와 콘셉트의 조화로 구체적인 상품으로 개발될 수 있다(김원수, 인간의 욕구와 신상품개발, 경문사, 1998, p.273).

9. 신상품 개발분야의 선정

개발대상 시장의 유망성을 분석 · 평가하고 그중에서 가장 유망한 시장을 선정하여야 하는데 이 시장이 바로 기회영역(Opportunity area)이다. Urban과 Hauser(1987)는 유망한 시장의 특징과 그에 대한 측정척도를 다음 표와 같이 정리하였다.

〈표 3-3〉 유망한 시장의 특징과 측정척도

특징	측정척도
• 판매가능량	• 시장규모, 판매성장률
• 침투	• 경쟁업자의 약체성
• 규모	• 시장점유율, 누적판매량
• 투자	• 소요자금액
• 수익성	• 이익
• 위험	• 안정성

자료: Urban G. L., J. R. Hauser & N. Dholakia, Essentials of New Product Management(J. TR.), Englewood Cliffs, N. J., Prentice-Hall, Inc., 1987, p.87.

기회영역은 그 시장의 전반적 매력성(Overall attractiveness)과 관련하여 평가된 다음 기업이 우위성을 가지고 효과적으로 활용할 수 있는 자원과 관련하여 평가하여야 한다. 다음은 Pessemier(1982)가 신제품 기회영역의 평가로 제시한 그림이다. 기업의 자원을 나타내는 기업의 사업상의 강점과 산업의 매력성을 기준으로 각 기회의 등선호곡선(Isopreference lines)을 나타내었다. 양요소가 모두 높은 기회가 개발대상시장 또는 품목이 된다(김원수, 인간의 욕구와 신상품개발, 경문사, 1998, pp.308~309).

〈그림 3-2〉 신제품 기회영역의 평가

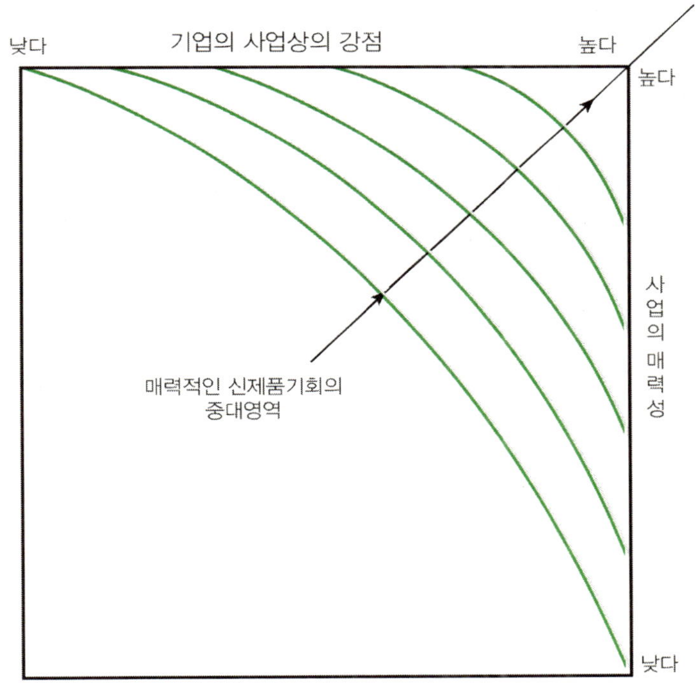

자료: Pressemier, E. A., Product Management, Strategy and Organization, 2nd ed., N.Y〉, John Wiley & Sons, Inc., 1982, p.67.

10. 여행상품 개발 운영부서

여행상품을 개발하는 사람들은 다양하다. 물론 여행업계 종사자를 중심으로 이뤄지며 관광분야에 관심이 있는 다양한 관련자들을 통해서도 개발된다.

- 여행사 수배담당자	- 여행사 항공카운터
- 여행사 TC	- 여행사의 지역팀
- 랜드사 수배담당자	- 현지가이드
- OP	- 일반 여행전문가
- 배낭여행자	- 관광학 전공자
- 현지지역 교민 및 관계자	- 항공사 담당자
- 여행사진작가	- 현지여행사 관계자
- 외국 관광청	

여행팀의 현지가이드와 TC

11. 여행상품의 수용 및 구매과정

여행소비자는 1단계로 상품에 주의를 기울이게 되고(Attention), 2단계로 상품에 관심을 갖게 되며(Interest), 3단계로 상품의 구매욕구를 느낀 다음(Demand), 4단계로 상품의 이름을 기억한 후(Memory), 5단계로 상품을 구매한다(Action)는 AIEMA 법칙으로 소비자의 상품구매 심리와 행동을 설명한다(정찬종·신석호, 여행상품 기획·판매실무, 백산출판사, 2006, p.69). Kotler(1998)의 소비자들의 신상품의 수용과정을 살펴보면 다음과 같다.

① 인지(Awareness): 혁신, 즉 신상품을 인지하지만 이에 대한 정보는 적다.
② 관심(흥미, Interest): 혁신, 즉 신상품에 관한 정보탐색을 하게끔 자극을 받는다.
③ 평가(Evaluation): 혁신, 즉 신상품을 사용해 보는 것이 어떨까 고려한다.
④ 시용(Trial): 혁신, 즉 신상품의 가치에 대한 자신의 추정을 개선하고자 소규모로 시용해 본다.
⑤ 수용(채택, Adoption): 신제품을 완전히 그리고 정규적으로 사용하기로 결심한다(Kotler, P., Marketing Management, Analysis, Planning, Implementation, and Control, 6th ed., Englewood Cliffs, N. J., Prentice-Hall, Inc., 1988, pp.439~440). 김원수(1998)는 신제품은 성장상품, 고부가가치상품, 기술 내지 정보집약형상품, 장수상품, 히트상품이어야 성공적이라고 하였다(김원수, 인간의 욕구와 신상품개발, 경문사, 1998, p.127).

또한 여행소비자는 상품의 브랜드에 따라 여행상품을 선택하는 속성이 있다. 예를 들면 고가 여행상품을 추구하는 소비자는 고급 여행상품을 지향하는 KALPAK 여행상품을 선호할 것이고 저가의 여행상품을 추구하는 소비자는 노랑풍선이나 디디투어 그리고 자유투어 같은 브랜드를 찾을 것이다. 다음 표는 브랜드 선택에 관계되는 제반 요인에 대한 흐름과 설명도표이다.

〈표 3-4〉 브랜드 선택에 관계되는 요인

(성장환경)		(소비환경)		(상품환경)		(POP 환경)		
개성		생활의식		소비태도		상품태도		
사회상황 가족상황 성장경험	→	소득 가족 직업 소비경험	→	사용목적 사용장소 사용경험	→	매스컴접근 상품접근 인적 영향 구매경험	→	브랜드결정
		(가치관)		(라이프스타일)		(소비자 비즈니스)		

출처: 정찬종 · 신석호, 여행상품 기획 · 판매실무, 백산출판사, 2006, p.88.

12. 광고의 반응모델

여행상품의 수용 및 구매과정에는 반드시 광고와 홍보의 역할과 작용이 있다. 먼저 광고에 노출되고 주목하게 된다. 이후에는 제반 내용을 이해하고 수용을 통해 선호하게 되며, 마지막으로 구매라는 최종단계에 도달하게 된다. 다음 그림은 Urban과 Hauser가 발표한 광고의 반응모델이다.

〈그림 3-3〉 광고의 반응모델

과정	측정항목
노출	매체별 접촉률
↓	
주목	보았다 / 주목하다 / 읽었다
↓	
이해	인지 / 상기(회상) / 지각
↓	
수용	선호
↓	
구매	구매행동

자료: Urban G. L., J. R. Hauser & N. Dholakia, Essentials of New Product Management(J. TR.), Englewood Cliffs, N. J., Prentice-Hall, Inc., 1987, p.304.

13. 좋은 여행상품 고르기

1) 방학을 피한 상품

방학이 되면 수요가 몰려서 항공요금이 상승한다. 그래서 여행상품의 가격상승 요인이 된다. 또한 방학 때는 출발인원이 많아진다. 보통 15~20명 정도가 적절한 인원 구성이다. 그러나 30명이 넘어가는 경우도 많다. 그래서 여행하기에 불편함도 많아진다. 특히 방학 때는 인원이 현지에 많이 몰리므로 가이드 수배, 현지 호텔 수배, 한국인이 많이 몰리는 한국식당의 전반적인 서비스가 저하된다고 할 수 있다.

2) 한국과 반대되는 계절인 관광지를 찾고 계절성을 고려

우리나라와 계절적으로 반대인 곳을 찾아가면 좋다. 대양주인 호주, 뉴질랜드와 남미의 브라질, 아르헨티나, 남아프리카, 남극의 나라들이 한국과 계절적으로 반대이다. 겨울에는 항상 여름 기후인 나라들이 좋다. 동남아 대부분의 국가들로 태국, 인도네시아, 싱가포르, 괌, 사이판 등이 있다. 반대로 우리나라의 여름에는 추운 지역, 관광계절이 짧은 지역이 좋다. 노르웨이, 스웨덴, 핀란드, 덴마크, 러시아, 캐나다 등의 지역들로 5~9월경에 관광하는 것이 권장되는 곳들이다.

3) 전문여행사를 선정

여행의 전반적인 부문을 다루는 대형여행사 외에도 지역별로 전문성을 갖춘 전문여행사들이 있다. 유럽, 미주, 중국, 일본, 대양주, 특수지역 등 특화상품을 취급하는 여행사들이 있다. 박람회, 크루즈, 성지순례, 배낭여행, 리조트 등 여행의 영역별로 전문성을 확보하고 발전하고 있는 전문여행사의 상품은 특정분야에 경쟁력이 있다.

4) 여행상품의 조건을 분석

여행사들의 광고 중에는 일반적으로 현지에서 제공하는 조건임에도 불구하고 특별한 사항처럼 광고하는 것들이 있다. 예를 들면 프랑스에서 에스카르고(달팽이 요리)를 제공한다는 내용은 특별한 사항도 아님에도 강조되는데 일반적인 메뉴로 보면 된다. 태국에서의 수끼의 경우도 다른 메뉴와 비교하여 특별히 엄선된 식사는 아니므로 잘 판단하도록 한다. 최근에는 신문 지면에 광고를 게재하는 대형여행사 패키지상품의 경우 노팁, 노옵션의 광고가 많이 보인다. 여행사의 수익구조 가운데 팁과 옵션, 즉 선택관광은 주요한 수단으로 패키지의 가격형태상 선택관광과 팁을 배제할 수는 없다고 본다. 그래서 다른 수익확보 방편으로 쇼핑에 주력할 수 있으므로 주의하여야 한다.

최근 유럽여행 시 프랑스 파리에서 몽마르트르 언덕 그리고 이탈리아 콜로세움 등 로마 시내를 관광하기 위해서는 로마 벤츠투어로 선택관광이 필수가 되었다는 점에서 예전에 투어를 많이 경험한 입장에서는 매우 이례적이라고 생각한다. 수익성 제고를 위해 옵션투어로 별도 경비를 내어야 관광이 가능하다는 점에서는 경비가 고객들에게는 부담스러운 투어로 인식된다.

Nextour 여행 후기

- **파리에 가서 센강 크루즈 하지 말 것:** 물이 더럽다. 낭만이고 뭐고 하나도 안 느껴진다. 맨 위층에(갑판 위) 탑승하는 게 좋으니 얼른 자리를 맡는 게 상책인데, 여름이 아닌 경우엔 얼어 죽기 딱 좋다. 진정한 크루즈를 즐기고 싶다면 스위스에서 하는 게 백만 배 낫다. 풍경은 정말 청정하고 눈이 쌓인 산은 천국같이 하얗게 빛난다.
- **호주 시드니의 수족관은 가지 말 것:** 정말 볼 거 없다. 서울 코엑스 아쿠아리움이 낫다.
- **뉴질랜드는 봄이나 가을에 가지 말 것:** 레저시설들이 영업 안 하고 다 잔다.
- **보라카이에서는 깨끗하고 화려한 바닷속 풍경을 기대하지 말 것:** 보라카이는 겉에서 보면 정말 환상적인 바다색을 띠고 있다. 그러나 바닷속으로 얼굴을 넣는 순간, 바로 집에 가고 싶어진다. 뿌연 바닷물과 죽어서 회색 빛인 산호초에 놀란다.
- **몰디브 수도에서 섬으로 이동할 때 수상비행기 타지 말 것:** 낭만과 거리가 멀다. 멀미도 멀미지만, 비행기 소음도 엄청나다. 타기 전에 귀마개를 하나씩 준다. '뭘 이런 걸 다' 하면서 받았는데… 그 귀마개 아무 소용없다. 비행기에서 대화를 나눌 수 없을 지경. 그냥 평범하게 배를 타시길 권하고 싶다.
- **비수기라 싸다고 몰디브 여행, 여름에 가지 말 것:** 변덕스러운 날씨라 맑은 날이 이틀 이상 안 간다. 비바람이 몰아쳐서 여행 일정도 못 채우고 돌아올 수 있다.

(www.nextour.co.kr ; 옥지원)

14. Group tour

1) 장점

(1) 경쟁력 갖춘 가격 및 안내서비스

캐나다 투어버스 기사와 TC

여행사를 통해 여행그룹이 형성되어 행하여지는 그룹투어는 비용이 저렴하다는 장점을 들 수 있다. 비행기, 호텔, 교통수단이 패키지 형식으로 묶여서 가이드를 통해 편하게 안내를 받게 되므로 큰 어려움 없이 여행할 수 있다. 언어소통에 대한 걱정과 문제가 여행종사자로 인해 해결된다. 새로운 곳에 도착하고 출발하게 되는 출입국수속 등 여행인솔자로부터 도움을 받아 편리하게 여행할 수 있다.

(2) 식단 걱정으로부터 해방

가정주부들의 식단 걱정으로부터 벗어날 수 있다. 개별여행 시 해결해야 할 음식 걱정을 덜게 된다. 간단하게 해결할 수 있는 패스트푸드도 오래가면 질리기 쉽다.

(3) 새로운 인맥형성

참여하는 사람들이 제각기 다른 영역과 종사분야가 다양하면 재미있고 새로운 사람들을 사귈 수 있는 기회가 된다. 또한 여행을 통해 친해지면 새로운 인맥을 쌓는 기회도 생기게 된다고 본다.

(4) 주어진 시간 내 최대로 효율적인 관광

단체투어는 짧은 시간에 많은 장소를 방문하여 가장 효율적인 관광을 가능케 해준다. 정해진 방식과 경험에 의해 가장 중요한 관광장소를 방문하여 처음 여행하는 방문자에게 도움을 주게 된다. 유럽의 경우에도 4~5개국을 7~8일에 소화할 수 있는 만큼 최적의 코스를 운영한다. 일반적으로는 5개국을 9~10일 정도면 적절하게 여행할 수 있다.

2) 단점

(1) 일률적인 코스의 진행

주어진 일정에 따라 관광지를 방문하므로 나름대로의 개인시간과 자유시간이 부족하다. 특히 그룹투어는 '빨리빨리' 문화를 반영할 수밖에 없는 상황을 연출하기 쉽다.

(2) 다양한 참가자로 인한 적응의 어려움

단체투어는 참가하는 사람들 각각의 성격과 취향으로 인해 의견을 모으고 방향을 정하기가 어려운 점이 있다. 그리고 처음 만나는 사람들끼리 친해지고 함께 여행하는 것은 불편한 점들이 많은 것이 사실이다. 때로는 서로의 입장과 상반되는 의견으로 인해 분쟁이나 마찰이 생기는 경우도 있어서 즐거운 여행을 망치기도 한다.

(3) 분주한 일정과 피로감

단체여행인 그룹투어는 하루종일 분주하게 움직여야 하는 경우가 많다. 그래서 나름대로 체력과 건강이 요구된다. 노약자나 몸이 불편한 경우, 동참하기가 꽤 어려운 점도 많은 것이 사실이다. 혹자는 이러한 여행을 '극기훈련'이라고 표현하기도 한다.

(4) 쇼핑과 선택관광의 강요

여행사와 종사자들의 입장에서 수익을 올리기 위해 여행자가 원치 않는 경우에도 쇼핑이나 선택관광이 거의 일방적으로 진행되는 경우가 많다. 이러한 점은 특히 저가의 패키지투어에서 빈번하게 일어나서 고객들로부터 반감을 사고 개별여행으로 상품구매 방식을 바꾸게 하는 동기가 되고 있다. 본인이 원하는 쇼핑을 하려면 그룹투어를 통해서는 어렵다.

참고 코로나 팬데믹 이후의 변화

코로나19의 영향은 전 세계에 긴밀하게 영향을 미쳤다. 백신접종이 전 세계에 파급되어 효과가 제고되어야 전 세계 여행이 자유롭게 시행될 것으로 전망된다. 즉 예전처럼 일상의 자유와 여행이 문제없이 시행되려면 코로나 문제가 해결되어야 한다는 것이다. 우선 패키지 투어는 검증된 사람들, 즉 백신예방 접종을 하여 백신여권을 구비한 사람들이 여행에 참가할 수 있다. 그리고 검증된 호텔과 식당 그리고 투어장소가 미리 계획대로 일정화 되어야 한다. 안전성이 확보된 방역지침에 따라 투어가 진행되어야 한다는 것이다.

이를 총체적으로 관리하는 투어가이드의 인솔하에 시행되는 만큼 여행업 관계자의 수고가 더욱 많아질 것으로 사료된다. 예전에 많은 나라와 지역에 연계되어 진행되던 일정은 이제 어려워지고 단기간 그리고 한정된 국가 중심의 투어가 진행될 가능성이 크다는 전망이다. 물론 국가 간의 협약과 인증상황에서 투어가 상호 국가 간 관리하에 진행될 것이다.

15. 개별여행의 장 · 단점

장점	단점
- 본인이 원하는 장소에서 시간을 많이 보낼 수 있다. - 위험하기도 하지만 그래서 더 스릴이 있고 기억에 오래 남는다. - 예상치 못했던 친구들과 좋은 일이 생길 수도 있다. - 자기가 원하는 음식을 먹을 수 있다. - 본인의 외국어 실력을 마음껏 발휘할 수 있다. - 여행의 참 맛을 느낄 수 있다.	- 비행기, 호텔, 음식 등 신경 쓰이는 것이 너무 많다. - 가이드가 없기에 현지에서 설명하는 이가 없으니 겉을 보아도 도무지 무엇을 의미하는지 알기가 어렵다. - 가격이 결코 적게 들지 않는다. 우선 비행기 요금이 비싸고, 이동 구간 요금도 별도로 추가해야 한다. - 안전하지 않다. 여행은 위험에 노출이 되어 있지만 단체여행보다 개별여행이 위험하다. - 관광지 간 이동시간이 너무 길다. 이용하는 측면에서 교통수단이 복잡하다. - 혼자서 여행하면 외로움을 느끼기도 한다.

출처: http://www.tourescort.com

점증적으로 수요가 늘고 있는 개별여행은 패키지여행과는 달리 정해진 일정과 방식대로 보조를 맞추지 않고 자신이 원하는 방식과 보고 싶은 장소를 선택하여 여행을 할 수 있다는 점에서 장점이지만, 여행경험이 부족한 초보여행자들에게는 스스로 여러 가지 측면에서 준비하고 실행하여야 한다는 점은 부담이 아닐 수 없다.

16. 좋은 여행상품을 구성하는 여행객 유형

여행상품의 성공의 관건은 참여하는 여행참가객들이 어떤 사람들이냐에 따라 결과가 좌우될 만큼 중요한 부분이다. 먼저 문제 있는 여행객들은 잘난 체하고, 대접을 받으려고 하고, 화를 잘 내고, 짜증내는 사람들이다. 많은 여행경비를 지출하고 왔음에도 불구하고 1달러도 안쓰고 여행하는 사람, 타 여행객에게 피해를 주고 귀국 후 컴플레인을 언급하거나 여행하면서 까다롭게 하는 사람이다. 반면에 좋은 여행상품을 구성하게 하는 여행객의 성격을 살펴보면 다음과 같이 정리할 수 있다.

① 순수한 사람
② 효도관광 오신 노인들(현지가이드나 인솔자들이 대부분 정성껏 모심)
③ 마음이 여유롭게 여행하는 사람
④ 여행을 재미있게 이끌어 가는 사람
⑤ 착하고 명랑한 어린이들(이런 어린이가 팀에 끼면 팀 분위기가 살아남)
⑥ 서비스를 주는 사람들을 생각하면서 여행하는 사람(www.tourescort.com)

17. 여행상품의 가격에 포함되어야 할 구성요소

1) 유럽

(1) 체크포인트

유럽에서는 일부 도시에서 대형버스에 부과하는 요금을 체크포인트라고 한다. 체크포인트 비용을 지불하지 않고서는 버스를 운행할 수가 없으므로 가격책정에 누락시켜서는 안 된다. 일부 여행사에서는 체크포인트 비용을 전문인솔자에게 부담시켜서 무리한 일정을 진행한 사례도 많이 나타났다. 또한 체크포인트 비용 확보를 위해 비정상적인 일정을 진행하여 여행상품의 부실을 초래하는 것은 상당한 문제점으로 지적될 수밖에 없다 하겠다. 주요 도시의 체크포인트는 다음과 같다. 다음 내용은 참고사항으로 보도록 하자. 계속적으로 요금이 인상되어 변경되기 때문이다.

기내에서 내려다 본 몽블랑 전경

① 피렌체 통행료 230유로

② 베니스 통행료 180유로－2007년 2월 기준(베니스 가면축제)으로 베니스 체크포인트는 410에서 430유로로 인상됨(세계여행신문, 2007.2.19;49면).

③ 피사 주차비 60유로

④ 아시시 통행료 70유로

⑤ 로마 통행료 17유로

⑥ 베니스－인스부르크 구간 50유로

⑦ 인스부르크－인터라켄 구간 100유로

⑧ 스위스－몽블랑 터널 통행료 108유로(자료 : www.tourescort.com)

18. 세계여행객의 특징

1) 일본 관광객

우선 외모 면에서 평균 키가 작다. 가이드의 안내를 잘 따르고 경청하며 가이드를 중심으로 뭉친다.

2) 중국 관광객

우선 소란한 편이다. 주로 검은 옷을 많이 입고 남자는 양복을 착용하고 나온 경우가 많다. 옷은 남루하지만 가방은 루이비통을 많이 들고 있다. 시계는 금장을 선호한다.

3) 태국 관광객

태국어로 '캅'과 '카'를 많이 사용하여 대화한다. 태국인들은 매운 음식을 선호한다.

4) 이탈리아 관광객

옷이 세련되어 있다. 선글라스를 많이 착용한다. 이야기하는 소리가 시끄럽다. 외모는 남녀 모두 멋있게 생겼다.

5) 스페인 관광객

음악을 좋아한다. 여행 중에도 노래를 많이 부른다. 어린이, 어른 모두가 노래를 좋아한다.

6) 미국 관광객

여행 중에 얼굴이 굉장히 밝다. 'Excuse me'라는 표현을 많이 한다. 인종이 다양하게 구성되어 있다. 미국식 영어인 연음을 많이 사용한다. 옷이 다른 나라 관광객들과 비교하여 색깔이 화려하다.

7) 한국 관광객

패션이 화려하다. 그러나 세련되었다고는 하기 어렵다. 굉장히 자유롭게 사진 찍는 사람, 이야기하는 사람, 설명 듣는 사람 등 제각기 행동한다. 사진 찍느라 뒤처진 사람들로 인해 일행들의 간격이 100미터 이상 벌어지는 경우도 많다. 그래서 가이드와 TC가 이러한 손님으로 인해 많이 힘들어한다(www.tourescort.com).

19. 항공사의 역할

투어에스코트의 커뮤니티에서는 좋은 항공사의 조건으로 다음과 같은 항목을 제시하며 구체적으로 베스트항공사를 정해서 설명하고 있다. 훌륭한 여행상품을 구성하는 데 항공사는 상당히 큰 비중을 차지한다는 점에서 중요하다고 판단된다. 세부사항은 다음과 같다.

1) 좋은 항공사의 조건

① 새 비행기를 보유한 항공사
② 종사원의 서비스가 오버서비스도 아닌 편안하고 안정된 서비스를 제공
③ 짐을 분실 시 처리가 빠른 항공사
④ 지상근무 요원들의 협조 여부
⑤ 비행기 재확인 제도가 고객에게 편리한 항공사
⑥ 기내식사의 질
⑦ 비행기 지연 시 연결편을 얼마나 협조하는가의 정도(www.tourescort.com)

2) 베스트 항공사

(1) 싱가포르항공

비행기 기령이 5년 이하이고 특별히 승무원들이 충실하며 사고처리가 빠르다. 짐 분실 시 타 항공사에 비해 사후조치 서비스가 좋다. 새 비행기가 많고 세계 최고의 항공사로 평가되어 왔다.

(2) 에어프랑스

친절하지는 않지만 직업에 충실하다. 특히 기내식사의 질이 향상되고 있다.

(3) 에어뉴질랜드

사고가 없고, 친절하고 직업에 충실하다.

(4) 대한항공

마일리지 제도가 잘 되어 있어 호평을 받고 있다. 안정된 서비스를 제공하여 한국인이 특히 선호하는 항공사이다. 최신 항공기종 도입으로 일반석에도 개인용 모니터가 구비되어 여행에 많은 도움을 주고 있다.

참고로 국토교통부 자료에 의하면 170대의 항공기를 보유하고 있다고 한다. 아시아나를 인수했으니 86대가 추가된다(2019년 12월 기준).

(5) 캐세이퍼시픽

최고의 시설을 자랑하며 좋은 서비스를 제공한다. 대한항공, 독일항공과 함께 화물운송 부문에서 세계 선두권의 항공사이기도 하다.

(6) 아시아나항공

비행기 기령이 짧다. 승무원도 친절하며 지상근무 요원들의 서비스도 좋다. 일부 구간에서 개인용 비디오 모니터가 일반석에도 있다.

(7) 란 칠레항공

서비스도 좋고 승무원들이 열심히 일하는 모습이 보기 좋다.

(8) 네덜란드항공

기내서비스 중 식사가 좋고 다양한 후식을 제공한다. 환승업무도 좋다(www.tourescort. com).

20. e-티켓 서비스로 인한 여행의 변화

우리나라는 2003년 6월부터 국내선 항공편에 e-티켓 서비스를 시작해 인천-오사카, 인천-베이징 노선을 대상으로 시범 적용하고 일본, 중국, 미주 노선에 이어 동남아, 유럽, 대양주 등으로 확대하여 사실상 현재는 전체 항공권으로 일반화되어 가고 있는 상황이다.

e-티켓 서비스란 승객의 항공여행에 따른 제반 데이터를 항공사에 데이터베이스화하고 예약 항공편을 신용카드로 결제한 고객은 실물 항공권 없이 간단한 신분 확인하고 탑승수속을 할 수 있게 해주는 전자항공권을 말한다. 기존에는 고객이 콜센터나 인터넷, 여행사 등을 통해 예약한 후 실물항공권을 발권하여 출발 당일 지참해 탑승수속 카운터에서 탑승권을 교부 받았으나 이러한 단계가 축소되어 신속하고 편안하게 탑승할 수 있게 되었다. 구매 후 여정 변경 시 매표소를 방문하여 환불 후 재발행하는 번거로움 없이 전화나 인터넷으로 조치할 수 있게 되었다. 물론 항공권 보관에 따른 분실 및 훼손의 우려도 없어졌다.

고객은 기존의 항공권 대신, 여정 및 지불내역 등의 정보를 담고 있는 e-티켓을 컴퓨터를 통해 출력하여 공항에서 탑승수속 시 제출하면 된다. 이 확인증은 출입국 심사 및 세관에서 항공권 대신 증빙서류로 사용되므로 반드시 소지해야 한다.

이러한 전자항공권 일반화는 전 세계적인 추세이며 이로 인해 종이항공권이 줄어들어 항공사의 제반 경비를 감소시키는 데도 주요한 역할을 하게 되었다. 전 세계 항공사는 대부분 e-티켓서비스를 확대하고 있으며 항공사 대리점, 여행사에서는 자체의 온라인 시스템과 연결하여 시스템 구축을 하고 업무가 일반화되어 있는 것이 현재 여행업계의 상황이다(자료:www.tourescort.com).

한국 여행객들이 고쳐야 할 베스트7

1. 해외 현지 혹은 한국식당 내에 주류를 반입하는 행동
2. 해외 뷔페식당에서 식사를 하고 무단으로 음식을 가지고 나오는 행동
3. 대중교통에 무임승차하는 배낭여행객
4. 호텔에서 김치 혹은 냄새가 많이 나는 음식을 먹는 것과 치우지도 않는 행위 – 사전에 식당의 양해를 구하고 식음해야 한다.
5. 호텔방에서 문 열고 큰소리로 대화하거나 떠드는 행동
6. 비즈니스 호텔 로비에서 체육복 차림과 슬리퍼를 신고 돌아다니는 행동 – 식당에서 반바지 차림과 슬리퍼를 신고 다니는 행동도 마찬가지이다.
7. 현지기관 공식방문 시 너무나 성의 없는 행동과 소음

출처 : http://www.tcclub.co.kr

21. No Option, No Tip 상품

여행상품은 상당히 많은 경우로 노팁, 노옵션이라는 조건의 상품을 신문 지면과 광고매체를 통해 홍보하고 판매해 왔다. 그러나 이러한 상품 가운데 주의해야 할 것은 수익성이 없는 상품의 경우 여행사에서는 노옵션, 노팁이란 전제 조건하에서 수익을 위한 쇼핑일정을 강행하게 되고 이로 인해 문제가 있는 부실한 여행상품을 양상하게 되는 것이다. 결국 소비자의 피해로 귀결되는 만큼 주의해야 할 사항으로 인식해야 한다. 그러나 이러한 조건의 상품들이 크게 증가한 것이 사실이다. 동남아 지역은 대부분의 패키지여행사에서 노팁으로 진행하는 경우가 많다. 유럽상품의 경우도 노팁, 노옵션 상품이 눈에 띄게 많아진 게 현실이다. 결국 이러한 조건이 여행객에게 피해가 전가되지 않는 여행상품이 되어야만 본연의 의미에 부합될 것이다.

22. 축제의 여행상품화

하나투어에서는 유럽의 2대 축제를 즐길 수 있는 상품을 출시했다. 니스카니발과 망통 레몬축제를 즐길 수 있다. 대한항공을 이용하는 유럽 7개국 15일 상품이다. 마터호른과 유럽 완전정복 상품으로 명명된다. 네덜란드 풍차마을 잔세스칸스, 뷔르츠부르크 레지던츠 궁전, 로만틱가도의 백조의 성 등을 돌아보며 몽블랑에서 익스프레스 탑승을 할 수 있다. 2007년 2월 출발 기준으로 상품가격은 349만원이다.

망통 레몬축제는 프랑스 남부 프로방스 지방, 알프코트다쥐르 주의 지중해 연안에 위치한 작고 아담한 휴양도시이자 레몬 생산지로 유명한 망통이라는 마을에서 열리는 축제이다. 2006년 제73회 망통축제는 2월 10일에서 27일까지 열렸고 주제는 브라질이었다(하나투어, HANATOUR 2006년 2월호, Vol. 3, p.64).

2020년 2월 말부터 3월 초까지 진행된 87회 프랑스 망통 레몬축제는 작품 주제가 옥토버페스트(독일)로 레몬과 오렌지로 작품이 만들어졌다. 망통은 지중해성 기후의 영향으로 과수 산업이 발달했다(연합뉴스,2020.2.19.).

네덜란드 암스테르담 교외의 풍차마을

먼나라 이웃나라에서는 튤립축제 하이라이트 베/네/룩/스+독수리봉 마터호른 / 유럽 8개국 13일(2,890,000원) 상품을 출시하였다. 봄의 향연이 펼쳐지는 쾨켄호프, 브뤼헤운하, 유럽의 소공국 룩셈부르크, 알프스의 비경 마터호른봉, 퓌센의 백조의 성, 중세의 진주 로만틱가도 등을 방문한다. 튤립축제 로우라이트도 결코 빼놓을 수 없는 도시 6일(1,690,000원) 상품은 호보겐마을, 바다를 메워 가로지른 슈퍼제방의 나라, 마두로담, 부호의 나라 룩셈부르크의 성벽 등을 방문한다(www.tour02.com).

11월 19일에 열리는 마틴보로 와인축제는 뉴질랜드를 대표하는 축제이다. 약 30여 개의 와이너리가 집중적으로 모여 있는 이곳에서는 자동차 없이 걸어 다니면서 맛있는 음식과 와인, 그리고 음악을 즐길 수 있다. 특히 유혹적인 향기와 풍부한 맛으로 관심을 받고 있는 마틴보로의 '피노누아(Pinot noir)'를 맛보기 위해 평소의 10배에 가까운 사람들이 몰려든다. 피노누아는 아주 예민하고 수확량이 적기 때문에 여간해서는 만나기 힘든 와인이다. 마틴보로 축제에서는 와인 말고도 웰링턴과 와이라라파의 유명 레스토랑 음식을 함께 맛볼 수 있다. 한창 봄기운이 완연한 11월의 뉴질랜드에서 만날 수 있는 뱅어는 최고의 맛을 자랑한다. 여기에 뉴질랜드의 유명 밴드들이 선사하는 음악은 축제의 분위기를 한층 더 흥겹게 한다(모두투어, MODE, 2006.11, p.20; www.newzealand.com)고 소개한다.

뉴질랜드는 레드와인 피노누아 외에도 화이트와인 소비뇽블랑이 유명하다. 북섬의 마티보로 외에도 남섬의 말보로 지역도 유명산지이다. 근자에는 피노그리, 비오니에 등 다양한 품종도 주목받는다. 2021년 코로나 방역에서 최우수 국가인 뉴질랜드는 축제가 현재 많은 인원이 모이기 어려워 제한되고 있지만 향후 축제 등 관광의 여러 부문에서 주목받게 될 것으로 사료된다.

CHAPTER

4

여행사의 여행상품 수배

여행이 너무나 그리울 때면 종점도 모르는 버스를 잡아타고 길을 나서기도 했다. 종점에서 만난 낯선 공기에 왈칵 눈물을 쏟아 버린 적도 있었다. 때때로 내 삶과 여행을 송두리째 바꿔버리고 싶다는 생각도 들었다. 그저 하루하루 끼니를 해결하고 내 몸 뉘일 공간 하나만 찾아내면 더 이상 바랄 것이 없는 길 위의 삶. 관계를 맺지 않고 이어가는 만남들. 모든 게 너무나 홀가분할 것만 같았다. 이 얼마나 단순하고 자유로운 삶인가.

그러나 몇 번의 여행을 통해서 알게 되었다. 결국은 돌아갈 곳이 있기에, 나를 기다리고 있는 내삶이 있기에 여행이 그토록 소중해진다는 것을. 나를 기다리고 있는 내 삶이 있기에 여행이 그토록 소중해진다는 것을. 나를 기다리는 사람들이 있기에 여행이 그토록 소중하다는 것을 말이다

(박혜영, 떠난 그곳에서 시간을 놓다. 히피의 여행바이러스, 넥서스BOOKS, 2007, p.50).

CHAPTER

4 여행사의 여행상품 수배

1. 여행사의 수배조직

국내 주요 여행사의 수배조직은 팀 및 부서별로 수배담당자를 갖추고 있는 경우가 일반적이다. 신문광고를 하는 주요 패키지회사의 경우는 팀별 또는 부서에 소속된 수배담당자를 통해 보통 랜드사를 지정하여 현지수배를 실시하고 있다. 하나투어의 경우는 해외 현지법인을 설치하여 많은 지역에서 직접수배 방식을 취하고 있으며 2007년에는 약 40여 개의 현지법인으로 확장하여 운영되었고 많은 성장을 해왔다.

동남아, 유럽, 일본, 중국, 허니문, 특수지역 등 부서별 또는 팀별로 수배를 각기 담당하는 경우가 제일 일반적이나, 전체적인 수배부서를 갖추고 각 지역별 팀과 부서의 수배를 총괄하여 실시하는 여행사도 있다. 성격도 패키지, 인센티브, 개별여행자 등 주요한 고객성향과 팀 성격에 따라 수배가 나름대로 차별화되어 이뤄져야 한다. 이러한 측면에서 회사의 주요고객의 성격에 따라 수배 변화가 이루어질 수밖에 없다. 일반 패키지투어, 특정관심관광여행, 수배요소를 골라서 여행하는 개별여행은 각기 수배내용이 차별화되어야 하기 때문이다.

참고로 하나투어는 코로나19 상황의 장기화로 많은 어려움을 겪었다. 그럼에도 불구하고 브랜드 가치 평가회사 브랜드스탁이 발표한 2021년 2분기 대한민국 100대 브랜드 조사 결과에서 지난해 보다 9계단 올라 41위에 이름이 올랐다. 2019년에는 종합순위 19위를 기록했다(한국경제, 2021.6.30.). 이는 향후 회복세를 보이며 좋은 가능성을 보여주는 예로 사료된다. 대한항공도 같은 평가에서 브랜드 가치가 21위에 올라 여행업과 항공업종이 해외여행의 기대 증가로 상승곡선을 나타내고 있다.

2. 여행코디네이터

여행코디네이터는 여행사의 수배담당자를 일컫는 표현이다. 특히 여성을 중심으로 여행업의 주요한 역할을 담당하고 있는 여행코디네이터는 여행상품을 제작하는 최일선에서의 업무중심자라는 측면에서 중요성이 더욱 부각되고 있는 직업이라 하겠다.

캐나다 수도 오타와의 시청건물

최근 여행업에서 각광받고 있는 여행코디네이터의 정의와 업무, 성격을 살펴보면 다음과 같다.

① 미지의 관광상품 개발과 새로운 여행상품을 개발한다.

② 소비자의 취향에 맞춰 최적의 여행코스를 추천한다.

③ 고객의 주머니 사정, 취향, 휴가일정을 고려하여 적합한 여행지, 숙박지를 추천하며 편안한 휴식과 좋은 추억거리를 만들어 준다.

④ 지역의 상품성, 교통편 등 기본요소에 대한 정확한 평가를 해야 한다.

⑤ 현지 관광청 등 정부기관, 항공사, 리조트 및 호텔 등과의 긴밀한 협력과 공조 등 시간과 노력이 필요하다.

⑥ 보이지 않는 상품으로 상대방을 설득해야 하므로 자신의 결정에 대한 확신과 추진력이 성공의 열쇠이다.

⑦ 여행상품은 특허권이 인정되지 않으므로 경쟁우위는 신상품을 개발하는 것이며 이로 인한 스트레스가 많다.

⑧ 주요 패키지업체 간에는 상품경쟁이 치열하다. 여행자료, 현지 관광청 자료 조사 및 분석이 요청된다.

⑨ 사교성, 외국어능력, 호기심 등 여행업에서 요청되는 자질과 자세가 요구된다.

3. 랜드사

1) 랜드사 오퍼레이터

여행수배업체, 즉 랜드사의 오퍼레이터는 여행사와는 별도의 직종이다. 여행사의 오퍼레이터가 여행상품을 수배하는 여행사에 소속된 오퍼레이터라면 랜드사 오퍼레이터는 여행사의 현지 수배를 담당해 주는 랜드사, 특히 서울사무소의 오퍼레이터를 말한다. 오퍼레이터라는 공통된 업무 성격을 감안하면 이해가 쉬울 것이다. 랜드사의 오퍼레이터는 현지 로컬을 상대하면서 현지 수배업무를 대행하는 여행사를 상대하는 직종으로 보면 된다. 랜드사의 오퍼레이터 업무는 현지 로컬에 의해 크게 영향을 받는다. 다시 말해 현지 로컬 여행사의 요금 오퍼, 일정 및 정보 제공에 의해 거래 여행사에 제시해야 하므로 현지 로컬의 역할이 크게 중요하다 하겠다.

보수는 전문적인 직업인 만큼 경력에 비례한다. 오퍼레이터의 매력은 여행사와 현지와의 중간에서 오퍼레이터하는 묘미이다. 여행객들의 여행을 수배를 통해 좌우하게 된다. 랜드사의 오퍼레이터는 업무로 인한 긴장감을 느끼며 때로는 즐기게 되는 측면도 있다. 어려운 점으로는 현지와의 요금문제 및 마찰을 들 수 있다. 자격은 열심히 일하는 자세가 요구된다. 업무와 관련해서는 쉽게 생각하지 말아야 하며, 여행사 담당자와의 원만한 관계를 유지할 수 있어야 하므로 좋은 인성이 요구된다.

2) 랜드사 지상경비(Land fee)산출

① 관광비용: 관광지 입장료(Entrence fee)로 해당 지역에 따라 다르다.
② 지상교통비: 버스요금(대형/중형/소형)으로 대륙별, 국가별로 차이가 난다. 적게는 미화 200달러에서 600달러 선이다.
③ 숙박비 / 식사비: 한식, 현지식, 양식에 따라 가격차이가 난다. 적게는 미화 5달러에서 특식의 경우는 30~40달러 선(그 이상의 높은 가격의 식사비용도 많음)이다.
④ 트랜스퍼 비용: 공항에서 환영이나 환송 시 시내에서 공항까지 이동하는 데 필요한 버스비용 등을 말한다.
⑤ 포터리지 비용(Porterage fee): 터키, 그리스 공항은 별도이다.
⑥ 공항세(Airport tax): 태국 700바트(500바트에서 2007년 인상), 발리 14달러(US), 필리핀 750페소(550 페소에서 2007년 인상), 싱가포르 15싱가포르 달러, 홍콩 50홍콩 달러
⑦ 국경세(Board tax): 이집트에서 이스라엘 이동 시 5달러(US), 이스라엘에서 이집트 이동시 14달러(US)
⑧ 증정품: 여행용 가방 등 해당 여행사에서 제공하는 기념품이나 증정품의 구입가격을 계산한다.
⑨ 도착비자 비용(Arrival Visa Fee): 이집트 15달러(US), 발리 25달러(US), 싱가포르 · 조호바르 · 바탐 10달러(US) / 단, 복수비자는 차이가 있다.
⑩ 가이드 수당(Guide and interpreter): 국가별로 차이가 있는데 유럽 지역은 100~150달러(US) 정도이다.
⑪ 국내선 항공료: 터키 이스탄불~이즈밀, 이스탄불~아다나, 이스탄불~앙카라 구간 등
⑫ 광고선전비: 여행시장의 가격경쟁으로 책정하기가 현실적으로 어렵다.

⑬ 유류할증료 및 전쟁보험료: 예를 들면 에미레이트항공의 경우 2007년 3월 16일 기준 유류할증료가 인천~두바이 편도 42달러(미화), 왕복은 84달러(미화)이다. 두바이를 경유한 연결편 이용 시 편도 52달러, 왕복 104달러이다. 노스웨스트항공의 경우 2007년 3월 9일 기준으로 한국 출발 미국행 항공편은 편도당 34달러, 한국 출발 일본행 항공편은 9달러이다(세계여행신문, 2007.3.12., 48면). 유류할증료와 전쟁보험료를 포함하여 Q Charge(차지) 라고 부른다. 유류할증료는 각 항공사의 요금정책과 시장상황에 따라 인상되거나 인하되기도 한다.

* 참고로 공항세, 출국세, 국경세, 도착비자 비용, 유류할증료 등 지상비의 항목은 국가의 정책과 상황에 따라 계속 인상되는 등의 변화가 있을 수 있는 점을 감안하여 참고하기 바람.

3) 랜드오퍼레이터 지역

분류	업무지역
남태평양 지역	호주, 뉴질랜드, 피지
동아시아 지역	홍콩, 대만, 필리핀, 싱가포르, 발리, 인도, 말레이시아 등
미주 지역	미국, 캐나다, 중남미, 멕시코, 하와이 등
유럽 지역	유럽, 지중해, 성지, 아프리카 등
일본 지역	일본 전 지역
중국 지역	중국 전 지역
태국 지역	태국
환태평양 지역	괌, 사이판 등

4. 여행수배업의 조직

1) 소규모, 영세

랜드사, 즉 여행수배업체는 여행사에 비교해 상대적으로 영세하며 규모에 있어서도 소규모이다.

2) 최소인원

랜드사의 최소인원은 대표나 소장, 영업직원 1~2명, 수배담당자(OP) 1~2명 선이다.

3) 패키지투어 주상품 거래업체

패키지투어를 주로 거래하는 랜드사의 경우는 대체로 소규모 랜드사보다는 조직이 크고 인원이 많은 편이다. 신문광고를 통해 모집하는 여행사와 거래하게 되므로 물량이 상당히 확보되어 일손이 꾸준히 필요한 상황으로 적정규모의 인원이 필요하다. 회사별 담당자, 지역별 담당자 등으로 나눠서 조직이 구축되어 있는 것이 일반적이다.

4) 인센티브투어 거래업체

패키지투어보다는 팀 행사가 정기적이고 꾸준한 편은 아니므로 최소의 인원으로 운영되어야 되는 조직이다. 영업책임자, 수배담당자 1~2명 선부터 출발한다고 보면 된다.

5. 여행수배업의 형태

1) 연락사무소형

가장 일반적인 형태이다. 한국의 주요 랜드사들은 여행사와 현지 로컬과의 중간자적 입장에서 연락형태로 업무를 대행하고 있어서 연락사무소형이라고 명명한다.

2) 해외지사형

외국계 여행사가 서울사무소 형태로 한국에 진출하여 영업활동을 하고 있는 스위스의 쿠오니, 지금은 철수한 이스라엘의 오피르투어, 스페인의 콘돌투어, 영국의 걸리버투어 등이 이와 같은 형태에 속한다.

3) 외국지사 설치형

가장 대표적인 예가 현재 우리나라의 여행을 주도하고 있는 하나투어를 들 수 있다. 태국 방콕, 푸켓, 홍콩, 마닐라, 세부, 뉴욕, 시드니, 골드코스트, 뉴질랜드, 사이판, 괌, 런던은 직영체제를 구축하고 있는 하나투어가 가장 먼저 구축한 해외법인으로 외국지사 설치형태라고 할 수 있다.

하나투어는 우리나라[1] 최고의 여행사로 2019년 2,871만 명 해외여행 출국자의 1/4인 약 750만 명을 담당했던 만큼 약 40개 이상의 외국지사 설치를 했던 것으로 파악된다.

6. 랜드사의 위치설정 및 성격

1) 접근성

랜드사는 여행사를 상대로 하여 영업활동을 하므로 여행사와 쉽게 연락이 이루어져야 업무를 효과적으로 수행할 수 있으므로 여행사의 입장에서 볼 때 접근성이 중요하다. 접근성이란 랜드사 자체 입장에서도 여행과 관련한 업무수행을 위해 여권발급을 위한 구청, 주요 대사관, 거래 여행사, 주요 항공사 등에 접근하기 좋은 시내에 위치하는 것이 보다 효율적이다. 현실적으로도 강남, 무교동, 종로, 광화문, 서대문, 마포 등에 주로 랜드사들이 위치하여 영업활동을 벌이고 있다. 접근성은 다른 측면에서 교통편이 좋은 곳을 의미한다. 시내버스, 전철 등 쉽게 연결될 수 있는 곳에 위치하는 것을 말한다.

---

1) 우리나라는 해외여행이 세계에서 11위로 많이 출국하는 것으로 알려졌다. 2019년 2,871단 명이었다. 반면 인바운드 분야인 입국자 수 순위는 세계에서 28위로 1,750만 명이다. 해외여행 분야는 증가하는 속도가 빠르지만 인바운드인 외래관광객 유치 분야는 상대적으로 뒤처져 있는 상황으로 유치확대가 요청된다.

2) 다국적 체계

랜드사의 성격이 다국적 시스템이라고 할 수 있는 것은 해외에 위치한 현지 로컬, 현지 외국계 여행사 등과 연계된 업무를 운영하게 된다는 측면에서 그러하다. 유럽랜드의 경우 유럽에 위치한 35개국의 국가를 대상으로 하게 되는데, 많은 국가를 대상으로 하여 연계업무를 진행한다는 측면에서 다국적 체계의 성격이 있다고 할 수 있다.

3) 성장분야

여행사의 성장과 함께 랜드사의 성장도 나름대로 예견된다. 해외여행의 수요가 점차 확산되고 있는 만큼 수요적인 측면에서도 랜드사의 성장이 뒤따를 것으로 전망된다. 물론 여행사의 수적 증가처럼 랜드사의 수적 증가현상이 일어나는 상황에서 경쟁은 치열해지고 있다. 유럽랜드의 경우 근자에 지속적으로 증가하여 150여 개로 추산된다. 이는 2000년대 중반 이후 나타난 상황으로 여행수요에 비례하여 증가된 것으로 보인다.

4) 확대되는 업무영역

랜드사는 전문적인 영역이 있는 업체이다. 그래서 전문영역을 지속적으로 개발하여 수익성을 높이는 노력이 바람직하다. 그러나 최근 랜드사의 수적인 증가와 랜드경비의 하락으로 랜드사는 전문영역만의 업무로는 수익성 확보가 어렵다는 것을 인식하고 여행사처럼 일반인을 대상으로 한 여행상품 및 항공권 판매에도 힘을 쏟고 있는 것이 현실이다. 그 밖에 항공사 대리점 영역, 유레일패스, 외국크루즈총판 분야까지 진출하여 영업을 전개하고 수익성을 도모하고 있는 것이 현 상황이다.

예를 들면 유럽전문 랜드인 원유로에서는 유럽 전 지역, 지중해, 성지순례, 러시아, 두바이, 아프리카 지역을 범위로 하여 인센티브, 방문수배, 학회, 전시회, 사파리투어 등에서 수배업무를 하고 있다. 특히 헬싱키-스톡홀름 구간 외의 실자라인(SILJA LINE) 한국총판(GSA), 오슬로-코펜하겐 구간의 DFDS SEAWAYS 한국총판, 유럽 전시회 호텔, 유럽 호텔 예약센터, 유레일 패스(Eurail Pass), 유로스타(Eurostar), 테제베(T.G.V) 등 레일 유럽(Rail Europe), 전 세계 항공권 취급 BSP 대리점 업무까지 포괄적이고 다양한 상품을 판매하고 있다. 이러한 업무영역은 규모와 범위에 있어서 중소여행사 이상의 규모로, 랜드사의 확대되는 업무영역의 구체적인 예라 하겠다.

태국을 근간으로 한 동남아 지역 수배, 캄보디아 등 인도차이나 지역 수배, 중국지역 수배, 오리엔탈타이항공 GSA 등 항공권 취급까지 폭넓은 업무영역을 취하고 있는 UP투어도 이러한 업무확대의 영역을 보이는 전형적인 여행사라 할 수 있다. 현재 이러한 업체들이 상당 수가 여행시장에서 보이고 있고 계속적으로 증가하고 있는 추세이기도 하다.

7. 여행수배업의 업무

1) 호텔수배

현지 행사 가운데 우리나라 관광객이 가장 중요하게 여기는 호텔을 수배하는 업무로 호텔 선정 및 확보에 관련된 호텔수배 업무를 담당한다. 박람회나 전시회 전문 여행상품의 경우는 전시장이나 행사장에서 가깝거나 고객이 요청하는 호텔을 수배하는 것이 가장 중요한 관건이므로 가장 우선순위의 수배내용이 된다.

2) 식당수배

한국식, 현지식, 중국식 등 다양한 식사를 제공하게 된다. 메뉴의 다양성은 여행의 즐거움을 제공하는 요소이기도 하다.

3) 관광버스 등 교통기관 수배

2005년도 해외여행상품 가운데 가장 인기 있었고 고객들이 선호한 롯데관광의 중국 베이징 만리장성 상품을 보면 여러 요인 가운데 엄선된 고급버스를 제공한 것에 주목해야 한다. 특히 팔걸이가 설치된 버스가 제공되어 고객들에게 긍정적인 평가를 받았다는 점에서 교통수단의 수배가 상품의 성공 요인이 된다는 것을 알 수 있다.

항공기의 발전에 따라 에어버스사가 개발한 A-380기종은 2층으로 된 총 800여 명이 탑승할 수 있는 항공기로 보통은 500여 명의 승객을 탑승시키는 초대형 여객항공기이다. 바(Bar)와 면세품 전시공간, 샤워가 가능한 스위트룸의 공간까지 갖추고 있다는 점에서 특별하다. 실내공기의 흐름이 좋고 공간이 상하, 좌우가 높고 넓으며 대형 기종이다 보니 안락함이나 승차감이 좋아 피로도가 상대적으로 적다는 평가 등이 있다. 실제로 탑승해보면 앞좌석과의 공간이 상대적으로 여유있다. 이 항공기종은 세계적인 항공사들이 주력기종으로 하였으며 우리나라 국적기의 경우, 홍콩, 유럽, 미주 노선 등에 취항시키고 있다. 고객선호도와 장거리용 대형여객기의 최적기종으로 항공사도 전략적으로 도입하여 운영하는 것으로 보인다.

한편 보잉747의 대항마로 개발했으나 50년 동안 성공적인 운항을 해온 보잉747에 비해서 500석을 채우기 쉽지 않고 회전율도 낮다는 등의 단점도 제기되었다고 한다.

4) 관광지 입장권 수배

현지에 관광객들이 가장 몰리는 시기는 세계적인 이벤트나 축제와 관련이 깊다. 세계 3대 축제인 브라질의 삼바축제 행사 입장권을 구입하는 것은 쉽지 않다. 또한 월드컵경기 입장권을 확보하는 것도 꽤나 어려운 수배사항이다. 그래서 해당 여행상품이 이러한 관광지 행사와 연계되어 확보해야 하는 상황에서는 관광지 입장권 수배가 더없이 중요해진다. 그 밖에 관련 행사 입장권 수배가 인센티브 상품인 경우 가장 중요하게 된다.

호주의 동물원

5) 가이드 확보

가이드 확보는 여행상품의 성공적인 진행의 가장 주요한 관건이다. 인적서비스가 근간이 되는 여행상품에서는 국외여행인솔자의 역할과 함께 현지 가이드 확보가 고객들에게 현지 관광에 대한 제반 설명과 안내 등 이해와 경험, 나아가 감동으로 연결되는 역할을 한다는 점에서 재차 강조해도 부족하지 않다.

6) 면세점 및 쇼핑센터 수배

쇼핑은 가장 중요한 관광활동 중의 하나이다. 고국을 떠나 현지에서 새롭고 기억에 남을 만한 선물을 구입하는 것은 여행객들이 가족이나 친지들에게 자신의 마음과 느낌 그리고 고마움을 표현하는 도구의 역할을 하게 된다. 그러므로 쇼핑은 관광객들에게 귀하고 중요한 시간과 기회가 된다. 현지의 대표적인 특산품과 기념품 그리고 필요한 물품을 구입하도록 기회를 제공하는 것은 중요한 것이다. 여행사에서는 일반적인 상식을 벗어나 여행객에게 지나치게 쇼핑을 강요하고 규정과 계약사항을 어기면서까지 수익을 쫓는 것은 지양되어야 할 것이다.

7) 공항환영 및 환송

랜드사의 가이드는 해당 국가에 출입국하는 단체의 공항 환영과 환송업무를 맡는다. 여행의 시작과 종료를 의미하기도 하는 이러한 과정은 상당히 중요한 부문으로 원활하게 진행되어야 한다. 때로는 이 업무에서 불성실한 가이드의 업무태만으로 인해 고객에게 불편함과 피해가 전가되는 경우도 있어서 수정되어야 할 사항이다.

8) 선택관광

옵션투어(Optional tour)라고 한다. 쇼핑 부문과 마찬가지로 고객이 희망하고 유익이 되는 상식적인 측면에서 고객의 동의와 동조하에서 진행되어야 할 내용이다.

9) 항공업무 지원

특히 현지의 국내선 노선에 관련하여 현지 로컬에서는 항공좌석의 확보에 힘써야 한다. WT(Wating: 대기)의 상황을 계속적으로 재확인하여 OK될 수 있도록 최대한 노력을 기울여 주어야 한다. 지방여행사에 비해 상대적으로 항공사와 연계성이 높은 랜드사는 항공요금을 경쟁력 있게 제공받을 수 있어서 거래 여행사에 혜택을 부여할 수도 있을 것이다.

10) 신규상품 개발

랜드사 본연의 업무는 여행상품을 개발하여 여행사에 제공하는 것이다. 여행시장에서 반응이 높을 것으로 예측되는 여행상품을 지속적으로 개발하여 여행사에 제공함으로써 수익성과 매출액을 공조할 수 있게 된다. 현지 사정에 가장 정통한 현지 로컬을 통해 생산되는 여행상품은 가장 경쟁력 있는 상품으로 시장에서 평가받는 경우가 많다.

11) 현지 문제발생 시 지원 및 해결

랜드사는 현지에서 행사 시 발생하게 되는 제반 내용에 전적으로 관여하여 문제해결에 힘써야 한다. 교통수단의 연발착, 환자발생, 여권분실 등 실로 여러 가지 상황이 발생한다. 책임감과 성실한 자세로 노력해 주어야 한다.

12) 실시간 현지정보 제공

랜드사는 무엇보다도 현지 상황에 가장 정통하다. 그러므로 현지 로컬을 통해 얻게 되는 제반 정보와 상황을 여행사에 제공하여 여행상품 일정과 개발에 반영시키도록 해야 한다. 인터넷의 확산으로 일반적인 내용은 공유되고 있지만 좀 더 정확하고 세밀한 내용은 현지를 통해 실시간으로 파악되는 정보가 생생하며 가장 정확하다고 할 수 있다.

13) 사증 수속업무 대행

랜드사는 여행사가 맡고 있는 사증(VISA) 업무를 대행하기도 한다. 인도차이나 지역을 수배하는 랜드사의 경우는 해당 국가의 대표부 형식으로 관련된 비자업무를 대행하고 있기도 하다.

14) 안전대책 도모

현지에 정통한 로컬은 현지의 여러 가지 위험과 만일의 상황에 대비하여 일정을 진행하고 운영하여야 한다. 특히 위험이 수반되는 지역이나 현지 상황이 좋지 않은 시기에는 각별히 주의하여 일정을 진행하도록 해야 한다. 현지에 주재하는 한국대사관이나 영사관을 통해서도 도움을 받을 수 있다.

8. 여행수배업의 발전방향

여행수배업의 발전방향을 정리해 보면 다음과 같다.

① 다양한 코스와 상품개발
② 관광종사자의 인적자원개발 및 관리
③ 인적서비스의 차별화전략
④ 부당한 거래로부터의 신용거래 확립
⑤ 독자적인 경쟁력 확보
⑥ 현지 인바운드 업체를 능가하는 전문성
⑦ 현지가이드의 수준과 자질 강화
⑧ 여행업 유통구조의 악순환 해결
⑨ 여행수배업의 근무환경 개선

9. 여행사의 랜드사 선정기준

가장 일반화된 현지 수배방식인 랜드사를 통한 수배를 할 때 여행사는 많은 랜드사 중에서 단수 또는 복수로 랜드사를 선정하여 상품수배를 맡겨야 한다. 이러한 입장에서 여행사는 랜드사를 택일해야 하는데 다음과 같은 기준으로 선정하는 것이 일반적이다.

1) 가격경쟁력

지상경비(Land fee)를 말한다. 무엇보다도 여행사 입장에서는 랜드사에서 제시하는 가격에 민감하여 가장 중시하는 선정요인이 될 것이다.

2) 신뢰성

신뢰성이란 여행업계에서 알려진 랜드사의 인지도를 말하며, 업무의 경험과 수배실적이 뒷받침되는 내용이다. 특히 현지경험이 많은 경력자가 많이 확보된 랜드사를 여행사 입장에서는 선호할 것이다. 또한 인맥을 통해 소개받았을 경우에도 다소 신뢰를 하며 업무진행을 하게 될 것이라 사료된다.

3) 수배능력

랜드사의 가장 주요한 업무능력 부문이다. 박람회, 학회, 컨벤션, 전시회 등의 분야는 현지수배 능력이 더욱 부각되는 여행상품인 만큼 수배능력이 랜드사 선정의 기준이 된다.

4) 신속성

신속성이란 여행사에서 의뢰한 상품일정이나 확인사항을 빠르게 파악하여 응답 및 회신해 주는 것으로 해당 여행사에서 랜드사 선정 시 중요하게 인식하는 부분이다.

5) 여행사에 대한 지속적 관리

여행사에서 상시 출발하는 팀이 보장되는 것은 아니다. 출발예정 및 확정된 팀이 있을 경우에는 랜드사가 팀 유치를 위해 여행사에 자주 긴밀하게 내방하며 연락업무를 취하는 것은 보통이다. 그러나 팀이 부재할 경우에도 랜드사에서는 여행사와 나름대로 연락하며 업무연계를 지속적으로 해나가는 것이 향후 지속적인 업무진행의 동기가 될 것이다.

6) 회사 경영스타일에 의한 결정

랜드사 선정은 여행사의 경영방식에 따라 차이가 있다. 최고경영자가 관여하는 여행사의 경우 직접 랜드사를 선정할 수도 있으며 팀장에게 권한이 위임된 회사의 경우에는 팀장이 판단하여 랜드사를 결정한다. 보통 패키지업체의 경우는 팀장이 결정하는 경우가 많고 중소여행업체는 경영자가 결정하는 경우가 많은 편이다.

10. 랜드사의 진출

여행업계에서 여행사의 파트너 역할을 하는 랜드사의 진출경로를 살펴보면 여러 가지 경로를 통해 일을 할 수 있다. 물론 여행업계에서 관련된 일을 하다가 정착하는 경우가 대부분이다.

1) 랜드경영자

랜드사 경영은 외국에서 유학생활을 한 사람, 배낭여행 경험자, 항공사 및 여행사 경력자, 랜드사 종사자 등의 경력과 활동을 통해 시작하게 된다.

2) 여행사 종사자의 진출

여행사에서 종사하다가 랜드사로 이적하여 일을 하게 되는 경우를 말한다. 그러나 여행업계에서 랜드사로 이직보다는 랜드사에서 여행사로 이동이 많은 편이다.

3) 현지 Local 진출

여행업계에서 새로운 블루오션 분야는 해외에 진출하여 여행업의 비전을 만들어 가는 것이라고 생각한다. 특히 세계적인 관점에서 발전가능성이 공존하는 지역, 성장기에서 성수기로 향하는 시기에 위치한 지역, 한국의 수요가 점차적으로 성장하리라고 예측되는 지역이 가능성이 있는 지역이라고 예견된다. 신규 개척지가 유망하다. 예를 들면 해외자본투자가 점증하는 남아공, 아르헨티나, 터키 그리고 이집트, 이스라엘, 스페인 등 최근 여행수요가 증가하는 지역이 미래비전이 있다.

또한 외래관광객 유치에 성장을 보이는 멕시코, 폴란드, 헝가리, 크로아티아, 마카오, 말레이시아, 포르투갈, 인도네시아 등의 나라도 비전이 있다고 하겠다.

4) 현지OP 및 가이드 이동

뉴질랜드와 호주 지역이 여행상품이 한국시장에서 활성화되면서 현지 가이드의 부족으로 태국에서 가이드 활동을 하였던 인원이 대거 대양주 지역으로 이동한 사례가 있다. 이처럼 랜드사의 수배담당자는 현지 진출이 용이하다. 유럽 지역의 경우에도 런던, 마드리드, 이스탄불 등을 OP업무상 이동하면서 근무한 사례가 종종 목격되었다.

5) 항공사에서 랜드사로 이직

항공사 근무 후 랜드사로 이직하여 근무하는 경우도 있다.

11. 랜드사 영업 영향요인

랜드사가 여행사를 대상으로 하는 영업에 있어서 효과적인 공략방안은 여러 가지 내용이 있을 것이다. 이러한 요인을 살펴보면 다음과 같다.

① 학벌
② 연고
③ 능력
④ 전문성
⑤ 경력
⑥ 자본력
⑦ 영업력
⑧ 광고/마케팅
⑨ 업무 비즈니스 : 법적인 영역에서 문제가 없는 식사, 선물, 골프 회동 등
⑩ 서울사무소와 현지 로컬과의 관계 및 지원 그리고 협력범위
⑪ 성실성 : 신뢰에 직결된다.
⑫ 금전적인 처리 : 현지 로컬에 지불하는 랜드비용 결제와 관련된 방식과 후불 등 해당 여행사와의 거래 관련 랜드비 지불방식 및 시기에 대한 랜드사의 입장과 수용안이 영업에 영향을 미치게 된다.

최근에는 여행사와 랜드사의 동등한 지위선상에서의 원활한 협력체계를 위해 랜드비 지불을 행사 후 바로 지불하거나 해당 팀별로 현지에서 투어피를 정산하고 행사를 진행하는 등 합리적인 선에서 진행하고 있는 경우가 많다.

12. 랜드사의 성공전략

① 여행사와의 계약 확대 및 지속

② 자체 영업 및 상품판매 확대

③ 직거래 수요의 확보

④ 대형 여행사 수주 확보의 어려움 극복: 인맥, 여행사에서 요구하는 계약조건 및 실적 등 요구사항이 존재한다. 또한 여행사의 금전적인 투자 요구 시 어려움이 배가된다. 현지에 대한 노하우 및 전문성 그리고 우수한 가이드 등이 필요하다.

13. 일정표 작성 시 유의사항

1) 여행자 구매취향에 맞는 일정

여행자의 성별, 연령별, 직업별, 취미와 선호도 등을 고려하여 일정을 작성해야 한다. 여행경험이 없는 사람들의 경우 여행사에서 최대한 주어진 시간 동안 많은 것을 보고 싶어하고 전적으로 여행사의 안내를 희망할 것이다. 반면에 여행경험이 많은 사람들은 기본적인 관광지를 돌아보고 나머지는 자신이 원하는 일정으로 자유롭게 여행을 하거나 자유시간을 즐기고자 할 것이다. 그러므로 여행에 참가하는 구성원들의 성향과 여행경험 등을 고려하여 일정표를 작성하는 것이 현명하다.

2) 호텔선정에 신중

여행상품요소 가운데 중요한 부문으로 여행자들이 선호하는 호텔로 숙박을 정하는 것은 상당히 중요하다. 같은 등급이라고 하더라도 호텔선정에 신중을 기해야 할 것이다. 특히 계약된 등급의 호텔을 고객에게 제공하는 것이 문제발생의 소지를 줄이고 여행자와 여행사의 분쟁 시에도 판단의 기준이 되기 때문이다. 노년층은 소음이 없는 조용한 장소에 위치한 호텔을 선호할 것이고 젊은층은 다소 시끄럽다 하더라도 시내에 위치해서 밤의 여흥을 즐길 수 있는 장소를 선호할 것이다.

3) 여로선정에 주의

이왕이면 왕복코스의 경우 경로를 달리하면 고객에게 여행의 감동을 더해 줄 수 있다는 내용이다. 이탈리아에서 로마－나폴소 구간 이동 시 보통 고속도로로 움직이는데, 회귀 시에는 고속도로보다는 시간이 30분 정도 더 소요되어 3시간 30분 정도 걸리는 지중해의 해안도로를 이용하여 코스를 잡으면 고객들에게는 아름다운 지중해 해변을 감상하면서 새로운 경험을 할 수 있어서 여행의 즐거움이 배가 될 것이다. 이러한 측면에서 여로선정에 주의하는 것은 절대적으로 필요하다.

4) 넉넉한 휴식시간 제공

여행은 아침부터 저녁까지 보통 10시간이 넘는 시간을 다녀야 하는 힘든 행보이기도 하다. 그래서 여행자들에게는 쉴 수 있는 시간이 필요하다. 휴식시간 제공은 무리한 일정으로부터 고객의 건강을 보호하는 역할을 한다.

그래서 타이트한 일정의 경우에도 후반부 일정에는 되도록이면 투어를 늦게까지 진행하지 않고 호텔에 일찍 들어와 고객들에게 쉬는 시간을 주는 것도 무리없이 일정을 진행하는 좋은 방법이 된다.

5) 식사메뉴의 다양화

아무리 맛있고 귀한 음식도 계속적으로 접하게 되면 질리거나 싫증이 나기 쉽다. 또한 여행의 다양한 경험을 위해서라도 식사메뉴의 다양화는 필요하다고 할 수 있다.

그래서 최근에는 점심시간 무렵 자유시간을 주고 점심식사 비용을 여행사에서 고객에게 지급하고 스스로 근처의 식당을 찾아 개별적으로 식사를 하도록 하는 방법도 많이 사용된다. 본인이 희망하는 식단을 찾아 고객 입장에서는 오히려 효과와 만족도도 높은 편이다.

6) 적절한 쇼핑시간

쇼핑도 여행의 즐거움을 제공하는 중요한 요소이다. 쇼핑은 자신을 위해 하기도 하지만 고국에 두고 온 사람들을 위한 배려에서 하게 되는 활동이기도 하다. 지나치지 않은 범위와 상황에서 고객들이 희망하는 쇼핑활동을 할 수 있도록 일정이 작성되어야 한다.

7) 기상변화에 따른 대안 마련

해외에서 기상 악화로 교통편을 이용하지 못한다면 일정 진행을 못하게 되고 나아가 이후에 계속되는 일정에 완전히 문제가 생길 수밖에 없을 것이다. 이러한 측면에서 대안이 별도로 마련되어야 한다. 현지에서 항공편이 문제가 생긴다면 다른 교통편이 이용될 수 있는지의 여부 등이 고려되어야 한다. 버스, 기차, 항공, 선박 등 제반 교통수단에 의한 대안이 마련되어야 한다.

8) 편안한 진행으로 여정 마무리

나중에는 투어진행이 무리 없이 마무리되어야 한다. 마지막 고국으로 귀국해야 하는 상황에서는 편안하게 쉬면서 여행의 마무리와 귀국준비를 할 수 있도록 여유있게 마감되어야 할 것이다.

9) 볼 것과 할 것의 적절한 배합

캐나다 오타와 총리 관저 근위병 교대식

최근 여행상품이 예전에 비해 달라진 부분 중에 가장 큰 것이 이러한 내용일 것으로 사료된다. 단지 경치가 좋고 아름다운 지역에 방문하여 감상하며 즐기는 것이 아니고 관람형 관광형태에서 참여형 관광형태로 바뀌었다는 점이다. 그래서 두 가지 요소를 잘 배합하는 것이 필요하다. 필리핀의 세부에서 호핑투어 상품이 인기를 끄는 것도 좋은 환경에서 스노클링과 방카로 섬을 일주하고 맛있는 바비큐요리를 식사에 곁들이는 가장 전형적인 예라 하겠다. 클럽 메드(Club Med) 상품, PIC상품도 이러한 참여형 여행상품으로 고객들이 선호한다.

괌 PIC 상품

10) 출발시간과 도착시간 확인

여행상품은 수도권에 거주하는 고객 외에도 지방에 거주하는 고객을 고려하여 스케줄을 작성해야 한다. 너무 이른 아침 시간대나 너무 늦은 밤 시간대에 출발하고 도착하는 항공편으로 구성된 상품은 고객들이 공항에 도착하거나 고국에 입국 후 자신의 거주지에 돌아가기에 어려운 점이 많기 때문이다.

11) 여행객들이 선호하는 교통기관 이용

선호하는 교통기관은 사람에 따라 차이가 있다. 예를 들면 프랑스에서 영국으로 이동 시 프랑스 칼레에서 영국의 빅토리아항까지 쾌속정인 후버스피드를 이용하여 이동하거나 유로스타를 이용해도 되고 항공기를 이용하여 파리－런던으로 연결할 수 있다. 이러한 선택상황에서는 고객들이 가장 선호하는 교통편을 이용하는 것이 좋다. 물론 여행사의 입장에서 비용이나 이동시간 그리고 예약의 편의성 등을 고려해서 선택해야 할 것이다.

12) 교통기관의 접속/환승 시 여유있는 시간 배정

항공기 이용 시 경유지를 통과하여 목적지까지 항공기를 접속해서 이동해야 하는 상황에서는 처음 출발지에서 정시에 출발하는 것이 중요하다. 만약 항공기가 늦어져서 출발이 지연되는 시간만큼 경유지에서 다른 항공기로 갈아타야 하는데 소요되는 시간을 빼앗기게 되기 때문이다. 보통 경유지에서 접속시간을 최소한 50분으로 잡고 있다. 일정을 작성할 때에는 이러한 점을 고려하여 접속시간을 최대한 여유있게 잡아야 한다. 항공사의 정시출발 및 지연 시 접속고객에 대한 배려와 조치는 항공사의 대고객서비스 평가의 주요한 사항이기도 하다.

특히 여행상품 개발자와 항공카운터 그리고 국외여행인솔자(TC)는 출국수속 시 이러한 환승의 시간적 여유 확보를 위해 스루체크인(Through check-in)[2)]이 가능한

2) 두 개 구간 이상을 탑승하는 경우, 최초 출발지의 공항에서 환승편까지 포함하여 최종 목적지까지의 탑승수속을 하는 일(네이버 국어사전)이다. 즉 필요한 복수의 탑승권을 발행하여 받아야 하며 수하물도 최종목적지까지 이동하여 현지에서 찾을 수 있게 되는 것을 말한다. 예전에는 이러한 업무처리가

지 여부를 판단해서 일정표를 작성해야 실제로 현지 공항에서 문제가 발생하는 것을 예방할 수 있다. 이 부분은 매우 중요하다고 하겠다. 환승 시 시간적인 여유가 없는데, 중간 경유지에서 다시 탑승권을 교부받고 짐을 다시 부쳐야 하는 것은 시간이 걸리는 번거로운 일이기 때문이다.

13) 성수기와 비수기 고려

일정표 작성할 때에는 현지의 대형행사나 이벤트 및 축제를 고려하여 일정을 정해야 한다. 국내의 경우도 겨울방학 때는 스키인구의 증가로 리조트 객실예약이 상당히 힘들다. 외국의 경우 세계적인 축제를 유치하는 독일의 뮌헨, 브라질의 리우데자네이루, 일본의 삿포로 지역은 객실 확보가 어렵기 때문에 유의해서 객실을 확보한 후 일정을 확정해야 한다. 세계적인 이벤트인 올림픽, 월드컵의 경우도 현지 호텔확보 후 일정을 확정해야 한다.

14) 계절시간 및 공휴일 고려

일출 및 일몰시간은 여행 진행에서 중요한 여건이다. 일몰이 빨라지면 그만큼 관광활동을 할 수 있는 시간이 제한되기 때문이다. 이러한 점을 고려하여 주어진 활동시간 내에 가능한 관광코스를 일정화시켜야 한다. 특히 박물관 입장의 경우 휴관일을 파악하여 일정을 작성하여야 현지에서 낭패를 보지 않는다. 예를 들면 이탈리아 바티칸의 경우 일요일이 휴관일이며 프랑스의 루브르박물관은 화요일이 휴관일이다.

15) 현지행사 시 방문기관의 상황 고려

인센티브 단체나 특별한 관심관광의 상품은 현지에 방문할 기관이나 장소를 수배해야 한다. 수배가 이루어져서 일정화되기 전에 필히 현지 기관의 사전 동의

원활하지 않아서 인솔자의 경우 매우 신경쓰이고 어려움이 많았다. 최근에는 항공사 간의 동맹강화와 업무협조 체계가 좋아져서 스루 체크인이 잘 실행되는 편이다.

와 승낙이 이뤄져야 한다. 현지 사정에 의해 방문이 불허되거나 제약이 따르게 되는 경우가 생길 수 있으므로 철저한 사전 파악이 이루어져야 한다.

16) 선택관광 진행 시 주의

선택관광은 정규일정 진행상 보지 못한 장소를 별도의 시간에 비용을 지불하고 희망자에 한하여 추가여행을 하는 것이다. 그러므로 참가한 여행자들 전체가 아니라 희망하는 여행자들이 대상이 되어야 한다. 자발적인 선택이 되어야 하며 비참가자에게 피해가 가지 않도록 진행되어야 할 것이다.

17) 연소자와 연로자에 기준

일정표는 건장한 장년과 청년층이 주요 대상이 되기보다는 연소자와 연로자의 체력도 감안하여 큰 무리 없이 일정이 진행되도록 작성되어야 한다. 즉, 참가대상인 10대부터 70대까지 고려한 일정을 작성해야 한다.

18) 참여고객의 특성에 맞게 작성

일정은 여행상품을 신청한 참가자에게 부합되도록 작성되어야 한다. 회의참가자라면 본연의 목적에 충실하고 관광활동은 부수적인 사항이 될 수도 있을 것이다. 또한 사업목적으로 박람회나 전시회에 참가하는 고객은 전시박람회 참여 및 비즈니스 면담이 관광활동보다도 우선순위가 될 것이다.

19) 신혼여행일정

신혼여행은 무엇보다도 출발하는 순간, 항공좌석부터 관리되어야 한다. 좌석이 떨어져 있게 조치된다면 이보다 큰 문제가 없을 것이다. 호텔수배에 있어서도 전망이 좋은 오션뷰가 확보되어야 할 것이다. 신혼여행 일정은 타이트하게 일정을 진행하기보다는 리조트 등 공간에서 자유시간 등을 많이 주고 진행하는 것이 바람직하다.

20) 교통기관의 확보

항공기 확보가 가장 중요한 시작이다. 교통수단의 확보 없이는 여행 진행이 불가능하기 때문이다. 현지에서 이용하게 될 국내선, 관광버스, 선박 및 기차 등 교통기관의 확보가 이뤄져야 한다. 예를 들면 이집트에서 룩소르 유적지를 가기 위해서는 국내선 구간의 예약이 필요한바, 항상 항공예약이 많은 수요로 인해 어려운 경우가 많으므로 미리 예약하고 준비하여야 한다.

CHAPTER

5

여행상품 현황과 분석

온통 새하얀 얼음 땅 남극, 체감온도 영하 50도 추위에, 고산증을 견뎌야 했던 남극점을 향한 행군. 닷새째가 되어서야 비로소 남극의 아름다움이 가슴에 생생하게 들어오기 시작했다. 해발 4,000m급 고산증에 설맹증… 눈보라 속에서 평생 잊지 못할 사투를 벌였다. 남극점 스키여행은 욕망을 위한 도착여행이 아니라 목표까지 나아가는 과정여행이다.

이제 탐험가와 여행가, 혹은 일반인과 여행가의 경계는 모호해져 가고 있다. 누구나 여행가가 될 수 있으며, 그를 넘어 탐험가가 될 수 있는 것이다. 대한민국에서 에베레스트, 북극, 남극점, 나아가 우주는 더 이상 국가적 영웅만이 여행하는 곳은 아니다.

어느새 아파트가 대한민국의 노른자가 되어 버린 요즘, 그리고 작은 공간 안에서만 아등바등 살아가는 요즘, 여행 시장을 이렇게 키워놓은 우리의 꿈이 더 큰 곳으로 향했으면 좋겠다.

(장영복 '신발끈여행사' 대표, www.shoestring.kr).

CHAPTER

5 여행상품 현황과 분석

1. 크루즈

1) 크루즈 여행의 특징

크루즈 여행은 먼저 여행경비가 상대적으로 고가이다. 그래서 경제적으로 비용에 부담감이 있을 수 있다. 동남아 지역의 중심이 되는 싱가포르, 말레이시아, 인도네시아 지역에 연계되는 스타크루즈는 비용이 상품에 따라 차이는 있지만 약 200만 원 선이며 알래스카 크루즈상품 중 300~400만 원대에 판매되는 상품이 저렴한 상품으로 평가된다. 우리나라에도 인천과 부산항에 대형 유람선이 입항하여 일정시간 정박 후 다시 출항하는데 이용객들은 상륙허가 후 원하는 상품을 선정하여 관광 후 크루즈에 귀환하여 떠나게 된다. 즉 투어와 숙박은 별개의 활동으로 진행된다. 숙박은 어디까지나 유람선에서 해결하게 된다. 물론 본인이 정한 객실타입을 이용한다.

크루즈 여행의 편리한 점은 항공기 여행과 달리 계속적으로 짐을 꾸리고 싸지 않아도 된다는 점이다. 그리고 방문지에서 관광과 저녁식사 이후 선상에서의 활동이 매력이다. 선상파티가 계속 진행되고 선박에서 운동, 영화관람, 카지노, 조깅, 암벽등반, 쇼핑, 나이트클럽, 각종 식사, 칵테일 및 와인시음 등 다양한 활동을 즐길 수 있다. 또한 분주하게 이동하지 않고 진정한 의미에서 휴식과 휴양을 할 수 있다는 것이 장점이다. 숙박을 하면서 여행지로 이동한다는 점에서도 시간을 저축할 수 있다.

여행시장에서 크루즈도 서서히 일반화가 진행되는 상황이다. 국내에서의 수요도 상당히 점증하고 있다. 크루즈여행은 본인의 경제력에 따라 객실을 선택하여 비용을 정할 수 있다. 부대시설 이용에는 차별이 없어서 서비스 혜택에는 문제가 없다. 승선 시 받게 되는 아이디카드로 객실과 크루즈의 모든 시설을 이용할 수 있는 자격을 얻게 된다. 해외여행 패키지와는 달리 추가비용이 없고 본인이 모든 일정 가운데 선택하여 참여하면 된다. 그러나 영어구사 능력이 부족하면 다소 어려움이 있고 정장을 준비하여 착용하여야만 선장이 초대하는 디너 등의 행사에 참여할 수 있다는 점이 차이 중의 하나일 것이다.

여행의 최종적인 단계로 인식되고 각광을 받았던 최고의 서비스와 낭만이 있는 크루즈 투어가 코로나 팬데믹 상황에서는 감염 시 좁은 공간과 밀착상황에서 확진자를 증가시킨다는 우려와 실제상황 등으로 인해 기피되고 조심해야 하는 부문으로 인식되어 어려움이 가중되었다. 그러나 코로나19 상황이 개선된 후에는 수요가 점차 회복될 것으로 보인다.

2) 크루즈상품

디디투어에서는 이집트(룩소) +홍해 크루즈 일주 8일(1,390,000원) 과 이집트 크루즈 일주+사막 사파리 10일(1,590,000원) 상품을 내놓았다. 조건은 전 일정 5성급 호텔 및 크루즈 객실, 밸리댄스, 크루즈 내 전 일정 뷔페식 제공

으로 업계 최저의 고품격 크루즈 상품임을 광고하였다(www.ddtour.com).

성도여행사에서는 일본 북큐슈크루즈 5일(399,000원) 상품을 내놓았다. KTX가 포함되었고 특급호텔을 이용한다.

롯데관광에서는 AC알래스카크루즈 9일(399/459만 원) 상품, 러시아-북유럽 일주 크루즈 15일(699만 원부터) 상품, 밀레니엄 크루즈와 브릴리앙스 크루즈로 운행되는 정통 지중해 크루즈 5개국 15일(699만 원) 상품, 영국 노르웨이 북유럽 크루즈 17일(799만 원부터) 상품을 공지하고 있다. 출발일자는 2006년 7~9월 기준이다. 대한항공 직항/두바이 7성급 버즈 알 아랍 호텔 1박 호화 크루즈 퀸메리 2호 두바이-런던, 지중해 19일(1,390만 원) 상품은 2007년 3월 9일 출발이며 15만 1천 톤, 총 승객 2,600명 탑승, 세계 최고 호화 유람선인 퀸메리 2호를 탑승하게 된다. 골든 프린세스 남미 6개국 크루즈(칠레/포크랜드/아르헨티나/우루과이/브라질/페루) 24일(1,190만 원) 상품, 15만 8천 톤의 세계 최대 프리덤호 카리브 크루즈 & 멕시코, 쿠바 15일(749만 원) 상품, 서유럽 진수 8개국 일주 밀레니엄 크루즈(영국/프랑스/벨기에/네덜란드/스페인/포르투갈/모로코/스페인) 15일(699만 원) 상품, 방학특집 싱가포르/말레이시아 스타크루즈 5일(169만 원부터) 상품은 2007년 1~3월 출발 기준이다. 스타크루즈 상품은 12세 미만 동반 어린이는 50% 특별가에 제공된다(www.lottetour.com).

모두투어에서는 향긋한 와인의 향과 아름다운 미서부 해안을 탐방하는 미서부 해안 와인 크루즈 10일(4,590,000원) 상품을 내놓았다. 세련미를 뽐내는 셀러브리티 크루즈가 운행된다. 50일 전 예약 시 조기예약으로 30만 원이 할인된다. 샌프란시스코-몬데그리-공해상-시애틀-빅토리아-밴쿠버 코스이다. 코스타(Costa) 겨울 방학 특선으로 조기예약 할인 홍콩크루즈 5박 6일(1,270,000/1,520,000원) 상품과 어린이 무료행사 싱가포르 크루즈 5박 6일(2,199,000/2,399,000원) 상품이 있다. 출발은 2007년 1~4월 기준이다(www.mode.com).

산타 크루즈에서는 지중해 정통 하이라이트로 2007년 5/18(699만 원) 발코니 특실 상품을 내놓았다. 로얄캐리비안 브릴리앙스호(90,090톤) 이용하며 바르셀로나-니스-피사-미코노스-로도스-산토리니-나폴리-바르셀로나 코스이다. 5/25(699만 원) 미니 스위트 상품은 셀러브리티 밀레니엄호(91,000톤)로 베니스-듀브로브닉-산토리니-아테네-나폴리-피렌체-니스-바르셀로나 코스이다. 6/13(699만 원) 발코니 특실상품은 로얄캐리비안 브릴리앙스호(90,000톤)를 이용한다. 바르셀로나-니스-이탈리아-그리스-터키-산토리니-나폴리-바르셀로나 코스이다. 지중해 상품들은 인솔자 동행, 대한항공을 이용하며 조기예약 할인, 마일리지 좌석승급이 가능하다. 알래스카 빙하특급 상품은 이벤트 특별가 5/5, 5/12(299만 원)이다.

연합 아시아나항공 특선 9일(409만 원부터)은 5/19부터 9/8까지 매주 토요일 출발하며 골든 프린세스호(109,000톤) 발코니 오션뷰 특실을 이용한다. 시애틀-인사이드패시지(크루징)-주노-스캐그웨이-트레이시암(피오르)-케치칸-빅토리아-시애틀 코스이다. 대한 항공 10일 & 아시아나 11일(499만 원부터) 상품은 2007년 6/9, 7/28, 8/11 출발하며 인피니티호(91,000톤) 미니스위트/발코니 캐빈을 이용한다. 시애틀-밴쿠버-인사이드패시지-케치칸-코스이다. 알래스카상품은 마일리지 좌석승급 가능, 10인 이상 인솔자 동행조건이다.

북유럽(러시아) 상품은 6/30(659만 원) 발코니 특실을 이용한다. 프린세스 스타호(109,000톤)를 탑승한다. 파리-코펜하겐-스톡홀름-핀란드-러시아-폴란드-노르웨이-파리 코스이다. 7/23(699만 원) 발코니 특실상품은 로얄캐리비안 주웰호(90,090톤)를 이용한다. 런던-노르웨이-코펜하겐-스톡홀름-헬싱키-러시아-탈린-런던 코스이다. 8/3(749만 원) 미니 스위트상품은 셀러브리티 컨스텔레에션호(91,000톤)를 탑승하며 런던-스웨덴-베를린-헬싱키-러시아-코스이다. 북유럽 상품은 마일리지 좌석승급이 가능, 인솔자와 동행하고 대한항공을 이용한다(www.santatour.com).

아시아 뱃길 따라 떠나는 꿈의 겨울 크루즈 여행(특별한 300명을 초청합니다) 상품은 환경재단, 일본 Peace Boat가 주최한다. 문화관광부, 외교통상부, 행정자치부, 환경부가 후원하고 삼성전자가 협찬하며 세중나모여행사가 주관여행사이다. 밤바다의 갈매기들조차 넋을 놓은 듯 유쾌함과 흥겨움에 시간 가는 줄 몰랐다는 이윤기 · 장사익의 노래교실이 운영되고, 일본 사람들이 평생 한 번 타고 싶어하는 후지마루호에 탑승한다. 선상에서 수백 명이 장사익 · 안치환과 함께 '사람이 꽃보다 아름다워'를 합창할 때의 감격을 강조한다.

2006 Peace & Green Boat로 명명한 행사에는 공지영, 문국현, 유인촌, 은희경, 이윤기, 임옥상, 정몽준, 조한혜정 등 각계 인사가 특별 손님으로 초대되었다. 2만 4천 톤의 호텔급 크루즈로 여행일정은 2006년 12월 12일~26일 총 15일간이다. 일반 패키지여행과 다른 역사와 문화가 담긴 여정임을 공지하였다. 여행코스는 부산－후쿠오카－홍콩－하롱베이－수빅－부산이다. 여행비용은 일반인 200만 원, 대학생 250만 원, 대학생 특별 프로그램(홍콩-부산) 200만 원이며 4인실 기준, 옵션투어비는 별도이다. 주요 프로그램은 다음과 같다. 베트남 요리체험과 홈스테이, 필리핀의 밤하늘 아래 펼쳐지는 아시아 연합콘서트, 리더십센터 김경섭 박사 특강, 한일 문화예술인과 함께하는 선상 크리스마스파티, 은희경 작가와 함께하는 스토리여행, 아시아의 습지에서 만나는 천연기념물 저어새, 변영주 감독의 영화강의이다(www.greenboat.org).

3) 지중해 크루즈 여행

(1) '매지컬 이탈리아' 크루즈 이동 루트는 몰타에서 출발하여 로마－라스페치아(피렌체 관광)－올비아－나폴리에 기항했다가 다시 몰타로 돌아오는 여정이다. 피렌체 · 피사는 라스페치아항을 통해 연결된다. 나폴리에서는 카프리 · 폼페이를 관광한다. 몰타는 발레타항, 로마는 시비타베치아항에 정박한다. 피펜체 · 피사는 라스페치아항을 통해 연결된다. 10~15층짜리 빌딩 높이의 크루즈선을 탑승한다. 몰타는 유네스코에서 나라 전체를 문화유산으로 지정한 곳이다. 본 상품은 서울과 몰타 간 직항이 없어 두바이를 경유해야 하기 때문에 편도 20시간의 비행시간을 견뎌야 한다. 크루즈 7박 8일＋몰타 2박 총 10박 11일로 요금은 2006년 7월 2인 기준으로 복도쪽 객실이 369만 9,000원부터이다.

(2) '오리엔탈 오딧세이'는 두바이 관광 후, 이스탄불로 이동해 유람선에 오르는 상품이다. 이즈밀, 몰타, 그리스 산토리니에 기항했다가 다시 이스탄불로 돌아와 7박 8일의 크루즈 일정을 마감한다. 총 일정은 10박 11일. 요금은 2006년 8~9월 10명 이상 출발 기준으로 복도쪽 객실 기준 299만 9,000원

부터이다.

(3) 일정이 짧고 가격이 비교적 저렴한 '말라카－쿠알라룸푸르/라당' 크루즈도 있다. 7만 6,000톤급 유람선 '수퍼스타 버고'를 타고 도는 3박 5일 일정이다. 싱가포르서 1박 후, 크루즈에서 2박 3일을 보낸다. 싱가포르 관광 후 말레이시아 말라카와 쿠알라룸푸르(혹은 그당)에 기항한다. 유람선에 한국인 승무원이 탑승한다. 2006년 7월 출발 기준이며 109만 9,000원~139만 9,000원이다. 상기 상품들은 테마21여행사, 스타크루즈 한국지사에서 취급한다(조선일보, 2006.6.26., E7; www.theme21.net; www.starcruisekorea.com).

4) 크루즈 투어 수요

2018년 세계 크루즈 시장을 보면 리버 크루즈 포함 크루즈 선박은 총 386척이며 이용객은 약 2,607만 명, 전 세계 크루즈 산업의 순수익 총액은 약 40억 달러(한화 5조 원)를 기록하였다(크루즈 인더스트리뉴스; 세계 크루즈선사 협회; Henry의 크루즈 News).

크루즈 수요는 2006년 한 해 전 세계에서 약 1,200만 명이 크루즈를 이용했지만 한국에서는 약 6,000명 수준이며 2007년에는 크루즈의 관심이 증가하고 있어서 20~30% 증가할 것으로 예상된다. 2009년까지 4~5척의 크루즈가 건조되어 인기가 높아지고 있다는 것을 알 수 있다. 또한 미국 · 일본 등의 여유 있는 베이비부머들이 본격적으로 은퇴하면서 호화여객선으로 여행을 즐기는 크루즈 산업이 급팽창하고 있다. 미국의 월트디즈니와 로얄캐러비안 등 크루즈 대기업을 중심으로 2000년부터 2010년 사이에 약 100척의 신형 크루즈선이 취항하였다는 보도가 일본 니혼케이자이신문 등을 통해 발표되었다. 전후 베이비부머인 단카이 세대가 올해부터 대거 퇴직하는 일본에서는 2007년부터 2008년에 걸쳐 출발하는 세계 일주 크루즈 상품이 예약시작 3개월 만에 거의 다 판매되었다. 이 상품의 가격은 최저 360만 엔(약 2,800만 원)이다(세계여행신문, 2007.2.12., 8면; 한국경제, 2.26일자).

2006년 대형 크루즈선 평가

2006년 컨디나스 트래블러 선정 대형 크루즈선 순위를 살펴보면 다음과 같다.

- 1위 컨스텔레이션호 91,000톤(셀러브리티 크루즈 소속): 89.6점
- 2위 서미트호 91,000톤(셀러브리티 크루즈 소속): 88.8점
- 3위 밀레니엄호 91,000톤(셀러브리티 크루즈 소속): 88.8점
- 4위 인피티니호 91,000톤(셀러브리티 크루즈 소속): 87.6점
- 5위 세레나데호 90,090톤(로얄캐리비안 크루즈 소속): 87.4점
- 6위 익스플로러호 138,000톤(로얄캐리비안 크루즈 소속): 86.9점
- 7위 갤럭시호 77,713톤(셀러브리티 크루즈 소속): 86.6점
- 8위 네비게이터호 138,000톤(로얄캐리비안 크루즈 소속): 85.9점
- 9위 머큐리호 77,713톤(셀러브리티 크루즈 소속): 85.8점
- 10위 레디앙스호 90,090톤(로얄캐리비안 크루즈 소속): 85.7점

출처: HANATOUR, 2007년 2월호, Vol.15, p.78.

참고 대형 크루즈

2018년 세계적인 크루즈 그룹 순위 1위는 카니발 코퍼레이션, 2위는 로얄캐리비안 크루즈, 3위는 노르웨지안 크루즈 라인 홀딩스, 4위는 MSC 크루즈, 5위는 켄팅 홍콩사이다. 2018년 세계적인 크루즈 선사 순위 1위는 카니발 크루즈 라인, 2위는 로얄캐리비안 인터내셔널, 3위는 NCL, 4위는 MSC 크루즈, 5위는 코스타 크루즈, 6위는 프린세스 크루즈, 7위는 AIDA 크루즈 8위는 홀랜드 아메리카 라인/ 셀러브리티 크루즈 공동 8위에 올랐다(cruiseindustrynew.com;Henry의 크루즈 News). 그 외 아자마라크루즈, 실버시 크루즈도 세계적인 크루즈 선사로 평가된다.

2. 자사 송출실적 우수 및 인기상품

디디투어에서는 2005년 상반기 터키/그리스 역사기행 일주 9일 상품(1,270,000원)을 송출 1위 상품으로 광고하였다. 에게해 크루즈, 파르테논 신전, 톱가프 궁전,

데린쿠유 유적지, 파묵칼레 온천이 일정에 포함된다. 2005년 10월 이후 출발 기준이다.

OK투어에서는 캄보디아 송출 1위 기념 빅 이벤트로 캄보디아/앙코르와트/압살라 전통디너/태국/파타야 5박 6일 상품(399,000원)을 단 1회(2005.10.1.) 출발하는 상품으로 광고하였다. 특급 스타로얄호텔 사용조건이다. 특히 65세 이상 무료여행을 실시하는데 자녀동반이 조건이다. 세계 7대 불가사의로 유네스코 지정 세계문화유산인 앙코르와트가 일정에 포함되어 있다(www.oktour.com).

동양의 베니스인 방콕의 수상시장

세중해피투어에서는 최고 인기특선 Best 5(관광+휴양) 상품으로 방콕/파타야 5일(359,000원)을 1위 상품으로 내놓았다. 특식 3회, 미니시암, 코끼리 트레킹, 산호섬 휴양, 유류세, Tax 포함이다. 투명한 보석 같은 섬 푸켓 4박 5일(379,000원) 상품을 노팁으로 판매한다. 동양의 진주 페낭 5박 6일(469,000/499,000원), 황홀한 석양의 섬 코타키나발루 자유여행 5박 6일(베링기스 449,000/499,000원, 탄중아루 노팁 699,000원), 세련된 도시－아름다운 자연 싱가포르 빈탄 세도나라군 5일(699,000원) 상품을 공지하였다(www.happytour.co.kr). 또한 인기특선으로 세계인이 사랑하는 휴양지 푸켓 4박 5일(349,000원) 상품은 팡아만 관광, 코끼리 트레킹, 유류세, 공항세가 포함되었다.

보물섬투어에서는 대한항공 송출 1위 기념 빅 이벤트로 상해/소주/항주＋서호유람 4일(239,000/269,000원) 상품을 출시하였다. 노옵션, 노택스 상품이며 외탄 관광, 서커스, 서호 유람, 동방문화원, 유원, 한산사, 남경로 관광이 포함된다. 한방 발 마사지, 특식으로 태가촌 민속촌, 동파육, 거지닭이 제공된다. 북경, 상해의 현지 직영 사무실에서 공지하였다. 북경/만리장성/용경협＋인력거/경극 4일(299,000/329,000원) 상품은 노옵션, 노택스 상품으로 16대 풀옵션이 포함되었다. 자금성, 서커스, 이화원, 경극, 만리장성(케이블카 포함), 한방 발 마사지, 인력거 투어가 포함되었다.

베트남/캄보디아 송출 1위 기념 BEST상품인 최고 캄보디아/앙코르와트/파타야 6일(279,000/349,000원) 상품도 보물섬투어의 상품이다. 세계 7대 불가사의인 앙코르와트, 앙코르톰남문, 바푸욘사원, 코끼리 테라스, 문둥왕 테라스, 농눅빌리지, 타이거쥬, 톤레삽호수, 전통디너쇼가 포함된다. 베트남+하노이/하롱베이/닌빈 5일(329,000원) 상품은 아시아나항공을 이용하며 하롱베이유람선, 수상인형극, 호치민생가, 전쟁기념관, 선상해물정식 등이 포함된다.

대한항공 우수여행사 선정기념과 고객요청 앵콜상품으로 노옵션 동·서유럽 완전 일주 15일(2,090,000원) 상품과 노옵션 서유럽 9개국+융프라우 15일(2,490,000원) 상품, 서유럽 7개국(영/프/스/이/오/독/네) 13일(2,090,000원) 상품을 내놓았다. 대한항공 직항, 마일리지 적립, 센강 유람선, 에펠탑 관람, 베니스 곤돌라, 리기산, T.G.V탑승, 소금광산, 박물관 개인용 수신기, 다뉴브크루즈, 아우슈비츠수용소, 각국 특식 제공, 전문 인솔자가 동행한다.

동양의 하와이 해남도+오지주도+온천욕 4/5/6일(299,000원) 상품이 있다. 2004년도 해남도 송출 1위 기념상품으로 5성 초특급호텔, 원숭이섬(케이블카), NO TAX+NO VISA, 해산물특식, 디너쇼, 노천온천, 녹화두 야경, 해구관광이 포함된다(www.bomultour.com).

OK투어에서는 에펠탑, 센강 유람선, 나·폼·쏘 포함한 융프라우+베니스곤돌라+유럽 7개국 12일(1,890,000원) 상품과 로렐라이/융프라우+유럽일주 15일(2,470,000원) 상품을 BEST1상품으로 광고하고 있다. 추가비용은 없고 팁은 별도이다. 특전사항으로는 대한항공 마일리지 적립, 전 일정 1급 및 2급호텔, 센강 유람선과 에펠탑, 베니스 곤돌라, 로렐라이언덕, 암스테르담 운하크루즈, 유럽의 정상 융프라우가 포함된다(www.eoktour.com).

노랑풍선에서는 북경/만리장성/용경협/인력거투어 4일(319,000원) 상품을 best상품으로 내놓았다. 그리고 유럽상품을 No option으로 아시아나항공 국적기 특선으로 내놓았다. 로마시내 버스진입, 초고속열차 TGV, 아시아나 마일리지 적립, 융프라우 등정, 파리 에펠탑, 센강 유람선, 베니스 곤돌라, 각국 특식(에스까르고, 스파게티), 나폴리, 폼페이, 소렌토가 포함되었다. 융프라우+유럽 6개국 TGV 10일(1,850,000원)

상품과 융프라우+유럽 6개국+이탈리아 12일(1,990,000원) 상품을 시판하는데 TGV와 베르사이유가 포함되었다. 또한 북경/만리장성/용경협/인력거 투어 4일(319,000원) 상품은 중국의 Best상품으로 공지하였다. 중국의 최고히트 상품은 상해/장가계/원가계/성도/구채구/황룡 7일(949,000원) 상품과 장가계+황산/원가계/상해/항주 6일(849,000원) 상품이다. 황산특선으로 황산/항주/비취계곡/상해 5일(469,000원) 상품은 송성가무쇼 관람이 포함되었다. 푸켓 팡아만/코끼리 트레킹 4일(299,000원) 상품도 선착순 마감임박 상품으로 공지하였다.

고객만족 1위 스페인 포르투갈 상품은 노랑풍선에서는 2006년 KLM 스페인 상품 판매 1위 여행사로 공지하였다. 지브롤타해협 초고속 쾌속선(2시간 단축), 모로코 전통요리 꾸스꾸스, 스페인 부호의 휴양지 말라가, 마드리드-바로셀로나 간 항공이동, 스페인 전통요리 빠에야(해물밥요리), 스페인 왕궁, 알함브라 궁전 입장, 가우디의 성가족성당 입장이 가능하다. 또한 노옵션 2002~2005 그리스 송출 1위 여행사, 선착순 10명, 100% 출발 확정 올림픽과 신화의 나라 터키/그리스 9일(1,250,000/1,290,000원) 상품을 시판하였으며 밸리댄스가 포함되었다.

스페인 톨레도 전경과 타호강

2002~2005 그리스 송출 1위 여행사/노마진 특선상품은 신화의 나라 터키/그리스 9일(1,290,000원) 상품, 이집트(알렉산드리아)/그리스/터키 9박 10일(1,940,000원) 상품, 이집트(룩소/멤피스/사카라)/그리스/터키10일(2,140,000원) 상품이다. 출발은 2007년 1~2월 기준이다(www.ybtour.co.kr).

참좋은여행에서는 최고인기상품으로 호주/뉴질랜드 남북섬/포트스테판 10일(1,090,000/1,490,000원) 상품을 내놓았다. 시드니, 블루마운틴, 돌핀크루즈, 크라이스트처치, 퀸즈타운, 밀포드사운드, 마운트쿡, 오클랜드, 로토루아, 오클랜드 일정으로 온천욕, 항이디너, 마우리 민속촌 포함이다.

한진관광에서는 뉴질랜드 남/북섬 8일(1,990,000원) 상품을 내놓았다. 퀸즈타운에서 오클랜드로 바로 연결되는 항공일정의 장점을 공지하였다. 대한항공을 이용하며 10명 이상이면 출발이 보장된다. 시내중심가 특급호텔 사용, 밀포드사운드 크루즈, 봅스힐뷔페, 와이토모 반딧불동굴, 폴리네시안온천욕(럭셔리풀), 로토루아 항이디너, 하무라마 스프링스, 발렌타인 시푸드특식이 제공된다(www.kaltour.com).

현대드림투어에서는 최고인기 상품으로 중남미 6국 18일(5,990,000원) 상품을 내놓았다. 멕시코, 쿠바, 칠레, 아르헨티나, 브라질, 페루 여행이 진행된다. 2005년 현대드림투어가 엄선한 11대 히트상품은 다음과 같다. 어메이징 타일랜드 방콕/파타야+3대 특식 5일(549,000원) 상품은 노팁, 특급호텔이용, 호핑투어(바나나보트, 제트스키, 스노클링, 낚시 포함), 한방스파 2시간, 왕궁, 수상시장, 미니시암, 농눅빌리지, 코끼리 트레킹, 알카자쇼, 특식(MK수끼, 시푸드, 로얄드래곤), 각종 TAX포함이다. 디럭스 아오모리/아키타 일주 4일(749,000원) 상품, 디럭스 북큐슈일주 3일(599,000원) 상품, 고품격 패왕별희 북경문화 4일(549,000원) 상품, 황산직항 황산/비취계곡/항주/상해 5일(649,000원) 상품, 피지 쉐라톤 5일(1,190,000원) 상품, 사이판 월드리조트 4일(599,000원) 상품, 아프리카 4개국(남/짐/잠/보) 8일(2,990,000원) 상품, 스페인/포르투갈/바르셀로나 8일(1,890,000원) 상품, 미주 지역 최고 인기 정통 미동부 캐나다 퀘백 10일(2,290,000원) 상품, 실속특가 중남미 5개국(칠, 아, 브, 파, 페) 12일(3,990,000원) 상품이 있다. 꼭 가보고 싶은 곳 특수지역 히트상품으로 아프리카 사파리체험 6국 15일(4,790,000원) 상품은 4대사파리, 잠베지강 크루즈, 4대 특식, 사파리켓츠쇼, 테이블 마운틴이 특전이다.

KRT여행사에서는 2004년 대한항공 구주 최우수대리점 수상을 광고하면서 프라하 야경/다뉴브 크루즈+동유럽 5개국 9일(1,290,000/1,440,000원) 상품을 내놓았다. 174만 원 상품은 노팁, 노옵션, 1급호텔, 잘츠카머구트 유람선이 포함된다. Sweet Praha 로맨틱 가을여행상품으로 대한항공 마일리지 적립, 쉘브룬 궁전 내부관광, 타트라 절경(지코파네), 유네스코 지정 소금광산, 특식으로 호이리게와 굴라쉬, 잘츠카머구트 유람선(품격)이 포함되었다. 2002~2005년 4년 연속 크로아티아 송출 1위를 공지하며 크로아티아/슬로베니아+동유럽 6개국 11일(1,790,000원) 상품을 내놓았다. 2004 Best 신트라/파티마/마라케시+스페인/포르투갈/모로코 13일(1,940,000원) 상품은 특식으로 애저, 빠에야가 제공되며 마드리드와 바로셀로나 간 항공으로 이동한다. 또한 히트상품으로 중국 노옵션 북경/만리장성+서커스 관람 / 용경협곡 유람/인력거 투어 4일(299,000원) 상품이 있다. 인력거투어, 샤부샤부, 오리구이, 용경협, 태가촌특식, 서커스관람, 발마사지, 만리장성 케이블카가 포함되었다(www.krt.co.kr).

코오롱세계일주에서는 인기상품으로 북경/만리장성/부국해저세계 4일(279,000원) 상품을 내놓았다. 노옵션+NO TAX상품으로 2006년 4월 출발 기준이다. 또한 Best 인기상품으로 호주/뉴질랜드 남북섬 10일(1,690,000원) 상품을 내놓았다. 2006년 4~5월 출발 기준이며 4월에는 5회 파격특가로 139만 원 행사도 마련되었다. 2006년 12월~2007년 1월 출발 기준인 코오롱세계일주가 추천하는 평생 잊을 수 없는 여행지 터키일주 & 그리스 10일(1,890,000원) 상품은 코오롱 특선이다(www.hikolon.com).

포커스투어에서는 2004년~2006년 최고 히트상품으로 특수지역인 페트라 레바논/시리아/요르단/카타르 10일(2,790,000원) 상품을 공지하였다. 6명 이상 시 출발, 유네스코 지정 세계문화유산인 페트라(승마이동), 홍해의 아름다운 해저 생태 반잠수함 승선 관광, 4륜구동 지프차에 탑승하여 와디럼 사파리 관광, 세계 최대의 염호수인 사해 관광과 수영(SPA), 세계문화유산인 바알벡, 팔미라, 제라시, 말룰라 관광이 포함되며 중동현지식이 제공된다(www.focustour.co.kr). 출발은 2006년 4~5월 기준이다.

투어비스에서는 2006년 동남아 여름휴가 휴양지 BEST4를 공지하였다. 가족여행 코타키나발루 5/6일(299,000/549,000원) 상품은 베링기스, 수트라/탄중아루를 이용하게 된다. 조식, 미팅/센딩 포함, 패키지 선택(사피섬 또는 키나발루, 발마사지, 해왕성 시푸드) 가능하다.

강력추천 세부 4/5일(399,000/649,000원) 상품은 코스타벨라, 샹그릴라 골드에 투숙한다. 전 일정 식사, 세부 시내관광, 특급리조트 골드(전일정 리조트식, 아릴랜드 호핑)조건이다. TIP포함 푸켓 4/5일(499,000/649,000원) 상품은 수린비치, 알라만다 라구나에 투숙한다. 미화 80달러 상당의 옵션 포함, 노천 허브사우나, 산호섬, 알라만다 주니어스위트룸이 포함된다. 마닐라 보라카이 4박 5일(499,000/649,000원) 상품은 마닐라, 팍상한 래프팅, 따가이따이 화산 포함이며 649,000원 상품은 보라카이 화이트비치, 전 일정 특급호텔, 오일마사지 포함조건이다(www.tourvis.com).

자유투어에서는 빅히트 자사최고 히트상품으로 캄보디아/앙코르와트/방콕(파타야)+마카오 6일(399,000/449,000원) 상품을 공지하였다. 2006년 11~12월 출발 조기 계약 시 7% 할인혜택을 제공하였다. 2006년도 황산 송출 1위 업체로서 황산(산위 1박)/화산미굴/비취계곡/항주 4일(트레킹상품 동일)에 499,000원에 판매하며 황산(산위 1박)/구화산/화산미굴/잠구민택/항주 4일(699,000원) 상품을 내놓았다. 2006년 11~12월 출발 기준이다. 히트상품으로 세계 7대 불가사의 유네스코 지정 인도차이나반도 시리즈 상품을 소개하였다. 새로운 대한항공 취항기념으로 휴양 캄보디아 프놈펜 시하누크빌 5일(449,000원), 캄보디아 앙코르와트/톤레삽호수+프놈펜 5일(649,000원) 상품은 2006년 11~12월 출발 기준이다. 또한 히트상품으로 서유럽 6개국 11일(1,890,000원) 상품이 있고 3%의 할인혜택이 있는 특별찬스 몽블랑과 서유럽 3국(프/스/이) 8일(1,590,000원) 상품, 서유럽 4개국(몽블랑/나/폼/소) 9일(1,590,000원) 상품을 소개하였다. 2006년 11~12월 출발 기준이다(www.freedom.co.kr).

2005년 HIT상품

2005년 히트상품 가운데 주목할 만한 상품은 롯데관광의 '팁 · 옵션없는 북경 · 만리장성 4일 상품'이다. 이 상품은 추가경비가 없어서 고객들이 크게 환영한 상품이다. 2000년 이래 계속 판매를 해왔다. 2005년 11월까지 총 1만 6,000여 명이 이용하였다. 누계 매출액은 75억 원이다. 비자발급비, 팁, 옵션 등의 제반 경비가 상품가격에 포함되었다. 사천식 샤부샤부, 베이징 구운 오리 등 요리천국인 중국의 다양한 음식도 제공하였다. 최신식 버스 배차로 고객 만족도를 제고하였다.

자료 : 중앙일보 기사 참조

3. 금강산 상품

금강산 상품은 2008년 우리나라 관광객 피살사건을 계기로 남북관계가 경색되자 중단되었다. 누적 관광객 수는 관광 마지막 해인 2008년까지 10만 명 선으로 보고 있다. 북한은 우리나라의 금강산 관광 중단 이후 2011년 5월 법으로 금강산 관광특구를 설치하고 독자개발에 나서며 금강산 국제여행사를 출범시켜 외국인을 대상으로 금강산 사업을 하고 있다. 2019년 7월 하순부터 11월 말까지 금강산 관광이 시작된다고 대외 선전매체를 통해 만물상, 삼일포, 구룡연 등 관광상품을 소개하였다(연합뉴스).

롯데관광에서는 늦가을 여행으로 금강산 육로관광상품을 내놓았다. 2005년 10월 이후 출발 기준으로 호텔 조건에 따라 상품가격이 차이가 났는데 2박 3일 기준으로 해금강호텔(350,000~390,000원)부터 펜션(400,000~450,000원) 상품이 있다. 2박 2조식, 금강산 관광, 금강산 내 셔틀요금, 여행자보험 등이 포함되었다(www. lottetours.com).

2005 가을 평양관광단 모집상품

주최는 평화항공여행사이며 예약은 판매여행사들이 담당하였다.
롯데관광의 경우 1박 2일(1,100,000원)로 항공+호텔+식사+관광+공연관람료가 포함되었다. 항공기는 아시아나 특별기이다. 공연은 아리랑공연으로 북한이 매우 자랑하는 공연이었다. 관광일정은 인민문화 궁전, 평양 개선문 등을 방문하며 평양의 보통강호텔에서 투숙하는 상품으로(www.lottetours.com). 선착순으로 모집하였다.
동일 상품을 판매하는 자유여행사의 광고를 보면 인천공항을 출발, 평양 순안공항에 도착하며 옥류관 중식, 주체사상탑 관람, 만경대학생소년 궁전관람(계획중), 동명왕릉 등이 일정에 포함되었다.
투어몰에서는 12만 이산가족이 평양 문화유적을 답사할 수 있는 절호의 기회로 광고하며 비즈니스 클래스 20만 원 추가와 각 출발일별로 선착순 150명으로 출발 5일 전 마감을 공지하였다. 또한 평양 능라도 경기장에서 펼쳐지는 10만 명이 동원된 매머드 쇼 참관과 분단 55년 만에 이제야 만나는 평양관광 2일, 옥류관에서의 식사를 공지하였다.

4. 직장인을 위한 주말여행

온누리여행사에서는 싱가포르 올빼미 4일(299,000원) 상품을 판매하였다. 금요일 저녁 출발하여 월요일 새벽에 도착하는 상품이다. 그 밖에 홍콩 밤도깨비 3일(499,000원), 마닐라 번개여행 4일(349,000원)로 10월 이후 출발 조건이다(www.onnuritravel.com).

OK투어에서는 싱가포르 밤도깨비 4일(349,000원) 상품을 파격찬스로 판매하였다.

범한여행사에서는 북큐수+벳부 스기노이 3일(399,000) 상품을 내놓았다. 일본 무비자 연장 기념으로 금요일 오전 출발, 일요일 저녁 도착하는 단 1회의 특가형 주말여행 상품이다. 동양 최대의 온천호텔인 스키노이호텔에서 숙박, 웰빙 온천욕, 세계 최대의 칼데라 아소활화산, 국적기 이용 조건이다. 단, 벳부 1일 자유시간으로 선택관광이 있다. 호텔 내에서 온천을 이용하면서 자유시간을 보낼 수 있으나 식사는 개인적으로 끼당 3천 엔 정도로 해결해야 한다. 선택관광은 야생원숭이공원, 바다지옥(벳부온천지대), 활화산지대인 유황재배지, 히가시아노폭포를 관광하며 중 · 석식이 포함된다.

참좋은여행에서는 매주 토요일 반딧불 도쿄 자유여행 3일(369,000/479,000원)을 판매하였다. 왕복 항공권, 도쿄시내 호텔 2일 숙박, 조식을 포함한 조건이다. 매일 출발이 가능하다. 그리고 금요일 출발하여 월요일에 도착하는 싱가포르 올빼미투어 4일(329,000원) 상품은 케이블카와 수족관이 포함되었다(www.verygoodtour.com).

보물섬투어에서는 대한항공과 함께하는 상해 주말여행 특선(상해 완전 일주) 3일(299,000원) 파격특가 상품을 출시하였다. 각종 TAX포함, 노옵션, 동방명주, 예원, 외탄 야경, 발 마사지, 상해 서커스 포함 등의 특전이 있다.

투어몰에서는 상상이나 해봤어? 홍콩 간 기분－짐싸 자유여행 연인의 거리 홍콩 3/4일(369,000/449,000원) 상품을 내놓았다. 조식이 포함된 조건이다. 쇼킹 하와이 3/4일(329,000원) 그리고 매일 출발하는 싱가포르 愛 4/5(399,000원) 상품이 있다.

롯데관광에서는 주말족을 위한 도시대탐험 국내최저가 LT EXPRESS LIVE 주말여행을 내놓았다. 매주 금요일 저녁 출발하여 일요일 저녁에 도착하는 상품임을 공지하였다. 왕복항공권+호텔 2박, 따끈따끈한 Live 생생 정보책자 증정, 1억 원

여행자보험 포함, 100% 출발보장이다. 도쿄 3일(399,000원) 상품, 상해 3일(299,000원) 상품, 홍콩 4일(429,000원) 상품이 있다(www.lottetours.com).

KRT여행사에서는 일본 황금박쥐투어 도쿄 혼자라도 떠나자! 3일(369,000원) 상품을 출시하였다. 왕복항공, 비즈니스 호텔급 숙박 및 호텔조식이 포함되었다.

현대드림투어에서는 김포－하네다 구간의 도쿄 자유여행 3일(499,000원) 상품을 출시하였다. JL왕복항공권, 비즈니스 호텔 2박, 2조식이 포함사항이다.

최근에는 토요일 새벽 일본 도쿄에 갔다가 주말을 보내고 월요일 새벽에 귀국해 직장으로 출근하는 이른바 '주말 번개 여행족'을 위해 여행사들이 특별 항공편을 띄웠다. 환율 하락으로 해외여행 경비가 싸지자 30 · 40대 직장인들 사이에 '주말 번개 여행'붐이 일어났다. 2004년만 해도 100엔이 1100원 정도였지만 2007년 전반기에는 800원 수준이었다. 이에 따라 40만 원을 웃돌던 도쿄행 왕복 항공료가 30만 원대로 내려갔고, 3년 전만 해도 50~70만 원이던 주말 도쿄 상품이 최근엔 40만 원대가 주류를 이뤘다.

달러 대비 원화 환율도 2004년 1,100원대에서 2006년 하반기에서 2007년 전반기 900원대로 가파르게 떨어졌다. 중국 여행의 경우 10만 원대 상품이 나왔다. 1박 3일로 19만 9,000원에 상하이에 다녀오는 상품으로 제주도 여행보다도 싸게 해외에 다녀오게 되었다.

환율이 떨어지자 쇼핑을 주목적으로 하는 해외여행객도 많아졌다. 크리스마스와 연말이 있는 12월 중 대한항공을 통해 홍콩에 간 여행객은 2005년 3만 7,734명에서 2006년 4만 7,847명으로 1만 명 이상 늘었다. 홍콩이 12월에 '폭탄세일'에 들어가기 때문이다. 일본항공 티케팅 담당 관계자는 주말 도쿄행 고객의 10%는 짐을 부치지 않고 손가방 하나만 들고 나가며 쇼핑만 하다 오는 손님으로 간주한다.

주말 여행상품은 대개 '에어텔(비행기표와 숙박만 포함된 패키지)' 방식이라 현지 일정도 자유자재로 짤 수도 있다. 최근에는 월요일 혹은 금요일에 월차를 내서 여행기간을 하루 더 연장하는 '플러스 원' 상품이 등장했다. 여행사들은 3월 상품을 거의 다 팔았고 4월분 예약을 받고 있다. H여행사의 주말 상품고객의 경우 2005년 1만 4,198명에서 2006년 2만 9,447명으로 두 배 이상 늘었고, M여행사도 같은 기간 '도쿄 3일' 상품이용객이 319명에서 1,516명으로, 매출이 1억 9,248만 원에서 8억 8,778만 원으로 나타나 5배 안팎으로 폭증(조선일보, 2007.2.27., A9면)한 것으로 보도되었다.

5. 가격할인 상품

가격할인 상품이란 가격파괴 상품이라 할 수 있다. 각 여행사의 가격할인 상품들을 살펴보면 다음과 같다. 온누리여행사에서는 HOT SALE상품으로 푸켓/팡아만/산호섬+코끼리 트레킹 4/5일 상품을 299,000원에 판매하고 있다. 특급호텔, 코끼리 트레킹(30달러), 왕궁, 농눅빌리지, 미니시암, 산호섬, 가이드기사 팁 포함 조건이다. 2005년 10월 출발 조건이다.(www.onnuritravel.com).

노랑풍선에서는 전세기 특선 파격특가로 일본의 단풍특선으로 도야마/알펜루트 3일(599,000원) 상품과 남국의 절정 오키나와 4일(599,000원)으로 판매하고 있다. 2005년 10월 단 1회 출발 조건이다. 초특가 상품으로 시드니/포트스테판/울룽공 6일(999,000원) 상품, 상해/서커스/항주/서호유람/소주 4일(259,000원) 상품이 있다. 국내 제주일주(야간투어)+우도 팔경 3일(99,000원) 상품도 출시하였다. 세부 4일/5일/6일 초특가 상품(199,000/299,000원)을 출시하였다. 2006년 6월 출발 기준이다(www.ybtour.co.kr).

하나투어여행사에서는 페낭 자유여행 5/6일(299,000원부터)으로 판매하였다. 초특가의 알뜰한 여행상품으로 2005년 10월 출발 기준이다.

범한여행사에서는 2005년 10월 단 3회의 파격특가상품을 내놓았다. 노팁/선셋디너크루즈/전통마사지 체험조건인 발리 특급 오아시스 5/6일(499,000원)이다. 599,000원 이상 상품에는 스팀봇+몽골리안 BBQ, 스테이크가 추가되며 퀵실버 크루즈, 래프팅, 해양스포츠 PACK 중에서 1가지 택일하는 특선상품이다. 발리 힐튼 디럭스5/6일(699,000원), 니꼬 발리 오션뷰 5/6일(749,000원)로 발리 직영사무소를 운영하고 있음을 공지하였다.

참좋은여행에서는 파격 황산 직항, 비취계곡 3일(449,000원) 상품을 시판하였다.

보물섬투어에서는 초특가 호주/뉴질랜드 남북섬+밀포드사운드, 울릉공 10일(1,090,000원) 상품과 호주/뉴질랜드 남북섬 정통일주+포트스테판 10일(1,190,000원) 상품을 시판하였다. 특전은 대한항공 직항, 마일리지 적립, 시드니수족관, 야생동물원, 블루마운틴, 선상크루즈, 궤도열차, 포트스테판(모래사막 썰매), 야그로돔농장, 아오리민속쇼, 폴리네시안 온천욕, 밀포드사운드, 겨울호수, 호머터널, 빙하크루즈, 레드우드산림욕, 파라다이스밸리, 송어양식장이다. 관광+휴양지로 떠나는 인기절정 방콕/파타야+코끼리 트레킹+사파리투어 5일(295,000/399,000원) 상품과 푸켓 직항+허브사우나+산호섬+코끼리 트레킹 4일/5일(249,000/299,000원) 상품은 팜비치 리조트 특급호텔을 이용한다. 초특가 상품으로 캐나다항공 완전 일주 8일(1,590,000원) 상품은 2005년 11월 단 4회 출발한다.

여행매니아에서는 필리핀/팍상한/따가이따이+야경디스커버리 4일(329,000/349,000원) 상품, 마닐라/팍상한/호핑투어+오일마사지 5일(479,000/499,000원) 상품을 초특가로 내놓았다.

필리핀 상품의 특전은 다음과 같다. 경유하지 않는 안전한 국적기 탑승과 마일리지 입력, 엄선된 특급호텔 이용, 보라카이-호핑투어($80)와 오일마사지 포함, 마닐라-팍상한폭포와 따가이따이 그리고 특식 1회 포함, 현지공항세 및 인천공항세 등 각종 TAX 포함, 4명이상시 추가요금 없이 출발 가능(일부상품 제외), 고객이 원하는 일정으로 맞춰줌, 필리핀 역사를 한눈에 볼 수 있는 시내관광이 포함되었다(www.tourmania21.com).

한진관광에서는 유럽특가상품으로 까를로비바리/체스키크롬로프 동유럽 3국 7일(1,690,000원) 상품, 임페리얼 알프스 티롤과 로맨틱가도 4국 10일(2,390,000원) 상품, 이탈리아 일주와 알프스 8일(2,290,000원) 상품, (KLM) 포르투갈, 스페인, 바르셀로나 일주 11일(2,590,000원) 상품을 내놓았다.

KRT(김&류 투어)에서는 서유럽 특가 융프라우+유럽 6개국 12일(1,890,000/2,090,000원) 상품을 내놓았다. 대한항공 마일리지 적립, 알프스 최고봉 몽블랑 조망, 센강 유람 & 에펠탑, 베니스 곤돌라 / 베르사유 궁전, 특식으로 에스까르고, 퐁뒤가 제공된다. 일본 완전초특가 Best of Best 시리즈 상품에는 나가사키/하우스텐보스/운젠 3일(399,000원) 상품, 벳푸/아소/구마모토/기타규슈 3일(399,000원) 상품, 오사카/나라/교토/고베/아리마 3일(399,000원) 상품, 오사카/나라/교토/벳푸/기타규슈 4일(549,000원) 상품이 있다.

포커스투어에서는 시드니/포트스테판/울릉공 6일(1,049,000/1,099,000원) 상품을 타사 비교 필수, 국적기 이용, 노옵션/노택스/유류할증료 포함으로 공지하였다.

코오롱세계일주에서는 초특가 알뜰 도쿄/닛코+후쿠시마 온천 4일(499,C00원) 상품을 내놓았다. 2006년 4~5월 출발 기준이다(www.hikolon.com).

디디투어에서는 중국 북경/만리장성+용경협 4일(179,000원/249,000원) 상품, 상해/소주/항주+송성가무쇼 4일(239,000원/동반자는 168,000원) 상품을 추천하였다. 출발은 2006년 4~5월이다. 북경/만리장성 상품은 4성급호텔을 사용하며 상해/소주/항주 상품은 발마사지와 외탄야경이 포함되었다. 유네스코 지정 세계자연유산 황산 직항상품으로 황산/화산미굴/배운정/비래석 3일(199,000원) 상품, 황산/화산미굴/비취계곡 4일(299,000원) 상품, 황산/트레킹+일출감상 발마사지 4일(349,000원) 상품은 2006년 4~5월 출발이다. 일출감상(산위숙박) 시 50,000원이 추가되며 황산/트레킹 상품은 산악동호회 및 단체 5%할인된다. 일본 신 관서기행 오사카/나라/교토/벳푸/구마모토 4일(499,000원) 상품은 폭탄특가로 특급호텔숙박, 업계 최저가임을 공지하였다. 출발은 2006년 4월 한정판매이다. 장가계/원가계/무릉도원+황석채 4일/5일(349,000원) 상품, 캄보디아/앙코르와트/톤레삽호수+마카오 6일(147,000원) 상품, 싱가포르/말레이시아/마카오+주해온천욕 5일(299,000원) 상품, 대만/야류/화련+양명산 온천 4일(299,000원) 상품, 하노이/하롱베이/닌빈+시클로 5일(299,000/329,000원) 상품, 환상의 휴양지 세부직항 4일/5일/6일(299,000원) 상품, 마닐라/팍상한/따가이 따이+클락/수빅 5일(299,000원) 상품, 시드니/포트스테판/울릉공+홍콩 스페셜 7일(699,000원) 상품, 호주/뉴질랜드 남북섬 완전 일주 10일(999,000원) 상품이 있다. 출발은 2006년 4~5월 출발 기준이다(www.ddtour.com).

세중해피투어에서는 초특가 미서부 7일(1,190,000원) 상품을 출시하였다. 샌프란시스코 연장이 가능하고 2006년 5~6월 출발 기준이다. 샌프란-프레즈노-라스베이거스-라플린-로스엔젤레스-샌프란시스코 일정이다. 초특가 파격특선으로 싱가포르/말레이시아/인도네시아 5일(399,000원) 상품은 2006년 5~6월 출발 기준이며 전 일정 식사, 주롱새공원, 보타닉가든, 센토사섬(케이블카, 수족관) 포함이며 각종 Tax, 유류세가 포함된다. 파격 장사/장가계/원가계+도화원 5일(299,000원) 상품은 2006년 5월 출발 기준이며 장사직항, 도화원풍경구 관광, 천자산(케이블카 포함), 백룡엘리베이터모노레일 왕복, 보봉호 유람, 발마사지 체험이 포함된다(www.happytour.co.kr).

투어2000에서는 창사 8주년 기념으로 중국 888복 행운잔치 상품을 출시하였다. 선착순 8명에게 8%DC, 8분 이상 예약 시 중국비자 무료, 추첨을 통해 매주 88명께 경품을 제공한다. 북경/만리장성/천용원온천 4일(199,000원)로 만리장성케이블카, 명13릉, 부국해저, 천안문광장, 자금성, 이화원, 발마사지, 천단공원, 3대 기예쇼, 왕부정거리, 인력거투어, 북한식이 포함이다. 또한 상해/항주/소주/동방명주 4일(199,000원) 상품은 서커스, 외탄, 동방명주, 남경로, 임시정부청사, 홍구공원, 태가촌, 동파육, 거지닭, 유원, 한산사, 호구탑, 발마사지, 서호유람, 영은사 포함 조건이다(www.tour2000.co.kr).

6. 동반자 할인 상품

인터파크여행사에서는 동반자 50% 할인상품을 내놓았다. 2006년 4~5월 출발 기준이다. 정상가는 59만 9천 원이며 동반자 할인가는 29만 9천 원이다. 해당 상품은 북경/상해/항주/소주 6일 상품, 황산일주/항주/상해 5일 상품, 제남/곡부/태산/추성 4일 상품이 있다(www.interpark.com).

하나투어에서는 일본 동반자 50%할인 파격특가 퍼레이드를 공지하였다. 동반 1인 50% 할인조건이다. 규슈 온천여행 4일(749,000원) 상품, 도쿄/하코네/닛코 4일(999,000원) 상품, 신일본일주 5일(1,199,000원) 상품, 하코다테/아오모리 4일(899,000원) 상품, 아키타 온천일주 3일(699,000원) 상품, 마츠야마 온천일주 4일(699,000원) 상품이 해당된다. 출발은 2006년 6~7월 조건이다(하나투어리스트 1577~1212).

범한여행 레드캡투어에서는 범한여행 공식CI 변경기념 특별할인행사로 동반자 할인상품을 내놓았다. 동반자 1인 15% 할인으로는 방콕+파타야 아로마스파+잠수함투어 5일(999,000원) 상품, 동빈탄/싱가포르/말레이시아+호핑투어 5일(849,000원) 상품 등이 있다. 동반 1인 50%할인으로는 북경/만리장성/천용원 온천 테마파크 4일(174,400/349,000원) 상품 등이다. 이 상품은 노마진 이벤트로 각종 TAX포함 조건이다. 출발 기준은 2006년 12월~2007년 1월이다(www.redcaptour.com).

코오롱세계일주에서는 동반자 1인 50% 할인 일본상품을 공지하였다. 전세기 특선상품이다. 오사카/나라/교토+고베 3일(299,000/599,000원) 상품, 나고야 기후+게로명탕 3일(399,000/799,000원) 상품이다. 각각 2007년 1월 2일 단 1회만 출발한다(www.hikolon.com).

7. 항공권 상품

1) 할인항공권 상품

온라인투어에서는 국내최저가 할인항공권을 전국 무료배송하고 있다. 인터넷 예약 시에는 사은품까지 제공한다. 인터넷을 통해 항공권 구입 시 타 여행사에서 동일조건의 항공권을 온라인투어보다 더 저렴한 요금으로 판매할 경우 해당 요금 보상 및 사은품을 제공한다고 공지하였다. 대표적인 지역과 가격(2005년 가을 기준)을 살펴보면 다음과 같다. 시드니 57만 원, 괌 39만 원(남태평양 지역) / 파리 59만 원, 모스크바 61만 원, 런던 59만 원, 요하네스버그 65만 원(유럽/기타 지역) / 샌프란시스코 54만 원, 뉴욕 71만 원, LA 59만 원, 밴쿠버 50만 원(미주 지역) / 대만 20만 원, 방콕 19만 원, 홍콩 22만 원, 싱가포르 28만 원(아시아 지역) / 상해 17만 원, 북경 29만 원, 심양 28만 원, 청도 21만 원(중국 지역) / 도쿄(하네다) 32만 원, 도쿄(나리타) 31만 원, 오사카 21만 원, 후쿠오카 19만 원(일본)으로 항공권의 가격경쟁력을 강조하였다(www.onlinetour.co.kr).

씨에프랑스에서는 동남아 할인항공권으로 방콕 29만 원, 하노이 34만 원, 싱가포르 34만 원, 마닐라 34만 원부터 판매하고 중국 할인항공권으로 북경 24만 원, 상해 20만 원부터 판매한다(2006년 봄 기준). 조건은 그룹 할인항공권이며 중국은 10인 이상 시 비자가 무료이다(www.ciefrance.com).

코스닥 상장기업인 인터파크여행사에서는 할인항공권을 광고하였다. 하네다

33만 원, 방콕 28만 5천 원, 북경 20만 원, 심천 27만 3천 원, 런던 61만 7천 원, 파리 47만 5천 원, LA 52만 2천 원, 뉴욕 66만 원, 호주 47만 5천 원으로 2006년 4월 기준 요금이다(www.interpark.com).

노스웨스트항공(Northwest Airlines)에서는 미국, 일본행 요금을 할인하는 광고를 일간지에 게재하였다. 전자항공권, 이-티켓 초특가 할인요금으로 2005년 11월 10일까지 구입하고 여행은 2005년 10월 14일부터 2005년 12월 9일 사이에 출발하여야 한다. 귀국여행은 출발일로부터 90일 이내에 마쳐야 하는 조건이다. 항공권을 이-티켓으로 구매하고 할인혜택을 받게 된다. 인터넷 체크인을 이용하면 미리 선호좌석으로 탑승서류도 출력할 수 있다. 이코노미 클래스(연료 할증료, 보안세, 기타 수수료 및 세금은 불포함) 기준으로 서울, 부산 출발 왕복여행으로 도쿄(31만 원), 로스엔젤레스, 샌프란시스코, 시애틀, 포틀랜드(69만 원), 뉴욕, 시카고, 밴쿠버, 토론토(80만 원), 애틀랜타, 보스턴, 달라스, 디트로이트, 미네아폴리스, 멤피스, 워싱턴, 올랜도 및 기타 미국도시(89만 원)이다(nwa.com/kr).

오아시스홍콩은 55세 이상 고객에 대해 특가 운임을 적용하는 '55+'프로모션을 진행하였다. 2007년 2월 1일까지 예약 시 편도운임 기준으로 홍콩-런던 이코노미 클래스는 8만 8,000원, 비즈니스 클래스는 48만 원이다. 여행기간은 1월 25일~2월 28일, 4월 15일~5월 31일까지다. 그리고 오아시스홍콩에서는 시즌에 상관없이 2007년 3월부터 적용되는 인천-홍콩-런던 구간요금을 판매하고 있다. 인천-마카오 구간을 마카오항공으로 이용 시 최저 49만 5,000원부터 판매되며 대한항공 혹은 에어인디아로 인천-홍콩 구간을 이용 시 최저 51만 원부터 판매된다(세계여행신문, 2007.1.29., 40면; 2007.3.12., 48면).

저가항공사의 할인요금은 비용의 최소화로 가능하다. 한 가지 기종의 항공기를 운항한다. 유지와 수선비용을 최소화할 수 있기 때문이다. 그리고 인터넷과 전화예약을 통해 항공권을 판매하므로 여행사에 지불하는 수수료를 줄이게 된다. 공항 라운지, 마일리지 서비스 제공도 없고 기내에서 물과 음료 서비스도 지불해야 서비스가 가능하다. 물론 수화물의 초과도 오버차지를 지불해야 한다. 이러한 제반 조건으로 인해 저가항공사의 운임이 책정되고 수익성을 추구하게 되는 것이다. 성공한 항공사의 경우 수십대를 보유한 항공사로 발전하여 단구간 노선에서 타 대륙으로 운항하는 중장거리 노선으로 규모를 확대해 나가고 있다. 최근에는 지역별로 저가항공사의 활동이 강화되고 있다. 아시아 · 태평양 지역에는 저가항공사가 38개이다. 그중 가장 대표적인 항공사가 말레이시아 국적의 에어아시아이다. 2대의 항공기로 시작하여 현재 50여 대의 항공기를 보유하고 있다.

2018년 기준 에어아시아는 약 200대의 항공기를 보유하고 있으며 에어아시아 말레이시아에만 17,000여 명의 직원이 근무한다는 점에서 저비용항공사지만 가히 규모를 판단할 수 있다. 2021년 기준으로 전 세계 120여 개 도시를 취항한다(www.airasia.com). 비행기 보유대수는 25대, 주문대수 56대이다. 본사 말레이시아와 필리핀, 일본, 인도네시아, 인도, 태국 6개국에 근거를 두고 있다. 실제로 아시아권에서 이 항공사를 이용했을 때 저비용항공사지만 친절성, 정시성 등 고객만족도에서 좋은 평가를 내렸던 기억이 있는 항공사이다. 철저히 고객의 필요한 아이템을 판매하는 저가 항공사로 평가할 수 있겠다.

아시아 · 태평양 지역 저가항공사는 38개로 대표항공사는 에어아시아로 국적은 말레이시아이다. 그리고 버진 블루는 호주 국적으로 호주 국내선을 운행하며 보유대수 47대이다. 에어아시아, 버진 블루 외에도 JetStar(호주), Air Deccan(인도), Adam Air(인도네시아), Skymark Airlines(일본), Cebu Pacific(필리핀), Tiger Airways(싱가포르), SpiceJet(인도), Air India Express(인도), Nok Air(태국), Air Arabid(UAE), One-Two-Go(태국), Freedom Air(호주), Indigo(인도), Go Air(인도), Oasis Hong Kong(홍콩), Spring Airlines(중국), Viva Macau(마카오), East Star(중국)가 있다(세계여행신문, 2007.4.2., 2면). 38개 항공사의 2005년 마켓셰어는 6.80%이다.

유럽의 경우는 83개 항공사가 2005년 유럽의 22.30%의 마켓셰어를 나타냈다. 유럽 최대 저가항공으로 평가되는 아일랜드의 라이언에어가 대표적이다. 유럽이 주요 운항지역으로 취항지수는 161개 도시이며 보유 항공기 수는 445대이다. 본사 허브공항은 더블진 국제공항이다(나무위키, 2021.8.6.).

미국은 12개 항공사 중 사우스웨스트가 대표적이다. 447대 항공기 보유, 64대 주문대수이다. 주로 미국 국내선을 운항한다. 12개사가 2005년 31.69% 마켓셰어를 차지하였다. 사우스웨스트항공은 저비용항공사의 원조로 평가받고 있다. 2017년 기준 44년 연속 흑자의 비결이 펀(Fun)경영으로 평가되고 있다. 고객불만이 적은 항공사, 정시성이 우수한 항공사로 인정받고 있다(InterBiz; 2017.11.23).

포커스투어에서는 에어텔상품을 내놓았다. 항공과 호텔을 묶은 상품이다. 유럽 자유여행(1,440,000원), 싱가포르 자유여행(399,000원), 홍콩 자유여행(508,000원), 도쿄 자유여행(499,000원), 오사카 자유여행(449,000원), 괌/사이판 자유여행(439,000원), 호주 자유여행(1,090,000원), 뉴질랜드 자유여행(1,050,000원)이 있다.

(주)에스피 뚜르 네트워크에서는 Aeroflot 러시아항공(SU) 블록 판매전문회사로 매 편당 114석을 단체좌석 특가판매를 하였다. 2007년 2~3월 기준으로 SU 유럽노선 단체요금 65만 원이다. 여행사를 대상으로 한 대리점판매로 별도의 7%의 수수료를 지급하였다. 확정좌석 114석은 비즈니스석 22석 외에 그룹추가 가능 좌석 35석, KE 코드셰어 30석, 개인 및 승무원좌석 34석이다. 일정 및 기간 변경과 좌석 추가 그리고 소형그룹(GV6) 가능함을 공지하였다(www.skypack.co.kr).

저가항공사의 경쟁 동향

미주와 유럽에 이어서 아시아 지역에서도 저가항공사의 경쟁이 날로 치열해지고 있다. 기존의 세계적인 항공사들의 시장에 저가 항공요금으로 진출하여 나름대로 경쟁력 있게 시장을 장악해 나가고 있다. 국내에서도 티웨이항공, 제주항공 등 저가항공사가 출현하여 꾸준하게 시장점유율을 높여가고 있는 상황이다.

저가항공은 1970년대 미국의 Southwest와 Jet Blue 그리고 유럽에서도 영국의 버진 애틀랜틱항공과 라이언 에어 등이 시초라고 할 수 있다. 저가항공사는 예약부 직원을 최소화하여 인건비를 절감하며 주로 인터넷 예약을 통해 예약접수를 하게 된다. 보딩패스가 없는 경우도 많다. 기내식과 물을 포함한 음료도 유료서비스이다. 싱가포르항공을 예로 들면 방콕과 싱가포르 구간의 항공요금이 15만 원이라면 저가항공인 타이거항공(Tiger airway.com)의 경우 1만 원 정도이다. 때로는 깜짝 세일에는 몇 천 원대에도 좌석을 공급하고 있다. 저가항공사인 Cebu Pacific의 경우는 이벤트도 실시하는바, 승무원들이 노래하고 춤추며 퀴즈로 손님들에게 즐거움을 전달하기도 한다.

아시아에서는 말레이시아의 에어아시아가 쿠알라룸푸르에서 영국의 런던 구간에 미화 80달러의 요금으로 출시하여 일반적인 상식을 깬 파격적인 요금을 제시하였다. 오아시스 홍콩항공은 홍콩과 런던 구간에 미화 300달러 미만의 왕복요금으로 판매한바, 홍콩의 캐세이퍼시픽항공의 3분의 2 수준의 요금이었다.

저가항공사는 전술한 바와 같이 최대한의 비용절감을 위한 서비스를 제한하며 좌석도 같은 등급으로 운영하며 좌석의 공간도 비좁을 정도로 최소한의 서비스를 실현하고 있다. 또한 일각에서는 저가항공사의 안전성에 대한 문제를 제기하였다. 저가항공사는 마케팅 전략에 있어서 틈새시장, 즉 니치전략에 해당하는 영역으로 사료되며 향후에도 항공시장의 큰 영역을 차지할 중요한 시장이 될 것으로 전망된다.
2006년의 경우 주요 패키지여행사 외에 항공권 판매실적이 좋은 여행사는 온라인투어, 비아이항공, 투어익스프레스, 맥여행사, 인터파크투어, 행복한여행 등이며 에어디티켓(www.aireticket.co.kr), 유투어(www.airticket-sale.com) 등이 대표적인 항공권 가격비교 사이트로 알려져 있다. 한편 미국의 초저가 Skybus사에서는 여행가방, 우선탑승, 기내베개, 담요, 식수 등에 대해서도 추가 요금을 부과하고 음식이나 음료를 기내로 반입하지 못하는 것으로 알려졌다. 기내탑승을 먼저 하는 사람에게도 추가요금 부과, 출발시간 10분 전까지 게이트에 대기하지 않으면 예약취소와 환불이 불허되는 것으로 알려져 있다.

2021년 6월 말 기준으로 국내 저가항공은 제주항공, 티웨이항공, 에어부산, 진에어, 에어서울, 이스타항공, 플라이강원, 에어로케이, 에어프레미아 포함 총 9개 저비용항공사가 있다. 대한항공과 아시아나의 기업합병으로 산하 저가항공사인 진에어와 에어부산, 에어서울의 통합이 추진될 전망이다. 국토교통부 자료에 의하면 제주항공은 2021년 6월 말 기준 41대의 항공기 보유, 티웨이항공이 27대 보유, 에어부산이 25대 보유, 진에어가 23대 보유, 에어서울은 6대, 이스타항공은 4대, 이하 각 1대로 나타났다.

〈표 5-1〉 아시아 국가별 저가항공사 현황

국가	저가항공사 현황	대표항공사	대형항공사
한국	9	제주항공, 티웨이항공 등	대한항공, 아시아나항공
일본	4	Airdo, 스카이마크, Jal 익스프레스	일본항공, 전일본공수항공
중국/홍콩	2	스프링, 오아시스홍콩	중국국제항공, 캐세이패시픽
태국	3	One-Two-Go	타이항공
인도	4	고 에어	에어인디아
싱가포르	2	타이거, 젯스타아시아	싱가포르항공
호주	2	버진블루, 젯스타	콴타스호주항공

자료: CAPA, 미래에셋증권 리서치센터; 세계여행신문, 2007.4.2.,2면; 국토교통부, 2021.6.

2) 국내선 할인항공권

제주항공에서는 서울-제주 하루 28회 원하는 시간마다 이륙한다는 광고와 함께 양양, 부산노선 증편을 공지하고 있다. 서울-제주 28회, 서울-부산 6회, 서울-양양 4회, 부산-제주 8회 운항을 공지하고 있다. 제주항공은 애경그룹과 제주도가 합작 설립한 제3의 정기항공사이다. 제주항공은 기존의 대한항공과 아시아나항공의 국내선 요금에 비교해 파격적인 할인금액으로 고객을 유치하였다. 2007년 1월 기준 국내 기존 항공사의 편도 기본운임이 84,400원, 성수기 92,900원인 상황에서 공항이용료 편도 4,000원을 제외하고 주중 51,400원, 주말 59,100원, 성수기 65,000원으로 책정되었다. 물론 서비스 범위, 제한조건, 운항기종 등 여러 가지 조건의 차이가 있는 상황을 감안해야 한다. 한편, 우리나라의 최초 지역 민영 항공사임을 내세우는 한성항공은 공항세 4,000원을 별도로 하여 청주 및 김포-제주 구간을 주중 59,000원, 주말 69,000원, 성수기 69,900원에 판매하였다. 탄력요금제도를 시행하여 시간이나 요일에 따라 최고 70%의 할인을 적용하였다. 할인된 가격은 19,900원에서 64,900원까지 적용된다. 특히 2007년 1월 9일부터 1월 31일까지 김포-제주 간 운항하는 모든 항공편에 특별요금을 적용하여 최저가 19,900원에 초특가 이벤트를 실시하였다. 외국의 사례처럼 저가항공사의 전형을 보게 된다. 왕복 항공요금이 4만 원대가 되는 것이다(참조: www.jejuair.net ; www.gohansung.com).

2021년 6월 하순, 제주항공은 국내선 특가이벤트로 편도총액 8,200원 상품을 내놓았다. 또한 국내선 왕복 항공운임 4만 원 이하 구입 시 이벤트 쿠폰 2천 원이 적용되며, 8만 원 이하 구매 시에는 4천 원이 적용된다. 앱 다운로드 할인쿠폰은 국내선 왕복 4만 원 이하 구매 시 3천 원, 8만 원 이하 구매 시 5천 원이 적용되며 극성수기에도 이 쿠폰을 사용할 수 있다. 이처럼 저가항공사는 이벤트를 종종 진행하는데 이벤트에 선정되면 위와 같이 파격적인 혜택을 받게 된다.

에어부산의 김포-제주노선은 2021년 7월 1일 발권 기준으로 주중(월~목) 일반시간대는 76,300원, 선호시간대는 79,300원으로 유류할증료, 공항이용료를 포함한 편도총액이다. 참고로 대한항공은 김포-제주 주중 일반석이 93,300원(선호시간대), 89,300원(일반시간대)이다. 공항이용료, 유류할증료가 포함된 편도 정상운임 기준의 총액운임이다. 참고로 유류할증료는 편도 3,000원, 공항이용료는 편도 4,000원이다.

두 개의 항공사를 비교할 때 저비용항공사의 가격이 저렴한 것을 알 수 있다. 그러나 예전에 비해서는 최근 저비용항공사의 항공료가 많이 올랐다는 지적도 나오고 있다.

제5민항 시대 열린다

한성항공, 제주에어에 이어… 영남에어 2008년 2월 출범

참고로 부산을 중심으로 한 제5민항인 영남에어가 2007년 상반기 중으로 부정기항공 면허를 취득한 후 2008년 2월부터 정식취항키로 한 것으로 전해지고 있다. 영남에어가 부정기 면허를 취득할 경우 대한항공, 아시아나항공, 한성항공, 제주에어에 이어 제5민항이 탄생하게 되는 것이다.

이에 따라 지난 1969년 대한항공이 국영 대한항공공사에서 민영 (주)대한항공으로 공식 출범한 이래 근 40년 만에 제5민항시대가 열리게 될 것으로 기대된다.

2000년대 들어 민항의 출범이 가속화돼 지난 2003년 한성항공이 충청권을 기반으로, 2006년 제주에어가 제주도를 기반으로 각각 국내선 운항을 개시했다.

영남에어는 2007년 부정기항공 면허 취득에 필요한 자본금 50억 원을 이미 확보한 것으로 알려져 있으며, 부산을 중심으로 한 국내선을 기반으로 국제선 운항에도 박차를 가할 계획이다.

2021년 현재 제주에어는 국내노선에 저비용항공사의 강자로 부상하였고 특히 김포-제주 노선에서는 점유율 1위를 차지하고 있다. 영남에어, 한성항공은 사라졌다. 시간이 흐르며 시장에서 새롭게 진입하는 항공사와 퇴출하는 항공사의 변화는 늘 계속되고 있다.

출처: 세계여행신문, 2007.1.22, 37면.

다음은 국내의 할인항공권 정보를 소개한 자료이다. 2007년 2월 21일 기준이며 단위는 만 원 기준이다. 참고자료로 보면 될 것이다.

〈표 5-2〉 할인항공권 정보

국가	지역	항공사	기간	가격	유효기간
일본	도쿄	JL	2/18-3/31	35〈ET〉	14D
	하네다	JL	2/13-3/31	34〈ET〉	14D
	오사카	JL	2/18-3/24	33〈ET〉	3M
	후쿠오카	JL	2/18-3/24	35	1Y
	나고야	JL	2/18-3/31	29〈ET〉	3M
중국	베이징	KE	3/2-3/31	36	7D
	선양	KE	3/2-3/31	24	7D
	텐진	OZ	3/2-3/31	31	7D
	상하이	KE	2/27,28,3/2-7	18	7D
	장춘	OZ	3/2-3/31	28	7D
	칭다오	OZ	3/2-3/31	16	7D
동남아	타이완	TG	3/1-3/31	20	1M
	홍콩	OZ	3/1-3/31	39	15D
	방콕	TG	3/2-3/31	42	1M
	싱가포르	KE	3/2-3/11	50	15D
	마닐라	PR	3/2-3/31	38(4인이상)	15D
	세부	CX	3/1-3/31	44	15D
	발리	GA	3/1-3/24	54	14D
	푸켓	CI	3/3-3/31	42	1M
	호치민	VN	3/10-3/31	47	15D
	하노이	VN	3/10-3/31	47	15D
미주	로스엔젤레스	AA	2/12-6/30	86	5/3M
		NW	2/19-4/15	59	4/60D
	샌프란시스코	NW	2/19-4/15	59	4/60D
		JL	2/12-3/31	75	45D
	뉴욕	NW	2/19-4/15	79	4/60D
		JL	2/12-3/31	79	45D
	하와이	KE	2/12-6/15	70	2/1M
		NW	2/19-4/15	49	4/60M
	밴쿠버	SQ	3/1-3/31	75	3/1M
		JL	2/12-3/31	73	45D
	토론토	AC	3/1-3/31	122	1M
대양주	시드니	VN	2/18-2/28	70	6M
		JL	2/12-3/31	65	3M
	브리즈번	CX	2/18-3/31	82〈ET〉	3M
	멜버른	VN	2/18-2/28	70	6M
	오클랜드	TG	2/12-2/28	95	3M
	사이판	OZ	2/18-3/2	46/50	15D
유럽	프랑크푸르트	VN	3/2-3/31	60	3M
	런던	MH	3/1-4/30	65	3M
	파리	LH	2/20-3/31	75	SUN/1M

* 관심집중* 토파스 여행사 광장(www.topasweb.com)에 오케이투어 할인요금정보와 다양한 여행상품 등이 수록됨

자료: 오케이투어; 02-3705-2232

3) 항공사의 항공권상품

유니팩항공(주)은 UNITED Discovery Packages 상품을 내놓았다. '저렴한 항공료에 호텔 1박이 무료! 미국여행은 유나이티드 항공이 함께합니다'라고 공지하였다. 2005년 11월~12월 10일 출발 기준이다. 조건은 모든 패턴 공항 항공권+호텔 1박(2nd class) 포함이다. 먼저 주요도시 항공권 파격세일(Economy class)은 시애틀, 샌프란시스코 그리고 로스엔젤레스가 690,000원부터이며 덴버 980,000원부터이다. 시카고, 달라스, 보스톤, 뉴욕, 워싱턴, 애틀랜타, 올랜도는 1,020,000원부터이다. UA취항 전 도시 Economy class의 항공권은 서부지역은 970,000원부터, 중부지역은 1,100,000원부터, 동부지역은 1,232,000원부터이다. 마지막으로 UA취항 전 도시 Business class의 항공권을 보면 서부지역이 2,750,000원부터, 중부지역이 3,250,000원부터, 동부지역이 3,800,000원부터이다. 비즈니스 클래스 항공권은 호텔이 1st class이다. 이상의 전 지역 항공요금에는 Tax는 불포함이다(조선일보 2005.11.2 유니팩항공광고).

〈표 5-3〉 에미레이트항공 어린이 패키지 출시

'꼬마 손님을 잡자' EK, 어린이 위한 패키지 내놓는 등 서비스 차별화
에미레이트항공이 어린이 승객들을 위해 다양한 기내 엔터테인먼트 시스템과 기내 장난감 선물 패키지를 제공한다. 12세 이하 어린이 탑승객에게는 쿼크 인형, 동화책, 수면용 눈가리개 등을 포함한 배낭과 쿨백을 증정한다. 쿼크 인형은 총 다섯 종류로 대표적인 도시의 상징을 나타내고 있으며 사자 '살람'(아프리카), 독수리 '요키'(미국), 코알라 '시드니'(호주), 토끼 '파리'(유럽), 코끼리 '델리'(아시아) 등이다. 또한 어린이 승객들은 좌석에 부착된 개인용 스크린을 통해서 만화영화, 코미디, 영화, 음악, 50개의 게임 등을 즐길 수 있는 TV와 스카이 서퍼채널을 볼 수 있다. 이 외에도 보라 · 초록 · 노랑 등 자신이 가장 좋아하는 색을 선택해 음식 용기 · 과자 · 헤드셋 · 가방 등 기내서비스에서 자신만의 색깔을 만날 수 있으며, 유아 동반 탑승객을 위해서 유아식 · 기저귀 · 젖병 · 턱받이 등 다양한 제품이 구비돼 있어 편리하게 이용할 수 있다. 중동의 대표항공사인 에미레이트항공은 친절하고 성실한 한국인 승무원들이 많이 일하고 있다. 아랍에미리트 내 토후국 일원인 두바이의 국부펀드가 소유한 항공사로 중동 제1의 항공사이다. 최신 항공기종과 최고의 서비스를 펼쳐서 좋은 평가를 받고 있다. 2021년 7월 기준 등급 마일리지 두 배 적립, 여러 위험에 대비하는 여행자보험 등 혜택을 준다.

출처: 세계여행신문, 2007.1.29., 33면; www.emirates.com; 나무위키

4) 에어텔상품

포커스투어에서는 '항공과 호텔을 한번에!'라고 광고하면서 2005년 11월 적용 요금을 공지하였다. 유럽 자유여행(1,270,000원) 상품, 싱가포르 여행(399,000원) 상품, 홍콩 자유여행(515,000원) 상품, 도쿄 자유여행(549,000원) 상품, 오사카 자유여행(499,000원) 상품, 상해 자유여행(379,000원) 상품, 북경 자유여행(499,000원) 상품이 있다(www.focustour. co.kr). 에어텔 상품은 개별여행객과 상용고객에게 선호되어 2010년대 이후에도 꾸준히 있기 있는 상품으로 대부분의 여행사들이 주력하는 상품이기도 하다.

5) 직항특별전세기 상품

한진관광에서는 중국 최고의 명산 황산 직항 특별 전세기 상품을 출시하였다. 대한항공 상품으로 양국 정부승인 조건상품이다. 황산/비취계곡 3일(499,000원) 상품과 황산/항주/상해 5일(649,000원) 상품이 있다.

한진관광에서는 양국 정부 승인조건으로 대한항공 직항 전세기 운항 캄차카 상품을 출시하였다. 태고의 신비 그대로, 지구상의 마지막 남은 자연의 보고 캄차카라는 광고를 냈다. 인천공항에서 캄차카까지는 4시간 30분 소요된다. 아바차만 해상관광, 비스트라야강 래프팅, 고렐리화산 등반 및 분화구 분화호 탐사, 천연 노천온천 등이 일정에 포함된다. 대자연 체험 캄차카 4일(1,690,000/1,790,000원) 상품은 페트로파블롭스키에서 3박이며 벨캄, 페트로파블롭스키 호텔을 이용한다. 대자연 체험 캄차카 5일(1,890,000원) 상품은 페트로파블롭스키에서 4박이며 페트로파블롭스키, 아바차호텔을 이용한다. 출발은 2006년 8월 출발 기준이다(www.kaltour.com).

6) 항공기 취항기념 상품

하나투어에서는 타이항공 취항기념으로 타이항공 4/5일 399,000원부터 상품가를 내놓았다. 11가지의 특전이 제공된다. 보트라군리조트, 머린비치리조트 숙박 시 적용된다. 과일바구니, 코끼리 트레킹, 전통안마, 빠통 야시장투어, 허브사우나, 전통의상 바틱, 아로마 향초 제공, 스완미스끼, 삼겹살정식, 오이시일식뷔페,

다양한 관광이 포함된다. 두 번째는 2005년 10월 출발고객에 한해 동반 1인 10만 원 할인이 적용되는데, 안다만 카네시아, 크라운프라자 숙박 시 할인이 적용된다. 셋째는 다이아몬드 클리프 리조트에 투숙하는 여자 세분고객을 위한 스페셜로 싱글베드 3개의 포근하고 넓은 뉴디럭스 트리플룸을 이용할 수 있다. 넷째는 비즈니스 클래스 탑승의 행운을 추첨을 통해 매회 한 쌍씩 행운을 제공한다. 다섯째는 덤앤덤 스페셜(Buy 1 & Get 1 Free)로 나이트투어 옵션 시(50달러), 사이먼 옵션 무료(30달러) / 판타지 옵션 시(50달러), 판타지쇼 뷔페디너 무료이다(www.hanatour.com).

한진관광에서는 대한항공의 네팔 직항편 운항과 관련하여 상품을 내놓았다. 산, 들과 바람 따라 떠나는 최상의 트레킹 코스와 네팔, 인도 문화탐방 불교 4대 성지순례 상품이다. 일반인을 위한 트레킹으로 안나푸르나 정통 로얄 트레킹 9일(1,690,000원) 상품, 에베레스트 하이라이트 트레킹 9일(1,790,000원) 상품, 랑탕 강진곰파(헬리콥터)트레킹 9일(1,790,000원) 상품이 있다. 산악인을 위한 트레킹으로는 안나푸르나 베이스캠프 트레킹 16일(2,170,000원) 상품, 에베레스트 베이스캠프 트레킹 16일(2,270,000원) 상품이 있다. 네팔, 인도 문화탐방 상품으로는 히말라야 네팔왕국 하이라이트 9일(1,790,000원) 상품, 히말라야 네팔왕국과 인도 골든 트라이앵글 9일(2,390,000원) 상품, 히말라야 네팔왕국과 인도일주 13/14일(2,790,000-2,890,000원) 상품이 있다. 불교 4대 성지순례상품으로는 네팔/인도 불교성지순례 9일(1,790,000원) 상품이며 네팔 자유배낭여행 9일(850,000원) 상품이 있다. 상기 상품들은 2006년 11월 13~12월 4일 요금이며 이후 출발은 20만 원이 인상된다. 직항편 운항은 양국 정부 승인조건임을 공지하고 있다(www.kaltour.com).

투어2000여행사에서는 대한항공 직항 취항기념으로 업계 최초 캄보디아/프놈펜/킬링필드/콤퐁송 5일(199,000원) 상품, 캄보디아/앙코르와트/프놈펜/킬링필드 5/6일

(399,000원) 상품을 내놓았다. 또한 베트남/하노이/하롱베이+시클로 5일(349,000원) 상품, 베트남/캄보디아/앙코르와트 일주 6일(499,000원) 상품을 직항상품으로 내놓았다. 출발은 2006년 11월~12월 출발 기준이다(www.tour2000.co.kr).

투어비스에서는 대한항공 10월 29일부터 브리즈번 주 5회(화, 수, 목, 토, 일) 증편 운항 상품을 공지하였다. '이제 브리즈번이 더욱 가까워진다'는 제목으로 광고하였다. 2007년 12월 기준으로 따뜻한 여름으로 모신다고 공지하며 12월 출발하는 고객에게는 고급와인을 증정하였다. 동반자 20만 원 할인 시드니, 골드코스트+시월드(Sea world) 6일 상품(1,890,000원), 품격 있는 가족여행 코란코브리조트+시드니 7일(2,390,000원), 알찬 일정 · 라놀린크림 증정 골드코스트, 시드니, 뉴질랜드 8일(2,290,000원) 상품 등이 있다. 출발은 2006년 12월~2007년 1월 기준이다(www.tourvis.com).

코오롱세계일주에서는 상기의 대한항공 브리즈번 증편 운항 상품을 내놓았다. '이제 브리즈번이 더욱 가까워진다'고 광고하였다. 가족여행(관광+휴양) 호주(탕갈루마) 휴양+(골드코스트)관광 6일(2,090,000원) 상품, 시드니/골드코스트+시월드 관광 6일(1,890,000원) 상품이 있다. 각 상품의 특전으로는 탕갈루마 호텔 2박, 보타닉가든, 사우스뱅크, 돌고래 먹이주기 체험, 와이너리 시로멧 방문, 드림월드 관광, 서퍼스 파라다이스 해변 관광의 특전과 브루마운틴 관광, 시드니 동부해안 관광, 코알라파크 관람, 시드니수족관 관람, 시월드관광, 파라다이스 컨트리 클럽관광, 서퍼스 파라다이스 해변 관광이 있다.(www.hikolon.com).

하나투어에서는 '클래식한 멋이 가득! 호주 멜버른의 여름을 만나보세요'라고 광고하였다. 대한항공 멜버른 직항 2006년 12월 18일 ~ 2007년 1월 19일 기간 동안 멜버른 취항기념 이벤트(출발일마다 추첨을 통해 왕복 비즈니스 좌석 무료 업그레이드, 하나투어 로고가 새겨진 기내용 슬리퍼 제공)를 실시함을 공지하였다. 2006년 11월 30일까지 예약자에 한해 동반 1인 50만 원 할인을 제공하였다. 멜버른(소버린 힐 사금채취) 5일(1,790,000원) 상품, 멜버른/시드니 6일(1,890,000원) 상품, 호주동부 일주 8일(2,290,000원) 상품이 있다(www.hanatour.com).

세계에서 가장 바쁜 "애틀랜타 공항"

2006년 2017년 기준 세계에서 가장 바쁜 '애틀랜타 공항'
2005년 세계에서 가장 바빴던 공항은 애틀랜타의 하츠필드-잭슨 국제공항으로 나타났다. 1위 자리를 고수했던 시카고 오헤어 국제공항은 2005년 초반 부진을 극복하고 상반기 항공기 운항횟수에서 다시 1위 자리를 지켰으나, 하반기공항 관제사 실수 등으로 인해 항공기 운항에 차질을 빚으면서 하츠필드-잭슨 국제공항에 1위 자리를 내줬다.
오헤어 공항은 2005년 대비 1만 4,000횟수가 줄어들어 지난해 95만 8,643회의 항공기 운항횟수를 기록한 데 반해, 하츠필드-잭슨 공항은 지난해 11월에 이미 오헤어 공항보다 1만 3,000회 이상 많은 항공기 운항횟수를 기록해 2위와의 간격을 더 벌렸다.
거의 반세기 동안 오헤어 공항이 갖고 있던 '세계에서 가장 바쁜 공항' 타이틀을 거머쥔 '하츠필드-잭슨공항'은 이 공항에서 가장 많은 항공기를 운항하는 델타항공이 운항횟수를 줄이면서 지난해 상반기 오헤어 공항보다 적은 운항횟수를 기록했으나, 이후 안정적인 항공기 운항 등으로 인해 또 다시 오헤어공항을 앞섰다.
오헤어공항의 항공기 운송횟수는 미 연방항공청(FAA)이 성수기 동안 항공기 운항 지연을 줄이기 위한 방안으로 국내선 착륙횟수를 제한한 2004년 이후 계속 감소했다.

〈조경은 기자〉

2017년 가장 바쁜 국내선은 제주-서울 김포, 멜버른-시드니, 뭄바이-델리, 후쿠오카-도쿄 하네다, 리우데자네이루-상파울루 순이었다. 가장 바쁜 국제선 순위는 홍콩-타이페이, 쿠알라룸푸르-싱가포르, 자카르타-쿠알라룸푸르, 홍콩-상하이, 뉴욕 과구아디아-토론토 순이었다. 2017년에도 세계에서 이용객이 가장 많은 공항은 미국의 애틀랜타의 하츠필드-잭슨 국제공항으로 나타났다(국제공항평의회(ACI); 한국공항공사 공식 블로그).
2019년 국제공항협회에서 공개한 세계에서 가장 바쁜 공항은 전 세계 175개국 2,500개가 넘는 공항을 대상으로 조사되었다. 10위는 파리 샤를 드 골 공항, 9위는 상하이 푸동 국제공항, 8위 홍콩 국제공항, 7위 런던 히드로 공항, 6위 시카고 오헤어 국제공항, 5위 도쿄 하네다 공항, 4위 로스앤젤레스 국제공항, 3위 두바이 국제공항, 2위 베이징 수도 국제공항, 1위 하츠필드-잭슨 애틀랜타 국제공항이다(호텔스닷컴).

출처: 세계여행신문, 2007.1.8., 26면; 한국공항공사 공식 블로그; 호텔스닷컴

7) 항공기 증편운항 상품

모두투어에서는 2006년 10월 29일부터 호주 브리즈번 주 5회 증편운항 기념상품을 출시하였다. 이제 브리즈번이 더욱 가까워진다는 광고와 함께 시드니/골드

코스트 6일(1,690,000원) 상품, 탕갈루마 / 골드코스트 6일(1,999,000원) 상품, 코란코브 / 골드코스트 6일(2,090,000원) 상품, 신부 20만 원 할인 시드니 / 골드코스트 7일(2,190,000원) 상품을 공지하였다. 대한항공 협찬으로 화, 수, 목, 토, 일 운항되는 상품이다(www.modetour.com).

〈표 5-4〉 유럽 최고항공사 선정

유럽 최고항공사 선정
스위스항공이 비즈니스 트래블러 어워즈에서 기내승무원, 지상서비스, 기내안락도, 기내식의 4개 부문에서 1위를 차지하며 올해 최고의 항공사로 선정됐다. 또한 취리히공항은 유럽 최고의 허브공항으로 선정됨으로써 스위스항공과 취리히공항이 비즈니스 여행자들의 선호도가 단연 높은 것으로 나타났다. 스위스항공은 1931년 3월 26일 발족하였으며 넓고 편한 좌석, 기내식도 좋고 승무원도 친절하다. 탑승 시 친절한 승무원들의 안내로 인해 좋은 인상을 받은 바 있다.

출처: 세계여행신문, 2007.1.29, 40면.

〈표 5-5〉 대한항공 영업이익 사상최대

KE, 매출 · 영업이익 '사상최대'
대한항공은 주5일 근무제 정착과 원화강세에 힘입어 지난해 최대 실적을 거두었다. 매출과 영업이익은 각각 전년 대비 6.5%, 15% 증가한 8조 782억 원과 4,974억 원으로 집계됐으며, 경상이익은 4,439억 원으로 전년 대비 75.5% 증가했다. 당기순이익은 3,447억 원으로 전년 대비 72% 증가했다. 중국 등 오픈스카이로 인한 신규노선 개설과 함께 내국인의 해외여행 수요가 증가하면서 여객은 5%, 화물은 7%가 늘었다. 대한항공의 영업이익은 2004년 3,840억 원, 2005년 4,325억 원, 2006년 4,974억 원으로 꾸준히 증가했다. 대한항공은 코로나19의 지속상황에서도 2021년 작년 동기 대비 영업이익이 50% 증가될 것으로 전망되고 있다. 영업이익 전망치 평균은 1,666억 원으로 분석되었다. 매출 전망치는 1조 9,936억 원으로 작년 같은 기간보다 2천억 원이 올라갈 것으로 예측되었다. 이는 화물운송을 적극적으로 해나가며 화물운임이 오르고 물동량도 증가한 이유로 분석된다. 저비용항공사들의 적자상황에서 돋보이는 실적으로 평가된다. 대한항공의 화물운송 정책과 실행을 따라 LCC들은 여객기를 활용한 화물운송을 확대하고 국내선 여객수를 늘리며(연합뉴스, 2021.7.5) 어려움을 조율하는 것으로 파악되고 있다.

출처: 세계여행신문, 2007.1.29., 21면; 연합뉴스, 2021.7.5.

8) 항공연장 무료상품

투어비스에서는 미주 연장무료(LA, 샌프란, 뉴욕, 시애틀)를 공지하였다. 인기/정통 미서부 7일(1,590,000원), 미서부+4대옵션 7일(1,690,000원), 미서부+3대 캐니언 8일(1,790,000원), 미서부+3대 테마파크 6일(1,990,000원), 시애틀/록키/엘로스톤 9일(2,290,000원), 신 미동부+나이아가라 7일(2,190,000원), 미동부 명문대 탐방 10일(2,690,000원), 하와이/미서·동부 캐나다 18일(3,190,000원), 미동부, 캐나다(퀘벡) 10일(2,090,000/2,390,000/2,790,000원) 상품이며 출발은 2006년 6~8월 기준이다(www.tourvix.com).

범한여행에서는 연장 무료상품으로 미서부/디즈니랜드 7/8일(1,490,000원), 하와이/미서부 일주 10일(1,990,000원), 미서부/미동부+캐나다 15일(3,190,000원) 상품을 내놓았다. 출발은 2006년 6~7월 기준이다.

캐나다의 항공기 옆좌석에 앉을 승객을 선택하는 온라인서비스

항공기를 이용한 여행이 증가하면서 최근 캐나다에서는 옆좌석에 앉을 승객을 탑승 전에 선택할 수 있는 온라인서비스가 시행되고 있다(www.airtroductions.com). Air Troduction이라는 회사로 등록한 회원은 21,639명(2007년 5월 8일 기준)이다.

해당 서비스를 받으려면 첫째, 회원등록 후 본인의 인적사항을 남긴다(Create a Profile). 둘째, 자신이 타는 항공기에 관련된 사항을 기재한다(Enter your flight). 셋째, 원하는 상대방을 선택한다(Select a Match). 이러한 기본적인 인적사항과 사진 등을 사이트에 올리고 회원 간에 이메일 연락을 통해 이해가 일치되면 서비스가 시행된다. 공항에서 만나서 탑승수속을 하고 항공기를 이용하면 된다. 주로 캐나다와 미국인을 중심으로 서비스가 시행되고 있다.

Airline Business의 확대된 영역으로 참신하고 흥미로운 서비스로 평가된다. 사실 장거리 비행에서 혼자 여행할 때엔 옆좌석에 처음 보는 사람과 함께 여행하는 것도 불편한 데다가 냄새라도 나는 사람이 있다면 식사도 하기 어렵고 여러 면에서 불편한 면이 많을 것이다. 그래서 이러한 서비스를 통해 즐거운 항공여행이 된다면 참으로 좋은 기회가 될 것임에 틀림없다. 그러나 원하는 상대를 사전에 사이트를 통해 지정하고 함께 탑승하여 여행한다는 것은 어찌 보면 원하는 이성을 찾는 데이트나 만남의 주선이 될 수 있다는 점에서 문제가 야기될 수도 있다. 만약 기혼자일 경우 자신의 결혼 여부를 속이고 미혼자로 행세하는 등의 반사회적(?) 행태가 나타날 수도 있기 때문이다.

8. 여행사의 이벤트

온누리여행사는 경품(소나타자동차, 싱가포르 오키드팔찌·손목시계·라이언 인형 등) 제공과 함께 특별한 혜택으로 워커힐 호텔 숙박권 2매, 더뷰중식 뷔페 이용권 4매, 피자힐 이용권 6매, 워커힐 직영 인천공항식당 이용권 10매, 워커힐 Bath Towel 10장을 2005년 10월 예약자에 한해서 그리고 워커힐면세점 방문자에 한정하여 제공하였다(www.onnuritravel.com).

참좋은여행에서는 국민가수 송대관과 함께하는 벳푸 음악 페스티벌 5일(399,000/449,000원)을 판매한다. 부관페리1박－후쿠오카－아소 1박－벳부 1박－부관페리 1박 일정이다. 규슈최대의 노천온천욕, 세계 각국의 100여 가지 석식뷔페,

송대관과 함께하는 벳푸의 빔 빅 이벤트(2시간), 벳푸 최대의 온천호텔 스키노이, 로얄에서 숙박한다. 그리고 서울－부산 간 KTX왕복이 제공된다(www.verygoodtour.com).

KRT에서는 선생님 감사합니다 2탄! 선생님! 수고하셨습니다! 서＋동유럽 완전 일주 17일(2,390,000원) 상품을 출시하여 선생님 5% 할인을 공지하였다. 암스테르담－런던－파리－브뤼셀－로렐라이－하이델베르크－뉴런버그－까를로비－파리－프라하－비엔나－잘츠브르크－인스브르크－베니스－피렌체－로마－피사－밀라노－인터라켄－루체른 일정이다.

자유투어에서는 유네스코 지정 시엠립 / 앙코르와트 최대 송출여행사로서 앙코르－경주 세계문화엑스포 공식 지정여행사 선정을 기념하여 조기 예약 9% 할인＋발마사지 포함 조건 상품을 공지하고 있다. 핵심일주 캄보디아/앙코르와트/반데스레이＋디너쇼 5~6일(599,000원) 상품과 노팁 유류세 포함 캄보디아/앙코르와트/롤로스유적군＋마카오 6/7일(849,000원) 상품을 내놓았다. 2006년 11~12월 출발 기준이다(www.freedom. co.kr).

한진관광에서는 홈페이지 개편 기념 생생한 여행정보 전파 이벤트를 실시하였다. 여행후기, 사진, 댓글을 올리고 영화티켓을 무료로 받는 행사이다. 여행을 하면서 간직하고 있는 다양한 콘텐츠를 한진관광 홈페이지에 올리면 2006년 12월 한 달 동안 총 100명에게 영화예매권을 지급하는 행사이다. 또한 가장 많은 정보를 등록한 경우에는 제주 KAL호텔 숙박권을 지급함을 공지하였다.

또한 가수 비 월드투어라는 상품을 출시하였다. 콘서트 관람＋한류 문화체험＋관광상품이 연계된 상품이다. 1탄으로 홍콩 3일/4일/7일과 2탄 싱가포르 5일 상품이 있다 출발은 2007년 1월 기준이다(www.kaltour.com).

현대드림투어에서는 2007년 새해 황금돼지 페스티벌 600년 만에 오는 황금돼지해! 600분께 드리는 특별행운을 잡으세요!! 행사를 실시하였다. 1월 출발고객 황금돼지 경품이벤트 기간 중 출발하는 고객 중 14명에게는 금 한냥 등 다양한 경품혜택을 제공한다. 2등 3명에게는 여행상품권 50만 원권 1매와 3등 10명에게는 호텔현대 경포대 주말숙박권 1매를 제공한다. 돼지띠 여행고객 중 600만 원 이상 구매고객 및 일행 나이가 60세인 경우 현대백화점 20만 원의 상품권 증정(선착순

16명) 등의 이벤트를 실시하였다.

롯데관광에서는 국내 유일 태고의 신비를 찾아서... 타스만 빙하상품을 내놓았다. 빅 이벤트로 추첨을 통해 다양한 경품을 제공함을 공지하였다. 300만 원 상당의 알파카 카펫을 3개 제공하며 고급양모 이불세트 10개와 에센스세트 20개를 제공한다. 고품격실버 팁포함 호주 · 뉴질랜드 남북섬 10일＋타스만빙하(2,990,000원) 상품, 동반 1인 할인 30~50만 원(2006년 12월 14행사까지) 품격 호주 · 뉴질랜드 남북섬 10일＋타스만 빙하(2,690,000원) 상품, 품격 뉴질랜드 남북섬 9일＋타스만 빙하 · 로토루아 크루즈(2,590,000원) 상품이 해당한다. 출발 기준은 2006년 12월 ~ 2007년 2월이다(www.lottetour.com).

9. 제주도/국내 상품

온누리여행사에서는 '크루즈타고 한라산 가을 산행 3일(99,000원)'을 2005년 가을에 내놓고 있다. 왕복크루즈(3등실), 중식, 입장료, 차량이 제공되는 조건이다.

1) 제주여행 초특가

투어 2000에서는 2021년 6월 초 2박 3일보다 저렴한 3박 4일 제주여행 초특가 상품을 출시하였다. 요금은 99,000원부터 시작된다. 제주/마라도/우도 4일은 129,000원부터, 제주/마라도/요트투어 3일은 285,000원부터 가격이 책정되었다. 김포, 부산, 청주 출발이다. 코로나 상황에서 제주도 여행상품은 고객들이 많이 이용하는 상품으로 2021년 6~7월 기준으로 제주도 항공수요도 증가하게 된 요인으로 분석된다.

2) 울릉도 · 독도

투어2000에서는 2021년 6월 기준으로 강릉, 묵호에서 출발하는 울릉도와 독도 3일 상품을 판매한다. 228,000원부터 판매가가 시작되어 국내여행의 특가로 홍보한다.

대아여행사에서는 특가상품으로 2006년 7월 13일까지 선착순 한정판매로 280,000원 상품을 215,000원으로 판매하고 있다. 묵호/울릉도 2박 3일 전 일정 관광포함이며 대아리조트 숙박, 식사 5식이 포함되었다. 포항-울릉 간 3시간으로 썬프라워호가 운항된다. 여객정원은 920명으로 차량선적 20대, 2,394톤, 속도 45노트임을 공지하였다. 묵호-울릉 간 2시간으로 한겨레호가 운항된다. 여객정원 445명, 톤수 445톤이며 속도 41노트, RCS(멀미 방지 장치)장착되어 있다(www.dae-atour.co.kr:www.daea.com).

대아여행사, 대아고속해운에서는 2006년 9월 출발 조건으로 묵호/울릉도 2박 3일(245,000/279,000/294,000원) 상품을 판매하였다. 여관, 대아리조트 숙박에 따라 요금 차이가 나며 주중, 주말에 따라 차이가 난다. 서울에서 묵호까지 버스로 이동하는 조건이다. 포항/울릉도 2박 3일(288,000/325,000/340,000원) 상품은 여관, 대아리조트 사용조건과 주중, 주말에 따라 차이가 난다. 서울에서 포항까지 KTX이용조건이다. 울릉도 비경 완전 일주 2박 3일 상품은 묵호출발하는 2박 3일이 227,000원이며 포항출발하는 1박 2일 상품이 205,000원이다. 2박 3일은 239,000원이다. 대아리조트 숙박조건이다. 전 상품에 있어서 독도관광 시 1인 37,500원이 추가된다. 선착순 예약으로 입도 가능함을 공지하였다(www.dae-atour.co.kr : www.daea.com).

참고 경기도는 코로나 팬데믹 상황에서 국내여행 1위 방문지

코로나19 상황이 장기화된 상황에서 2020년 우리나라 국민이 가장 많이 방문한 곳은 제주도와 강원도가 아닌 경기도로 나타났다. 문화체육관광부 산하 한국문화관광연구원이 공개한 2020년 국민여행조사 결과이다. 분석내용을 보면 다음과 같다.

경기도는 2년 연속 국내 최다 여행객이 몰렸다. 경기도가 4,549만 6,000회(20.2%)로 강원도 236만 2,000회(9.9%)를 앞섰다. 여행객이 가장 많이 찾은 곳은 용인 에버랜드(275만 4,555명), 파주시 마장호수(178만 4,161명), 양평군 두물머리(174만 8,8̇4명), 과천시 서울대공원(121만 6,510명), 파주시 임진각 관광지(121만 3,929명) 순으로 조사되었다. 실내보다는 코로나의 영향으로 관광객들이 야외의 테마파크, 호수와 강변 등 야외를 주로 찾은 것으로 보인다.

경기도의 당일여행 횟수는 3,641만 회였고 2위는 경남(1,232만 8,000회) 순이었다. 숙박여행 횟수에서는 강원(1,464만 3,000회)에 이어 경기도(908만 5,000회)로 2위였다.

이는 대부분 수도권에서 방문하는 사람들은 시간적으로나 접근성 차원에서 숙박여행보다는 당일여행이 가능했기 때문으로 판단된다.
그리고 여행객 1인 평균지출액은 제주도 8만 1,000원, 강원도 7만 4,000원, 경기도 6만 3,000원 순으로 3위를 차지하였다(중앙일보, 2021.7.4. 참고).
관광수입을 통한 지역경제와 부가가치 창출도 경기도가 좋은 성과를 내고 있다는 결과로 보인다.

10. 특수지역 상품

노랑풍선에서는 중앙아시아 3개국(우즈벡/키르키즈/카자흐스탄) 9일 상품에 선택관광 없는 조건으로 1급호텔 및 디럭스를 사용하여 2005년 10~11월 출발 상품으로 2,790,000원에 판매하였다.

참좋은여행에서는 북인도 일주 특급 9일(1,890,000원) 상품을 시판하였다. 델리, 카마수트라, 타지마할, 갠지스강이 포함된다. 완전해부 인도 완전 일주 11일(1,690,000원) 상품은 단 2회 출발 조건이며 2005년 10월 출발이다. 전 일정 특급호텔 이용, 한국어 능통한 인도인 가이드, 에어컨 전용버스, 특급열차 탑승, 갠지스강 보팅하면서 일출감상, 가장 완벽한 인도 모슬렘 예술의 진주이며 세계유산 최고의 걸작 중 하나인 타지마할이 포함된다.

또한 중남미 6개국 18일(5,990,000원) 상품으로 10월 출발 기준으로 쿠바, 아마존 관광이 포함된다. 중남미 6개국인 멕시코, 쿠바, 칠레, 브라질, 아르헨티나, 페루가 방문국으로 이과수폭포, 마꾸꼬사파리투어가 포함된다.

보물섬투어에서는 인도전문여행사 상품으로 인도문화탐방 핵심일주 9일(1690,000원) 상품을 출시하였다. 특전으로 한국인 요리사 동행, 헤나, 점성술, 전통요가, 전통차, 민속쇼 체험, 바라나시보트, 코끼리 택시탑승, 재래시장 방문이 포함된다.

포커스투어에서는 레바논/시리아/요르단/카타르 10일(2,790,000원) 상품, 신밧드의 나라 예멘/오만/아랍에미리트 11일(2,890,000원) 상품, HIT 남인도/스리랑카/몰디브+쿠알라룸푸르 12일(2,890,000원) 상품, 리비아/튀니지/몰타 13일(3,990,000원) 상품,

타히티+이스터섬 8일(3,990,000원) 상품, 아제르바이잔/그루지아/아르메니아 9일(2,990,000원) 상품, 지구상 마지막 비경 발칸반도 6개국 12일(2,990,000원) 상품, 중앙아시아 3개국 9일(2,790,000원) 상품, 남아공/짐바브웨/보츠와나 8일(2,690,000원) 상품, 남아공/케냐/탄자니아 9일(2,990,000원) 상품, 아프리카 6개국 항공 완전 일주 15일(4,790,000원) 상품, 케냐+탄자니아 9일(2,790,000원) 상품, 이과수폭포 중남미+아프리카 18일(5,990,000원) 상품을 내놓았다. 페트라 레바논/시리아/요르단/카타르 10일 상품은 2004~2005년 최고 히트상품으로 공지하면서 1급&특급호텔, 승마체험, 사막 지프차 사파리, 사해수영, 반잠수함 포함이며 6명 이상 출발을 명기하였다. 특히 아프리카 완전 일주상품은 1급 및 특급호텔 수준의 롯지 숙박, 케냐의 3대 국립공원 사파리 관광(나쿠르, 암보셀리, 마사이마라 국립공원), 아프리카의 라스베이거스 선시티, 세계 3대 폭포의 하나인 빅토리아 폭포, 상류 잠베지강에서 선셋크루즈 및 쵸베 국립공원 크루즈가 포함된다. 페르시아 문화탐방 이란 일주 8일(1,390,000원) 상품은 2006년 11~12월 출발 기준이다(www.focustour.co.kr).

또한 노팁/노옵션 내 생애 꼭 한 번 중남미 8개국 18일(4,990,000원) 상품을 내놓고 있다. 쿠바+아마존이 포함된다. LA−멕시코−쿠바−브라질−파라과이−아르헨티나−칠레−페루 일정이다. 특전으로는 노팁, 노옵션(50만 원 상당), LA 또는 뉴욕 연장 가능, LA숙박으로 편한 여정, 이과수 마꾸꼬 사파리, 탱고의 발상지 아르헨티나 탱고쇼 관람, 파라과이 과라니 인디오촌 관광, 인솔자 100% 출발, 아시아나 마일리지 적립이다.

혜초여행사에서는 세계문화유산 몽골/바이칼탐방 8일(1,690,000원) 상품을 내놓았다. 2006년 7~8월 출발 기준이다. 특전으로는 전통공연 및 식사, 승마, 유람선, 바이칼호수 명물 오물(생선)시식, 몽골 겔 숙박이다. 울란바토르(몽골 수도), 이르쿠츠크(제까부리스트기념관), 발쇼예갈라오스노예(바이칼호의 유럽형휴양지), 리스트비앙카(생태박물관), 테를지(세계자연유산, 승마체험) 일정이다(www.hyecho.com).

코오롱세계일주에서는 북유럽 북극권 대자연의 신비 특선 아이슬란드 & 그린란드 12일(6,990,000원) 상품을 내놓았다. 2006년 7~8월 출발 기준이다. 섭씨 100℃ 지하 온천수가 30미터 높이까지 분출되는 스트로쿠르 간헐천, 우윳빛의 신비하고도 거대한 인공 노천온천 블루라군 온천, 거대한 부빙 사이를 항해하는 쿠로크 아이스 피오르, 그린란드 여행의 백미인 북극 우마크라인 3박 4일 크루즈, 환상적인 경관의 일루리사트 블루아이스 피오르 유람, 고래잡이 마을 포함 일정이다. 아프리카 모험의 땅 6개국+마사이마라/암보셀리 15일(4,990,000원) 상품은 2006년 7~8월 출발 기준이다. 사파리켓츠쇼, 사파리드라이브 6회 조건이며 남아공, 탄자니아, 짐비아, 지바브웨, 보츠와나 방문 일정이다(www.hikolon.com).

몰디브, 모리셔스, 마다가스카르 직영 랜드사인 코리아트래블은 백조의 섬 모리셔스 4박 7일(194만 원부터) 상품을 공지하였다. CX, 모리셔스 항공을 이용하였다. 그리고 바오밥나무의 나라 마다가스카르 6박 9일(256만 원부터) 상품을 공지하였다. 마다가스카르항공을 이용하였다. 당사는 3억 원 배상보험 가입업체임을 공지하였다. 2006년 10월 말까지 해당하는 요금이다(www.koreakorea.co.kr).

닥터항공에서는 인천 몽골 주 7~11회 운항을 기반으로 하여 상품을 출시하였다. 울란바토르/테를지/멍근메리트 4박 5일(990,000/1,100,000원) 상품, 몽골/바이칼 코치투어 5박 6일(1,490,000/1,590,000원) 상품, 몽골/바이칼 항공투어 7박 8일(1,890,000/1,990,000원) 상품 등이 있다. 2006년 6~7월 출발 기준이다. 승마, 현지유목민 숙소 탐방 및 게르 짓기 참가, 몽골의 가장 큰 축제인 나담축제를 축소하여 구성, 세계최대 공룡발굴지 및 모래언덕 관광, 몽골의 전통민속공연 관람 및 전통음식(허르헉) 시식, 초원과 사막에서 쏟아져 내리는 밤하늘의 별을 마음껏 감상 등의 특전이 있다(여행미디어, 2006.6.19., 26면).

〈사례〉 남극 여행상품 나왔다

1991년 창업 이래 배낭여행 전문여행사로 출발하여 특화상품 개발을 지속적으로 해온 신발끈여행사에서는 '남미, 남극 이야기 19일'이라는 상품을 출시하였다. 상품가격은 특수지역인 만큼 가격이 고가이다. 칠레에서 남극까지 경비행기로 이동하여 남극에서 1박 2일간 체류하는 일정이 839만 원부터 판매된다. 크로스 컨트리를 이용하여 남극점까지 도달하는 상품은 미화 3만 8,500달러이다. 여기에 항공권은 별도로 약 350만 원 이상이다(www.shoestring.co.kr).

실제로 신발끈여행사의 대표는 남극점상품을 체험한 것으로 보도되었다. 인간 체력의 극한 상황을 경험하는 어려운 체험상품으로 선구자적인 배낭여행 1세대의 입장에서 여행에 참여한 것으로 알려졌다. 이러한 선험자적인 경험을 지향하는 여행자의 신청도 점차 증가하여 향후에는 남극여행도 일반화되는 날이 도래할 것으로 기대해 본다. 여행상품의 다양화는 이러한 특수지역의 상품화와 연계하여 이루어지고 있다.

11. 유럽 · 지중해 · 성지순례 상품

1) 지중해 상품

참좋은여행에서는 정통 스페인, 포르투갈, 모로코 2005년 11/12일(2,290,000원) 상품을 시판하였다. 네덜란드항공, 독일항공을 이용하며 스페인 전통요리인 하몽, 프라도미술관, 성가족성당, 알함브라 궁전이 포함된다. 그리고 동서양의 만남 터키 완전 일주 9일(1,790,000원) 상품은 노팁, 노옵션으로 내놓고 있다. 정규 1급호텔, 톱카피 궁전 보석관, 트로이, 보스포러스크루즈, 밸리댄스, 돌마바흐체 궁전 등이 포함되었다.

아테네의 페르테논 신전

성도여행사에서는 지중해 전문으로 예약특전으로 고급 여행용 가방 증정과 8만 원 상당의 고급우전차를 증정한다. 이집트(룩소)/그리스/터키 10일(2,390,000원) 상품과 이집트 일주(룩소)+오아시스 사막투어 8일(1,690,000원) 상품을 내놓았다. 국적기 이용, 특급호텔, 국립고고학박물관, 멤피스박물관, 가자피라미드와 스핑크스, 아크로폴리스(파르테논신전), 에게해 사로닉크루즈, 보스포러스유람선, 블루모스크, 톱카프 궁전 보석관이 포함된다. 2005년 10~11월 출발 상품이다.

보물섬투어에서는 지중해 최강, 연속 마감행진을 공지하면서 지중해 상품을 내놓았다. 보스포러스해협 크루즈, 지하물저장소, 메테오라 관광, 파묵칼레 온천욕, 돌마바흐체 궁전내부 입장, 에게해 크루즈, 유럽 전문인솔자 동행 조건이다. 노옵션 터키 완전 일주+온천욕+밸리댄스 8/9일(동반자 899,000/999,000/1,390,000원) 상품과 대린구유 지하도시가 포함된 노옵션 터키/그리스 일주+안탈야+밸리댄스+보스포러스해협 크루즈 10일(동반자 1,190,000/1,390,000원) 상품이 있다.

스페인 톨레도 전경(대성당)

OK투어에서는 지중해 전문여행사로 스페인 현지직영, 행사완벽, 엄선된 1급호텔을 사용하며 특전을 제시하고 있다. 지브롤타해협, 초고속 쾌속선(2시간 단축), 모로코 전통요리 꾸스꾸스, 스페인 부호의 휴양지인 말라가, 스페인 전통요리인 빠에야(해물밥요리), 엄선된 1급호텔이다. 스페인/포르투갈(땅끝마을)/모로코(지브롤타)/바르셀로나(발렌시아+파티마) 10/12일(1,390,000/1,690,000/1,870,000원) 상품이 있다. 인기 터키 완전 일주 8일(889,000원) 상품은 파묵칼레 온천욕, 보스포러스크루즈가 포함된다. 밸리댄스 포함 터키/그리스 일주 9일(1,270,000원) 상품이 있다. 특전을 살펴보면 다음과 같다. 환상의 지중해 일정으로 트로이목마, 트로이관광, 목화성–파묵칼레 온천욕, 터키 전통식 케밥특식, 지하도시 데린구유, 비둘기집 바윗산 우치시리, 전 일정 엄선된 정규호텔, 샤로닉 걸프 아일랜드 에기나섬, 고대이집트왕국 수도 멤피스, 아테네 땅끝마을 수니온곶, 동서양의 만남 보스포러스 해협크루즈 등이다.

롯데관광에서는 야심작! 최상의 선택 최고의 만족 터키 시리즈를 내놓았다. 2007년 겨울방학 터키 특별이벤트로 2006년 12월 10일까지 예약고객과 8인 이상 단체예약 시는 7% 할인을 제공한다. 또한 출발일 45일 전 예약 시, 수능 수험생 및 동반가족 2인, 4~7명 단체예약 시는 5% 할인을 제공한다. 품격 터키 항공일주(카파도키아+파묵칼레) 8일(2,290,000~2,390,000원) 상품은 터키항공 직항노선, 국내선 항공 2회 제공, 톱카프 궁전 내 하렘 · 보석관 입장, 안탈리아와 사데 일정 포함, 르네상스 양식의 돌마바체 궁전 관광, 케밥 제공, 특급호텔(콘야 포함), 밸리댄스 포함, 보스포러스 해협 롯데단독 전세유람선 관광, 전통 터키탕 및 온천욕 체험, 톱카프 궁전 내 레스토랑에서 특식은 특전사항이다. 정통 지중해의 품으로 터키, 그리스(에게해크루즈) 10일(2,690,000~2,790,000원) 상품은 터키항공 직항노선, 톱카프 궁전 및 보석관 입장, 지중해 살로니코스만 1–DAY 크루즈, 카파도키아와 파묵칼레 포함, 케밥 제공, 국내선 항공 2회 편제, 돌마바체 궁전 입장, 고린도 관광, 보스포러스 단독 전세유람선, 전통 터키탕 및 온천욕 체험이 특전사항이다. 터키 완전 일주(트로이+파묵칼레) 9일(1,690,000/1,790,000/1,890,000원) 상품은 대한항공 직항노선, 세계문화유산 카파도키아와 파묵칼레 포함, 터키공화국의 수도 앙카라 관광, 터키 최대 이슬람 궁전 톱카프 궁전 내부관람, 일리아드와 오딧세이의 역사적 배경지 트로이 관광이 특전사항이다. 이상의 상품들은 2006년 12월부터 2007년 2월 출발 기준이다(www.lottetour.com).

2) 유럽 고성투어 상품

세중해피투어에서는 로망스 중세 프랑스+몽생미셸 7일(2,390,000원)에 판매하였다. 아름다운 중세문화와 자연의 숨결을 찾는 낭만과 추억의 유럽여행으로 중세의 몽생미셸 수도원 및 루아르(샹보르/쉬농즈) 중세 고성을 관광한다. 베르사이유 궁전 및 퐁텐블로 성을 관광한다. 밀레의 만종, 이삭줍기 명화무대인 바르비종, 밀레기념관을 관람한다. 세계적인 주요명화를 다수 전시 중인 오르세이유 미술관을 관람한다. 2005년 10월 단 2회 출발하는 상품이다(www. happytour.co.kr).

3) 유럽 가족여행

바티칸 박물관의 최후의 심판

성도여행사에서는 실속 유럽 가족여행 특선 영국/프랑스/스위스/이탈리아 8일(1,590,000원) 상품을 내놓았다. 노옵션 상품으로 특전은 다음과 같다. 세계 3대(대영, 루블, 바티칸) 박물관, 알프스 영봉 몽블랑(브래방)에 등정한다. 유로스타, TGV탑승, 센강 유람선+에펠탑, 피렌체 꽃의 성모마리아 성당, 미켈란젤로 언덕, 바티칸시국의 카톨릭 본산지 성베드로성당, 로마의 상징 콜로세움, 진실의 입 관광이 포함된다(www.sungdotour.co.kr).

4) 유럽 고객요청 앵콜상품

보물섬투어에서는 노옵션 동·서유럽 완전 일주 15일(2,090,000원) 상품과 노옵션 서유럽 9개국+융프라우 15일(2,590,000원) 상품을 출시하였다.

5) 유럽 배낭여행

현대드림투어에서는 단기 유럽배낭 에어텔 독불장군을 내놓았다. 파리-로마

7일(1,580,000원) 상품, 스위스 일주 7일(1,740,000원) 상품, 이탈리아 일주 8일(1,800,000원) 상품이며 수시출발이 가능하다.

노랑풍선에서는 2006년 여름 유럽 배낭여행 16~30일 상품을 판매하였다. 코치배낭 서유럽 일주 16일/18일/20일(2,350,000원) 상품, 코치배낭 서/동/남유럽 23/24일(2,690,000원) 상품, 코치배낭 서유럽/동유럽/남유럽 30일(3,090,000원) 상품이다. 출발일은 6월 말~8월 기준이다(www.ybtour.co.kr)

6) 유럽 SIT상품

투어몰에서는 미리 가보는 11월의 X-MAS 크리스마스 마켓 유럽에서 가장 아기자기한 마을 9일(2,590,000원) 상품을 출시하였다. 취리히－로텐부르그－하이델베르그－콜마르(프랑스)－스트라스부르그－랭스－바르비종, 퐁뎀블로, 파리 일정이다. 독일의 로텐부르그, 스위스 취리히, 프랑스 알자스 지방의 X-MAS 마켓 방문, 크리스마스 트리의 발상지인 알자스 지방(콜마르, 스트라스부르그) 방문, 밀레의 숨결이 살아있는 바르비종과 프랑스 왕실의 숨결이 살아있는 퐁텐블로 방문, 세계문화유산 랭스의 노틀담사원, 상파뉴 지역 세계적 특산물인 샴페인 시음이 제공된다(www.tourmall.com)

파리의 노틀담 성당

여행가에서는 영국/스코틀랜드 봄 특집 이동형 영국/스코틀랜드 7일(2,890,000원) 상품과 체재형 영국 중남부 일주 7일(2,590,000원) 상품을 내놓았다. 2007년 3~4월 출발 기준이다. 요정이 살 것 같은 영국에서 가장 아름다운 마을 비버리, 불가사의한 거대한 거석의 신비인 스톤헨지, 셰익스피어의 고향 스트렛포드 어펀 에이번, 전설적인 그룹 비틀즈의 고향 리버풀, 영국 최고의 따스한 햇살의 호수마을 윈드미어 호수, 스코틀랜드의 상징 애든버러, 윈저성, 윔블던, 영국 최대의 해변 리조트 브라이턴, 셰익스피어 생가의 대학도시 옥스퍼드, 로빈훗의 전설 노팅엄, 그리니치 천문대 등을 방문하게 된다.

프랑스/스위스 체재형 유럽여행으로 아르누보산책 프랑스 중/북부 일주 7일(2,790,000원) 상품과 하이디의 미소 스위스 일주 6일(2,190,000원) 상품이 있다. 천재 화가 고흐가 마지막 정열을 불태우며 2달간 그림을 그리고 스스로 비참한 삶을 마감한 오베르쉬아즈(걸작 까마귀가 있는 보리밭), 천사 미카엘의 계시를 받아서 완공시킨 수도원으로 화강암의 보석으로 불리는 몽생미셸, 샴페인의 이야기가 있는 랭스와 에페르네, 프랑스의 정원 루아르강변의 고성순례, 영화 '남과 여'의 추억이 담긴 프랑스 최고 리조트 휴양지 도빌과 우표처럼 작고 아담한 리히텐슈타인, 하이디의 고향 마이엔펠트, 융프라우 전일 관광, 높이 25m와 너비 150m의 서유럽의 대표강인 라인강, 레만호수와 더불어 빛을 발하는 자연환경이 아름다운 몽트뢰, 세계에서 가장 오래된 목조다리인 카펠교, 스위스를 대표하는 고성으로 레만호에 떠 있는 듯한 환상적인 시옹성 등을 방문한다(www.tourga.com).

7) 유럽 우수여행 인증상품

하나투어에서는 유럽 최고의 베니스와 융프라우 유럽 4개국 9일(3,190,000/3,390,000/3,490,000~4,390,000원) 상품을 공지하였다. 조기 예약할인으로 유럽 전 상품 8/15~8/31 유럽 출발일에 한해 7/15까지 예약 시 1인당 10만 원 할인 혜택이다. 2006년 6~8월 출발 상품이며 특급/준특급 호텔 사용, 스위스 민속공연과 함께 미트퐁뒤 특식, 센강 유람선 / 베니스 곤돌라 탑승, 노팁 조건이다(조선일보, 2006.6.15 ; (주)하나투어리스트 1577~1212).

스위스 필라투스산 산악열차 출발 입구

8) 동유럽 상품

포커스투어에서는 발칸반도 6개국 11일/12일(2,890,000/2,990,000원) 상품을 공지하였다. 2006년 5~6월 출발 기준이다. 6개국인 루마니아, 불가리아, 유고, 보스니아, 크로아티아, 슬로베니아를 방문한다. 대한항공을 이용하며 유네스코 문화유산 포스토이냐 동굴, 불가리아 민속디너쇼, 드라큘라성 내부관광, 블레드호수 유람선 탑승, 폴리트비체 국립공원, 세계문화유산 드브로브니크, 디오클레시안 궁전, 트로기르가 포함되었다(www.focustour.co.kr).

노랑풍선에서는 아시아나항공 유럽대특선으로 노옵션 베를린 동유럽 6개국(독/오/체/헝/폴/슬) 11일(1,590,000원) 상품, 프라하의 연인 동유럽 6개국 9일(1,390,000원) 상품, 노옵션 체스키 크롬로프 동유럽 6개국 12일(1,590,000원) 상품, 노옵션 크로아티아/슬로베니아 동유럽 8개국 12일(1,690,000원) 상품을 공지하였다. 출발은 2007년 1~2월 기준이다. 전 상품 TAX, 공항세, 출국세, 유류할증료 등 추가비용이 없음을 공지하였다(www.ybtour.co.kr).

여행매니아에서는 노옵션 동유럽 5국(체/폴/헝/오/슬) 9일(1,390,000원) 상품, 품격 노팁 노옵션 동유럽 5국(1,690,000원) 상품, 노팁 노옵션 크로아티아/슬로베니아+동유럽 6국(체/폴/헝/오/슬/독)의 11일/12일(1,790,000원) 기간의 상품을 공지하였다(www.tourmania21.com).

김&류 투어에서는 팁 옵션 포함 프라하 야경/다뉴브크루즈+동유럽 5개국 9일(1,490,000/1,690,000원) 상품, 프라하 야경 다뉴브크루즈+동유럽 6개국 11일(1,690,000원) 상품, 크로아티아 슬로베니아+동유럽 8개국 11일(1,790,000원) 상품을 공지하였다. 2004~2006년 연속 대한항공 유럽 최우수 대리점임을 공지하였다(www.krt.co.kr).

여행가에서는 신기획 동유럽 특집으로 비교불가 고성호텔 동유럽 9일(2,390,000원) 상품을 내놓았다. 2007년 3~4월 출발 기준이다. 중세 고성호텔 숙박, 세계문화유산(레드니체, 발디체, 텔츠, 쿠트나호라, 체스키크롬로프), 마시는 온천수 까를로비바리, 오스트리아 알프스의 백미 티롤(젠바흐, 마이어호펜, 바텐스) 그리고 증기열차, 연간 500만 명이 방문하는 스와로브스키 크리스탈월드, 킴제호수, 독일 고성가도와 하이델베르크 네카강변의 드라이브, 중세도시 부다페스트 근교의 센텐드레와 에스테르곰 등을 방문한다. 노옵션 동유럽 5개국 체코/폴란드/슬로바키아/헝가리/오스트리아 9일(1,390,000원) 상품, 발칸 동유럽 완전 일주 6국 12일(2,399,000원) 상품, 동유럽 완전 일주 8국(크로아티아/슬로베니아) 12일(1,890,000원) 상품이 있다(www.tourga.com).

9) 성지순례 상품

OK투어에서는 노팁 기준으로 이집트/요르단/이스라엘 10일(2,190,000원)과 이집트/이스라엘/로마 11일(2,590,000원)을 판매하였다. 2005년 10월 출발 기준이다.

보물섬투어에서는 성지순례특선으로 출애굽(이집트/이스라엘/요르단) 10일(1,490,000/1,690,000원) 상품과 밧모섬+터키일주/갑바도기아+7대 교회 10일(1,890,000원) 상품을 내놓았다. 2005년 10~11월 출발 기준 상품이다. 베네딕토 교황님 알현+이집트+이스라엘+이탈리아 순례 13일(2,900,000원) 상품은 2006년 3월 출발하는 한국 천주교 중앙협의회 주관 상품이다.

고려여행사 SUNTOUR 성지순례상품은 이집트/요르단/이스라엘 10일(1,890,000/2,090,000원) 상품, 이집트/이스라엘/로마(나폴리·폼페이 쏘렌토) 11일(2,790,000원) 상품, 이집트/이스라엘

예루살렘의 황금돔

/터키(갑바도기아 일곱교회) 13일(2,790,000원) 상품, 터키/그리스 13일(2,790,000원) 상품, 이집트/이스라엘/이탈리아/스위스/프랑스 11일(3,290,000원) 상품, 이스라엘 완전 일주(가이사빌립보 + 브엘쉐바) 8일(1,790,000원) 상품, 이란(페르시아) · 터키 11일(1,890,000원) 상품이 있다. 전 상품 항공, TAX 및 유류, 할증료 포함조건이다. 국경세 및 출국세 비용, 공도료비, 이집트비자 15달러, 이란비자 45,000원은 불포함사항이다. 출발은 2007년 1~2월 기준이다(www.suntour.co.kr).

2021년 기준으로 성지순례는 코로나 상황으로 행사가 다른 여행상품처럼 진행이 어렵고 불가하다. 이스라엘은 국민 90% 정도가 백신을 접종했음에도 확진자가 나오고 있는 상황이다.

전문여행사로는 로뎀투어, 갈릴리여행사, 다비드투어, 아리투어네트워크, 기독교문화여행사, 아도라투어, 홀리랜드투어, 씨피여행사 등 많은 여행사들이 기독교 및 가톨릭 성지순례 상품을 진행하고 있다. 특히 1990년 이후 지속적으로 기독교 성지순례를 가장 잘 아는 여행사로 인정받아 온 천지항공여행사 등이 대표적인 전문여행사이다. 최근에는 대형 패키지 회사인 참좋은여행, 하나투어 등에서도 상품을 구성하여 취급한다.

12. 홈쇼핑 방영 상품

홈쇼핑의 전파효과는 매우 크다는 것이 이번에 실질적으로 나타나 주목을 끈다. 2021년 6월 24일 기준으로 CJ온스타일이 6일 동안 선보인 노랑풍선여행사의 일주일 유럽여행 균일가 특집상품은 믿기 힘든 가격, 한정 특별기회가르 해외여행 상품에 대한 기대감과 백신접종이 확대되는 상황 그리고 트래블버블 즉 여행안전권역을 추진하며 큰 성과를 나타냈다. 유럽 인기 일정 3선의 패키지 상품은 방송 한 시간 동안 5만 2,000여 명의 예약자가 몰려서 결제금액 약 200억 원을 올렸다. 이는 국내홈쇼핑 여행상품 방송 사상 최대실적이라고 한다. 코로나 팬데믹의 장기상황에서 어려운 여행사에게 상당히 고무적인 현상으로 보여진다. 코로나19에 억눌린 소비자들의 해외여행에 대한 기대심리가 반영된 결과로 분석하고 있다(Newsis, 2021.6.24.). 2020년 이후 오랫동안 해외여행을 못해 관광욕구가 강해진 소비자들에게 어필한 결과로 보인다.

그러나 내용을 자세하게 보면 문제가 많이 발생할 수밖에 없다. 이탈리아 5박 6일, 스페인 7박 8일, 동유럽 4국/발칸 2국 7박 8일 상품의 가격을 한정 타임찬스 균일가 399,000원으로 소개했는데, 항공요금이 불포함되어 있다는 점에서 추후 논란이 될 가능성이 높다. 유럽의 항공요금은 상대적으로 거리가 있어서 높게 책정되기 때문이다. 가격은 추후 가장 최소로 보더라도 3~4배는 적어도 인상될 것으로 예측된다. 항공권은 자유발권이라는 조건으로 많은 비용이 여기에 추가적으로 투입될 것이기 때문이다.

이 상품은 예약일로부터 최대 2년 동안 출발할 수 있으며 여행지 변경은 출발 한 달 전까지 가능하고 양도도 가능하다. 결제 후 1년 안에 100% 취소와 환불도 가능한 조건이다(경향신문, 2021.6.23). 이는 예전에 볼 수 없었던 조건의 이례적인 상품으로 판단된다. 어려운 코로나19의 상황에서 부족한 자금을 확보하며 여행사의 경쟁력을 구축하고자 하는 전략적인 상품이며 소비자들은 일단은 매우 저렴한 상품으로 좋은 기회로 인식하고 있는 것으로 분석된다.

현대드림투어의 홈쇼핑 상품은 현대홈쇼핑에서 방영된다. 현대드림투어의 어메이징 타일랜드 5일(549,000원) 상품은 특전으로 NO TIP, 특급호텔, 호핑투어(바나나보트, 제트스키, 스노클링, 낚시 포함), 한방스파 2시간, 왕궁, 수상시장, 미니시암, 농눅빌리지, 코끼리 트레킹, 알카자쇼, 특식(MK수끼, 시푸드, 로얄드래곤), 각종 TAX 포함 조건을 광고하였다.

기획특가로 방콕/파타야+3대 특식 5일(399,000) 상품이 있으며 어메이징 클락/수빅/피나투보 5일(499,000원) 상품의 특전은 전 일정 특급호텔, 피나투보 화산 정상 트레킹, 수빅보트 및 호핑투어, 나비공원, 원주민 정글 문화체험, 각종 TAX 포함이다.

프리미엄 페낭 샹그릴라 5/6일(699,000원)의 특전은 전 일정 샹그릴라 오션뷰, 전 일정 식사 제공, 랑카위 코랄투어 포함, 리조트 내 자유시간 보장, NO TIP, TAX이다.

현대드림투어 상품은 2005년 10~11월 출발 기준 상품이다(www.hyundaidreamtour.com).

Winter Festival 환상특급 홍콩 3일(649,000원) 상품은 홍콩관광청, 캐세이퍼시픽항공이 협찬하며 시내에 위치한 초특급호텔 사용, 5성급 스타크루즈 1박 체험(금요일 제외), CX항공 이용, 현대드림투어 단독, 전 일정 가이드/기사팁 포함, 2층 오픈버스 탑승, 특식(얌차식, 딤섬, 선상뷔페) 2회 제공, 홍콩의 역사를 한눈에 볼 수 있는 역사박물관, 전공항세, 관진금, 유류할증료 포함, 1억 원 여행자보험 가입이 특전이다. 홍콩 윈터 페스티벌은 겨울 축제기간 동안 홍콩거리 곳곳을 화려하게 꾸며놓고 흥겹게 치러지는 축제이다. 스타크루즈 파이시스호는 4만 톤급의 유람선이다. NO TIP 패왕별희+만한전석 북경문화 4일(549,000/599,000원) 상품이 있다. 특전으로는 패왕별희 북경문화 4일의 고품격 그대로 황제의 미각기행을 위한 특별기획상품, 노팁과 옵션, 80달러 상당의 청나라 황실요리(만한전석), 북경오리구이, 항주요리, 샤부샤부 북한식 요리, 5성급 호텔, 중국식 전통 오페라(경극) 관람, 만리장성 케이블카, 서커스, 건강 발마사지, 후통 인력거 투어가 제공된다.

Welcome to Paradese! 괌 힐튼 프리미엄 5일(799,000원) 상품이 출시되었다. 프리미엄 8대 특전을 살펴보면 다음과 같다. 노팁, NO 유류할증료, 전 일정 호텔식, 전통 원주민 디너쇼, 전용비치에서 무동력 해양스포츠 무료, 선택관광 100달러 할인쿠폰 증정, 엑스트라베드 무료, 가족당 수중카메라 증정, DFS 할인쿠폰 증정된다.

범한여행에서는 GS홈쇼핑에서 2005년 10월에 방영되는 미야자키 쉐라톤+오션돔 3일(실버 549,000 / 골드 699,000) 상품을 내놓았다. 2004년 미야자키 1,000명을 송출한 기록(2004년 미야자키 송출1위 기록)을 통해 고객이 만족한 상품임을 강조하였다.

영화 '흑수선' 촬영지 아야대적교, 슈센노모리 관광, 기네스북이 인정한 세계 최대의 실내 워터파크 오션돔, 무료 웰컴 버스카드 및 미야자키 관광안내책자를 제공하며 금요일 오전에 출발하여 일요일 오후에 도착하는 알찬 일정임을 강조한다. 2006년 6월 16일 오후 11:40부터 60분간 GS 홈쇼핑에서 방영이 확정된 GS홈쇼핑 2005년 Best of Best 상품은 세부 초특급 힐튼+호핑투어+시푸드 4/5일(699,000원) 상품이다.

2006년 7~8월 출발 기준이다. 아릴랜드 호핑투어(스노클링/시푸드), 특식 2회(몽골리안 BBQ, 레드코코민속디너), 필리핀 전통 사봉 관람, 바나나보트, 유류할증료 포함 조건이다. 어린이 특전으로는 힐튼 니모 물고기 인형 증정, 키즈 파라다이스 운영(어린이 놀이방), 키즈클럽 이용 시 중식 키즈메뉴 가능, 15~16시 물고기 먹이 주기이다. GS 쇼핑 2006년 11월 3일 방영된 중국 오리엔탈 웰빙 해남도 5일(499,000원) 상품은 11월 출발 기준이다. GS홈쇼핑 인기상품인 태국 고품격 아로마스파+잠수함투어 방콕/파타야 5일(649,000원) 상품과 알뜰 코끼리 트레킹+로얄드래곤 방콕/파타야 5일(529,000원) 상품은 2인 이상 100% 출발이며 국적기를 이용한다. 2006년 11월 출발 기준이다. 관광휴양 시드니/블루마운틴/포트스테판 6일(1,149,000원) 상품은 2006년 11~12월 출발 기준이다(www.redcaptour.com).

세중해피투어에서는 2005년 홈쇼핑 히트상품을 내놓았다. 중국인 상위 1%만의 선택 북경(천하제일성) 4일(599,000원) 상품이 있다. 북경성을 재현한 천하제일성(5성급) 숙박, 북경성 개성식 참관 및 워터파크 1일 이용권이 제공된다. 특식으로 황제요리(만한전석 등 4회)가 제공된다. 동양의 진주-페낭(무띠아라 리조트) 5/6일(699,000/749,000원) 상품이 있다. 초특급리조트 이용, 랑카위 코랄투어 포함, 페낭힐 관광, 트라이쇼가 포함되며 각종 공항세가 포함된다. 관광과 휴양을 동시에 싱가포르(라사센트사) 5일(699,000원) 상품이 있다. 초특급 샹그릴라 3박, 센토사섬, 수족관, 리틀인다아, 보타닉가든, 주롱세공원, 3일차 자유관광, LAUPA SAT MARKET관광, 싱가포르 자유일정 시 싱가포르 달러로 10달러가 지급된다. 천 가지 표정의 축제가 있는 곳 홍콩 익스프레스 4일(749,000원) 상품은 상반기 홍콩 송출 단기 최고 기록으로 초특급 하버프라자호텔 및 동급, 야시장, 오픈버스투어, 홍콩역사박물관, 야경투어, 가이드/기사팁이 포함된다. 남태평양의 작은 보석-Guam 꿈의 궁전 괌 레오팔레스 실버 5일(749,000원), 골드 5일(779,000원), 골프 5일(929,000원) 상품이 있다. 홈쇼핑 모객사상 최고 예약을 달성하였다. 실버는 워터월드수족관, 샘쵸이스식사, TAX 포함이다. 골드는 전 일정 호텔식, BBQ 디너쇼, TAX포함이다. 골프는 18홀 3회 라운딩, BBQ디너쇼, TAX포함이다.

2006년 5월 기준으로 CJ홈쇼핑과 함께하는 인기특선 Best 상품은 2005년의 싱가포르, 북경, 페낭상품 외에 상해/오진/항주 4일(599,000원) 상품, 남태평양 최대의 Water Park 사이판월드리조트 4일(749,000원) 상품, 세부 4/5일(799,000/899,000원) 상품으로 알레그레리조트 및 플렌테이션베이리조트를 이용한다(www.happytour.co.kr).

13. 관광청 연계 상품

1) 관광청 협찬 상품

자유여행사에서는 맛있는 음식, 아름다운 풍경의 나라 대만을 추천한다고 공지하였다. 대만/아류/화련+(온천) 4일(파격 399,000/정통 449,000원) 상품의 특전은 3대 특선, 양명산 유황온천, 국립고궁박물관, 중정기념당, 용산사, 야시장, 충렬사, 야류해상공원, 태로각협곡(자강호열차, 국내선 이용)이다. 대만/아류/온천 3일(파격 299,000원) 상품의 특전은 국립고궁박물관, 야시장, 충렬사, 용산사, 야류해양공원, 야외온천욕, TAX포함이다. 소인국 50$, 유류할증(35달러)은 불포함사항으로 공지하였다. 대만/아류+홍콩 4일(특가 599,000원) 상품은 현금결제 시 5%할인과 특전으로 빅토리아 백만불야경, 해양공원, 딤섬, 국립고궁박물관, 용산사, 야시장, 야류해상공원, 중정기념당, 몽골리안BBQ, 샤부샤부 포함이다. 유류세는 불포함 사항으로 공지하였다(www.freedom.co.kr).

하나투어여행사에서는 싱가포르관광청 협찬으로 상품을 내놓고 있다. 싱가포르 여행상품을 구매한 고객 중 매주 2명에게 DFS쇼핑바우처를 제공한다. 그리고 싱가포르-빈탄을 다녀온 여행객에게는 소타타승용차 및 다양한 경품을 제공한다. 조기예약 시는 5만 원을 할인하여 준다. 여자 세 명이 한 방에 투숙하면 1명에게 외식상품권 5만 원권과 과일바구니를 제공한다. 싱가포르/빈탄 6일 상품 예약시는 비자피 10달러를 지원하였다. 목요일 대한항공 출발하는 싱가포르 4박 6일 전 상품에 대해 각 옵션 10달러를 할인하였다. 이상의 특전을 제공하면서 싱가포르/바탐/조호바루 5일(499,000원) 상품, 싱가포르/빈탄 5일(649,000원) 상품 등을 시판하였다.

서호주 브룸 / 서호주정부관광청은 낙타와 함께하는 낭만적인 일몰을 광고하면서 서호주상품을 공동연합상품으로 협찬하였다. 서호주－진정한 호주를 만나는 곳! 서호주 자유여행 퍼스 6일 79만 원부터 상품은 항공, 호텔(3박)포함이며 1인 출발이 가능하다. 서호주 항공팩 퍼스 6일 106만 원부터 상품은 항공, 호텔(3박), 조식 포함으로 1인 출발이 가능하다. 이 상품은 공항－호텔간 왕복 셔틀버스, 퍼스 시내관광 및 피너클스 투어 포함이다. 서호주 아주 특별한 허니문 170만 원부터 상품은 프리맨틀 1박, 마가렛 리버 2박, 퍼스 1박 일정이다. 항공, 호텔(4박), 도시간 교통편 및 공항－호텔 간 셔틀버스 제공, 퍼스 시내관광 포함이다.

푸른 바다와 중세풍의 건물, 낭만의 카퓨치노거리－프리맨틀 자유관광, 호주 최고의 와인여행 마가렛 리버 자유여행, 서호주 대자연을 배경으로 한 초특급 리조트 키 웨스트 벙커베이 리조트 2박, 스완 벨스 타워, 퍼스 민트 등 퍼스 자유관광, 매주 토요일 출발 조건이다. 항공은 Cathay Pacific이며 연합상품에 참여하는 여행사는 허니문여행사, 하나투어, 투어닷코리아, 제이슨여행사, 젊은여행사 블루, 넥스투어, 내일여행, 가야투어이다. 출발은 2006년 여름방학 출발 기준이다(westernaustralia.com).

2) 관광청 추천 상품

한국에는 많은 해외 관광청들이 해외사무소를 개설하여 역할을 하고 있다. 알래스카관광청과 앵커리지관광청에서는 알래스카 빙하관광 특선상품을 후원하고 있다. 에이스 아메리카투어는 미주 지역 실적과 전문성을 지닌 여행사로 관련상품을 출시하였다. 위디어 빙하관광 7일(2,390,000원) 상품, 위디어 빙하/패어뱅스 관광 7일(2,490,000원) 상품, 콜롬비아 빙하관광 7일(2,690,000원) 상품이다. 앵커리지, 페어뱅스, 와실라, 발데즈 지역을 방문하는 일정이다. 태고의 신비와 빙하관광을 경험할 수 있는 상품으로 관광청이 후원한다.

영국관광청에서는 1만 6,000여 명의 예술가들이 1,800여 개 공연을 펼치는 세계적인 이벤트인 에든버러 페스티벌 프린지를 추천한다. 매년 8월에 20일 정도에 개최된다. 길거리 즉석 공연이 열리며 최고 수준의 실력을 보여준다.

캐나다의 천섬

캐나다관광청에서는 나이아가라폭포에서 안개의 숙녀호(Maid of the Mist)를 타는 것을 권장한다. 전망대에서 보는 폭포도 좋지만 직접 안개의 숙녀호에 타면 폭포 앞까지 접근해서 폭포의 위용을 느끼고 물세례를 받기도 한다. 그래서 배가 출발하기 전 머리까지 쓰는 파란색 우비를 착용하고 승선하게 된다. 직접 폭포 앞까지 배가 도착해서 멈추면 폭포의 굉음과 흩날리는 물보라를 맞게 되며 주위의 말이 거의 들리지 않는 상황이 된다. 반대편에는 미국 지역에 속한 나이아가라 폭포도 전망대와 배를 타면서도 볼 수 있다. 미동부 캐나다 상품으로 방문하면 보통 캐나다 지역에서 안개의 숙녀호를 타는 것이 일반적이다.

14. 중남미 상품

세중여행사에서는 중남미 6개국 18일(5,990,000원)에 판매한다. 멕시코/쿠바/칠레/브라질/아르헨티나/페루 6개국 방문상품이다. 포함사항을 보면 일부 지역을 제외한 1급호텔 사용, 이과수-마꾸꼬사파리투어, 산티아고 해물식 또는 빠릴야다, 부에노스아이레스 아사도 특식, 리오 슈라스코 특식, 푸에르토 말도나도 통돼지 바비큐, 페루식 해물특식(쎄비체)이 제공된다.

참좋은여행에서는 품격 중남미 6개국 18일(5,990,000원) 상품을 출시하고 있다. 쿠바, 아마존 관광이 포함된다. 전문인솔자 동반, 정규 1급 호텔 투숙, 아마존(푸에르토 말도라도) 지역관광, 중남미 6개국(멕시코/쿠바, 칠레/브라질/아르헨티나/페루) 관광, 이과수폭포, 마꾸꼬사파리투어가 포함된다. 쿠바에서는 하바나－바라데로 기차탑승(오픈바 운영하며 술, 음료, 각종 과일 무한 제공 및 4인조 밴드와 살사, 룸바 댄스 여흥)한다.

노랑풍선에서는 특별함이 있는 곳, 노랑풍선과 함께하는 초강력 추천여행 노팁 인기 중남미 7개국 완전 일주 18일(4,790,000원) 상품을 공지하였다. 멕시코－쿠바－칠레 일정이다. 2006년 6월말 출발 기준이다. 잃어버린 공중도시 페루의 마추픽추, 세계 3대 폭포 이과수, 세계 7대 불가사의 나스카라인 경비행기 포함이다(www.ybtour.co.kr).

참좋은여행에서는 중남미 7개국/빙하/파나마운하/나스카 20일(7,990,000원) 단독상품을 내놓았다. 전 일정 No 옵션이다. 겨울 성수기에만 볼 수 있는 아르헨티나 칼라파테 빙하 관광 1일이 포함된다. 카리브해 휴양지 칸쿤의 휴식과 파나마 운하관광, 특식 9회 이상, 작은 갈라파고스 빠라카스 바예스타섬 포함 조건이다. 2월 15일 출발상품은 브라질 삼바축제를 관람하게 된다. 업계 최초 마추픽추와 티티카카호 간의 편안한 비행기 연결 상품인 단독 중남미 7개국 완전 일주/ 티티카카/나스카 20일(6,290,000원) 단독상품은 노팁, 노옵션이다. 신비의 떠있는 섬 우로스섬과 티티카카호 관광이 포함된다. 세계 7대 불가사의 나스카 지상 그림지도 경비행기 관광, 특식 9회 이상, 탱고쇼, 라파인디너쇼, 마꾸꼬사파리 등 최고 인기 옵션, 카리브해 휴양지 칸쿤에서의 휴식, 남미의 홍콩 파라과이 관광이 포함된다. 두 상품 모두 2007년 2~3월 출발한다(www.verygoodtour.com).

포커스투어에서는 단독/품격 노팁 · 노옵션 하늘에서 가장 가까운 신비의 티티카카 호수 중남미 8개국(쿠바 + 티티카카 + 나스카) 19일(6,090,000원) 상품을 공지하였다. 전문 인솔자 동반, 마일리지 적립, 중남미 대표 5대 옵션, 10대 특식 포함이다. 7대 불가사의 나스카 경비행기, 티티카카호수에서는 요트투어 포함이다. 2007년 1~2월 출발 기준이다(www.focustour.co.kr).

참고 카톨릭/삼바/이과수 폭포의 나라 브라질

1822년 포르투갈에서 독립한 브라질은 영토가 남미에서 가장 넓으며 광산자원과 농산물이 풍부하고 커피와 축구로도 잘 알려진 나라이다. 브라질의 수도는 브라질리아이다. 그러나 삼바로 유명한 도시는 리우데자네이루이다. 약 180만 명이 방문한 예수상이 있는 코르코바도산은 710m의 높이로 케이블카를 타고 오른다. 이 케이블카는 봉지뉴르 역사가 2021년 기준으로 100년이 넘는 명물로 인식된다. 예수상 앞에는 많은 사람들이 사진을 찍기 좋게 날씨가 밝아지기를 기다린다. 보통은 구름이 많아 예수상을 가리기 때문이다. 예수상 앞에서 팔을 벌리고 사진을 찍는 사람들을 볼 수 있다. 리우에서 카리오카수도교 위로 지나는 작은 전차는 오랜 교통수단이다. 셀라론 계단도 유명하다. 세계 각국의 2,000여 개의 타일로 계단길을 조성하였다.

코파카바나 해변은 관광객들이 많이 찾는다. 반면에 이파네바 해변은 현지인이 많이 찾는 일몰이 아름다운 해변이다. 이과수 폭포는 12개의 폭포로 구성되었으며 악마의 목구멍이라는 별칭이 있다. 폭포수 밑에까지 가는 코스는 가이드와 함께 선착장까지 도보로 약 30분 동안 이동하여 승선한다. 한 보트에 20명이 타며 빠른 속도로 이동하여 스릴을 느낄 수 있다. 폭포 앞까지 이동하여 물보라를 체험하며 폭포 속으로 들어간다. 전망대에서도 폭포를 잘 감상할 수 있다. 제대로 이과수 폭포를 보려면 2~3일은 소요된다고 한다. 헬기 투어도 있다.

페이조아다는 대표적인 음식으로 검은콩과 고기를 함께 끓인 음식이다. 슈하수코는 다양한 고기 꼬치구이로 우리에게도 잘 알려진 음식이다. 유네스코 인류무형문화유산인 카포에이라를 유명식당에서 식사 후 공연을 볼 수 있다. 브라질의 상징인 삼바도 공연 시 같이 볼 수 있다.

최근 브라질은 코로나19 상황에서 확진자가 증가함에 따라 많은 희생자와 환자로 인해 고생을 하고 있다.

15. 휴양지 상품

SK 투어비스에서는 피지(초특급 리조트 쉐라톤이용+티부아섬 범선 크루즈) 조건으로 5일(1,190,000원) 판매하고 있다. 2005년 10~11월 출발 기준이며 자유여행 5일 상품은 2인 이상 출발 가능하며 가격은 999,000원이다. 글라스 바툼보트, 전통 환영식, 트로피칼 뷔페, 무료음료 쿠폰, 무동력 해양스포츠(카누, 윈드서핑, 스노클링 등)가 제공된다(www.tourvis.com).

남태평양의 휴양지

세중해피투어에서는 북경에서 즐기는 온천+관광 북경(춘휘원 온천) 3일(399,000원) 상품을 내놓았다. 준5성인 춘휘원 숙박과 온천욕, 북경 만리장성 케이블카 이용, 오리구이, 샤부샤부, 북한식 특식이 포함된다(www.happytour.co.kr).

현대드림투어에서는 천상의 휴가 피지상품을 내놓고 있다. 모캄보 샹그릴라급 5일(1,090,000원) 상품, 쉐라톤리조트급 5/6일(1,390,000/1,590,000원) 상품이다. 대한항공 직항(9시간 30분 소요), 타부아섬 관광, 트로피컬 뷔페중식이 제공된다.

참고 한국인 백신 접종 후 여행 가능한 60개의 나라와 지역

코로나19 상황이 지속되면서 사람들은 코로나 종식 후 가장 하고 싶은 활동이 해외여행이라고 답하고 있다. 그만큼 힐링 그리고 편안한 휴식을 갈구한다는 의미로 다가온다. 외교부의 해외안전여행정보는 참고자료와 안내일 뿐이고 실제로 상호 여행객이 가고 오는 국가 간에 구체적인 협약이나 규정이 필요하다.

헤럴드경제에 의하면 우리나라에서 에미레이트항공을 통해 두바이로 가면 스위스 취리히와 제네바, 스페인 바르셀로나와 마드리드, 그리스 아테네, 체코 프라하, 프랑스 파리와 니스 리옹, 몰디브 말레 등 11곳의 격리면제 취항지에 다다를 수 있다고 한다. 조건은 백신 최종회차 접종을 완료 후 2주가 지나야 하며 출발 72시간 이내에 코로나19 PCR검사 음성확인서를 제출하면 여행 후 한국 입국 시 자가격리가 면제된다(헤럴드 경제, 2021.7.1.)고 한다.

백신접종 완료가 해외여행의 관건이 되고 있다. 우리나라 의료시스템과 검사의 정확성 등 신뢰를 바탕으로 에미레이트항공이 인천–두바이 간 항공편을 증편하고 있다. 위의 11개 도시와 해당 국가는 한국의 방역을 긍정적으로 평가하기 때문에 무격리하는 조치를 취한다고 볼 수 있다. 출입규제가 완화되는 상황으로 평가된다.

16. 세계문화유산 상품

투어비스여행사에서는 세계문화유산상품으로 황산정복+항주, 남경 5일(599,000원), 황산 · 장가계 · 상해 · 항주 6일(899,000원), 구채구 · 성도 · 낙산대불 항공 5일(999,000원), 구채구 · 성도 · 낙산대불 · 황룡 6일(799,000원)을 내놓았다. 황산일출, 화산미굴, 중산릉, 서해대협곡, 송성가무쇼, 황산정상 숙박 조건이며 성도 또는 서안–구채구 이동 시 국내선 이용, 황룡계곡, 오채지, 무후사, 두보초당 등이 일정에 포함된다. 2005년 10월 이후 출발상품이다.

범한여행(Red Cap)에서는 세계자연문화유산 시리즈 상품으로 서안/상해/화산+당락궁쇼 5일(749,000원), 장가계/구채구/낙산/상해 7일(1,199,000원)을 내놓았다. 디럭스 4성급 호텔, 상해 자기부상열차, 당락궁쇼, 화산케이블카 제공되며 장가계에서는 천자산케이브카, 백룡엘레베이터, 십리화랑, 보봉호유람이 포함되며 구채구에서

는 황룡, 황룡고사관광, 수정구, 장해, 오채지가 포함되며 낙산에서는 낙산대불이 일정에 포함된다. 2005년 10월 이후 출발상품이다.

현대드림투어에서는 유네스코 지정 세계유산 베트남 상품을 출시하였다. 프리미엄 베트남(하롱베이)/캄보디아(앙코르와트) 6일(1,099,000원) 상품, 유네스코 지정 시엠립/앙코르와트 5일(849,000원) 상품, 기획특가 베트남(하노이/하롱베이/닌빈) (549,000원) 상품이 있다.

17. 고품격 브랜드 상품

고품격 브랜드 상품은 디럭스상품으로 표현해도 적정하다. 고품격 상품으로 추가 경비가 없는 상품을 말한다.

범한여행사에서는 NOBLE-PACK상품으로 일본 노블일주 5일(1,090,000원)을 시판하였다. 8인 이상 출발이 보장되며 전 일정 노팁/노옵션, 전통온천호텔 숙박, 일본 전통요리 가이세키, 전 일정 5성급 특급호텔 이용기준이다. 북큐슈일주+하우스텐보스 4일(899,000원), 도쿄+요코하마(1,090,000원) 상품도 있다.

투어몰여행사에서는 대양주 상품으로 노팁, 노옵션, 노택스로 호주/포트스테판/뉴질랜드 남북섬 10일(1,990,000원) 상품과 호주/포트스테판/뉴질랜드 북섬 8일(1,790,000원) 상품 그리고 뉴질랜드 남북섬+더니든 9일(1,790,000원), 특급 호주 완전일주 7일(1,490,000원) 상품을 내놓았다. 공통 특전사항을 보면 다음과 같다. 뉴질랜드는 특급호텔, 와이토모동굴, 폴리네시안 럭셔리 VIP온천, 스카이라인뷔페, 일식데판야끼, 호텔식 디너, 더니든, 라나크성이며 호주는 런천크루즈(특급 마테스틱호), 카지노 시푸드, 호주 전통스테이크, 시드니타워, 포트스테판, 돌핀크루즈, 호텔 시푸드(골드코스트)이다(www.tourmall.com).

일본 나가사키의 하우스텐보스 전경

한진관광의 여행귀족 KALPAK 상품은 고품격 상품이다. 문명의 안식처 이집트, 나일강 크루즈 10일(3,890,000/3,990,000원) 상품, 이탈리아 일주 Royal 7일(5,190,000원) 상품, 동유럽의 보석 프라하 7일(4,870,000원) 상품은 4명 출발 기준이다. 뉴욕 전문가이드와 함께하는 Prime 문화여행 6일(4,690,000원) 상품, 미서부와 그랜드캐니언 대탐험 8일(5,450,000원) 상품, 미동부와 나이아가라 폭포 8일(5,850,000원) 상품, 상해, 소주, 항주 디럭스 4일(1,780,000원) 상품, 골프의 천국 해남도 디럭스 5일(1,900,000원) 상품, 기타규슈-온천마을 전통료칸 3일(1,750,000원) 상품, 안전한 아프리카 6개국, 세렝게티 사파리 15일(8,090,000/8,290,000원) 상품이 있다(www.kaltour.com).

현대드림투어에서는 일본 NOBLE PACK상품을 내놓았다. 8인 이상 출발, 노팁과 노옵션, 전통 가이세키 포함이다. 일본 노블일주 5일(1,090,000원) 상품, 아마쿠사/하우스텐보스/나가사키 4일(899,000원) 상품, 도쿄/하코네/오다이바 4일(1,090,000원) 상품이 있다.

현대드림투어에서는 MONOS(Modern, Noble, Service & Satisfaction) 상품을 출시하였다. 두 분만을 위한 최상의 맞춤여행으로 럭셔리 투어이다. Luxury 골드코스트 베르사체호텔 6일(3,690,000원) 상품은 이탈리아 명품 베르사체의 직영 호텔 투숙, 호주 최고의 해변 골드코스트에서의 환상적인 추억 만들기, 시로메트 와이너리에서 시음회 및 만찬이 특전이다. 이집트 오아시스 사막과 나일강 크루즈 10일(3,990,000원) 상품은 이집트의 모태 나일강 크루즈 3일, 전 일정 5성급 특급 호텔 숙박, 흑과 백의 조화 오아시스 사막투어가 제공된다. 프랑스 노르망디와 르와르고성 9일(6,990,000원) 상품은 몽생미셸과 달라쏘테리피 포함, 전 일정 특급호텔 숙박이다. 아카풀코와 하바나 남미 일주 12일(8,990,000원) 상품은 멕시코 마카폴코와 쿠바 하바나에서의 해변휴양, 전 일정 특급호텔에서 투숙한다.

인터파크여행사에서는 2006년 4~5월 가정의 달 특선 고품격 효도여행 상품을 내놓았다. 노팁, 노옵션 상품이다. 동유럽 5개국+다뉴브유람선/프라하 야경 9일(1,790,000원) 상품, 터키 일주+밸리댄스 9일(1,590,000원) 상품, 융프라우+유럽 6국 12일(2,590,000원) 상품, 항공이동 러시아/북유럽 4개국 12일(2,790,000원) 상품이다(www.interpark.com).

에미레이트항공 지정 랜드사인 이앤아이투어(주)에서는 고품격 두바이 관광 7일, EK항공(3,290,000원) 상품을 판매하고 있다. 버즈 알 아랍 7성 등 전 일정 5성급 호텔에서 숙박, 2006년 EPGA투어를 개최한 두바이 Emirates Golf Club에서 T-off, 세계적인 리조트 바브 알샴 리조트에서 아랍식 뷔페, 2억 원 여행자보험 등이 특전 사항이다. 넥스투어, 범한, 세중, SK투어비스, 이오스, 이집트투어, 인터파크, 투어익스프레스, 투어몰, 현대드림, 코오롱세계일주 연합상품이다(세계여행신문, 2006.6.12., 33면 광고).

일본 최대여행사 JTB에서는 "몰디브 섬 하나를 통째로 애인과 단둘이 6박 8일 상품(6,680만 원)을 출시하였다. 섬 하나를 통째로 빌려 쉴 수 있는 초호화 여행상품이다. 일본 최대 여행사인 JTB가 발매에 들어간 이 상품은 인도양의 휴양지인 몰디브의 작은 섬을 6박 8일(비행기에서 1박)간 커플당 800만 엔(약 6,680만 원)가량을 받고 빌려주는 내용이다. 섬 주변을 걸어서 한 바퀴 도는 데 15분 정도 걸리는 아주 작은 섬이다.

요금은 한 커플에 796만 엔인데 한 명이 추가될 때마다 어른은 98만 엔, 어린이는 83만 엔을 더 내야 한다. 최대 15명까지(총 여행경비 2,070만 엔/약 1억 7,300만 원) 한

그룹으로 갈 수 있다.

4개 동인 숙박시설에는 약 30명의 스태프들이 여행객을 맞이한다. 여행에는 물리치료사와 다이빙 지도강사가 동행한다. 현지 미용시설과 호화유람선은 공짜로 이용할 수 있다. 식사는 '별이 보이는 하늘 아래의 해변에서' 등 여행자가 원하는 조건에 맞춰 준비된다(조선일보, 2006.8.1, A18면; khjung.chosun.com).

참좋은여행에서는 고품격 Luxury 캠핑 사파리 15일(7,990,000원) 상품을 내놓았다. 2007년 1~2월 단 3회 출발한다. 남아공에서는 썬시티 The place of lost city를 사용하며 골프 라운딩이 포함된다. 빅토리아 폭포에서는 한국인 가이드 서비스로 편안한 여행을 제공한다. 케냐 탄자니아에서는 고급 캠핑 사파리를 국내 패키지 사상 최초로 도입하였음을 공지하였다. 4명에서 9명의 전담요리사와 수행원이 최고의 자랑거리를 만들어 드릴 준비가 완료되었음을 광고하였다(www.verygoodtour.com).

현대드림투어에서는 허니문여행시리즈로 스페셜 테마 DIY 누구나 하는 똑같은 건 싫다. 10% 할인 혜택 제공 상품을 내놓았다. 발리 디시니 풀빌라 5일(1,899,000원) 상품을 내놓았다. 오전 프로그램으로 데이크루즈, 아융강 래프팅, 해양스포츠와 오후 프로그램으로 빌라 내 스파와 마사지 2시간, 황실마사지 2시간이 제공된다. 전 일정 빌라 내 자유시간 시에는 전식 리조트식이 제공된다.

푸켓 마리샤 풀빌라 5일(1,999,000원) 상품은 Theme 1. Culture : 판타시쇼, 파통 나이트투어 등 문화테마 / Theme 2. Activity : 피피섬(스노클링), 산호섬(다이빙 등 해양스포츠) 등 / Theme 3. Wellbeing & spa : 지친 심신에 활력을 주는 스파테마를 공지하였다. 전 일정 빌라 내 자유시간 시 전식 리조트식이 제공된다.

고가 여행상품 선호도 증가

여행업계에서 기존에 고가 여행상품으로 주목을 받았던 상품은 한진관광의 칼팍(KALPAK) 여행상품을 중심으로 롯데관광, 코오롱고속관광, 현대드림투어 등 중산층의 고객을 많이 확보한 대형여행사의 상품 가운데 몇 개의 특수한 상품을 중심으로 고급수요에 맞게 출시되고 판매되었던 것이 사실이다. 칼팍상품은 확실하게 타 여행사와도 차별화된 것이 출발 인원의 다소에 관계없이 소규모 인원인 2명부터 시작하여 4명, 6명, 8명 그리고 10명 이상, 15명 이상 등 구성원 수에 따른 가격책정으로 상품이 구성되었다. 또한 일반적인 해외 여행 상품과는 다른 식사구성, 호텔 선정, No Tip, No Option, No shopping 등 고급화된 서비스를 상품 요소에 적용하여 차별화하려는 노력을 보였다. 이로 인해 가격은 상대적으로 고가 여행상품으로 분리되었던 것이 사실이다. 국외여행인솔자와 가이드도 베테랑급으로 구성하여 여행사의 인적서비스 등 제반 분야를 강화하였다.
이상은 1990년대와 2000년대 초반 그리고 중반까지도 이러한 상황이 적용되었다. 그러나 2006년 이후 여행업에서는 크루즈투어의 수요증가와 함께 여행지역의 다양화 그리고 여행목적의 구체적 동기와 함께 고가 여행상품의 출시와 선호도 즉, 상품 신청자가 증가하는 것이 보이고 있다.
전술한 바와 같이 기존에는 경제적으로 부유한 특수층을 대상으로 한 칼팍상품과 같은 고가 여행상품의 한정된 수요가 있었지만 최근에는 일반 대중을 대상으로 한 고가 여행상품이 출시되고 있으며 기존의 부유층에 한정된 상품이 아닌 은퇴자와 여행소비성향이 큰 계층 등 수요를 기반으로 한 새로운 여행시장이 형성되어 가고 있다는 사실에 주목하게 된다.
국내 최고 실적의 H여행사에서도 이러한 여행시장의 수요를 판단하여 Prestige Club상품 30여 종을 출시하여 좋은 반응을 얻고 있다. M여행사에서도 유럽의 SIT상품으로 프랑스 예술기행 10일 일정인 1,300여만 원의 상품을 출시하였다. L관광의 세계일주상품은 가격이 약 1,700만 원대로 전 세계 5대륙 10여 개국의 주요 도시를 방문하는 일정이다. 아울러 크루즈 여행상품에 대한 수요도 증가하여 1,000만 원대 이상의 상품도 고비용임에도 불구하고 중남미, 유럽 및 지중해 지역 상품들의 출발이 꽤 많이 이뤄지고 있다.
일부에서는 고비용의 중동 지중해 성지순례 크루즈상품도 시판되어 판매되고 있다.
이러한 현상은 향후에 고비용임에도 불구하고 고급화된 여행요소를 선호하는 수요가 지속적으로 증가할 것으로 성장세가 전망된다.

18. 계절추천 상품

참좋은여행에서는 가을철 인기만발, 절호의 찬스 단풍나들이 상품으로 도쿄/닛코/후쿠시마/아오모리 온천 5일(899,000원)을 내놓았다. 닛코의 아름다움을 강조하며 일본 3대 온천지역 중의 하나인 아오모리 온천 숲속에서의 여유로운 온천욕, 일본 100대 온천호텔 중 1위를 차지한 오이라세계류 온천호텔 숙박, 일본 전통식 가이세키 요리 제공을 공지하였다. 그리고 단풍온천테마여행으로 도야마, 알펜루트, 게로 온천 4일(699,000원)을 시판하였다.

대자연 속의 절경의 연속, 다테야마 알펜루트 전 코스 횡단과 맑은 강물과 우뚝 솟은 산맥이 그림과 같이 아름다운 고원 가미코지를 관광하며 일본 3대 온천의 하나인 게로온천 숙박 조건이다(www.verygoodtour.com).

롯데관광에서는 울긋불긋 단풍여행상품을 내놓았다. KTX 단풍열차상품으로는 내장산/백양사 단풍 2일(154,000원), 내장산 단풍 당일(63,000원), 주왕산 단풍 2일(139,000원) 상품이 있다. 단풍여행(버스) 상품으로는 설악산 단풍 2일(4인) (112,000원), 내장산 단풍 2일(4인) (76,000원), 지리산 단풍 2일(4인) (83,000원) 상품이 있다.

투어몰에서는 특별한 단풍여행 상품을 내놓았다. 대한항공이 협찬하여 일본 전 지역 14개 도시로 편안하게 모신다는 광고를 공지하였다. 인기 북알프스 알펜루트/하쿠바온천/구로베협곡 4일(699,000원) 상품은 도록코열차, 알펜루트 전 코스 관통, 전 일정이 포함되었다. 인기 홋카이도 완전 일주 4일(849,000원) 상품은 전 일정 온천 특급호텔에서 숙박한다(www.tourmall.com).

현대드림투어에서는 온천과 단풍을 한 번에 디럭스 북알프스/알펜루트/쿠로베협곡열차 4일(699,000/799,000원) 상품을 내놓고 있다. 알펜루트 전 구간 관광, 전 일정 특급호텔 숙박, 쿠로베 협곡열차탑승, 일본 3대 정원 중 하나인 겐로쿠엔 관광이 특전이다.

여행나라 (주)학동마을에서는 국내 단풍여행 초특가 이벤트로 상품을 출시하였다. 내장산 단풍케이블카(20,000원) 상품, 지리산 단풍여행(28,000원) 상품, 대둔산케이블카/강경젓갈시장(20,000원) 상품, 외도 알뜰살뜰 당일여행 (40,000원) 상품이 있다.

마운틴관광여행사에서는 11월 단풍 마지막 찬스 대둔산도립공원 맛깔나는 강경젓갈시장(10,000원) 상품을 내놓았다. 대둔산케이블카를 타고 즐기는 호남의 금강산으로 공지하였다. 금강구름다리, 삼선계단, 마천대 해발 877.7m 정상 코스이다. 조석식, 케이블카, 입장료, 왕복교통비 일체가 포함이다. 대한민국의 단풍 1번지 내장산 · 강경젓갈시장 · 백양사(29,000/35,000원) 상품은 백양사 500m의 단풍터널, 내장산 정상, 장승공원, 내장사 버스투어, 강경젓갈시장 일정이다. 왕복교통비, 3식 제공, 입장료가 포함되었다. 둘레가 800리인 국립공원 제1호 지리산(29,000원) 상품은 천은사, 시암재, 성삼재, 노고단 정상, 뱀사골 일정이다. 왕복교통비, 3식 제공,

입장료 일체가 포함이다.

코오롱세계일주에서는 봄맞이 Best 노팁/노옵션 신일본(완전 일주) 5일(899,000원) 상품을 출시하였다. 2006년 4월 출발 기준이다. 또한 2006년 4월 추천상품 봄맞이 유럽상품 특별기획으로 아프리카/케냐 일주 9일(1,990,000원) 상품을 출시하였다. 4월 단 2회 출발 예정이며 암보셀리 국립공원, 나쿠로 국립공원, 마사이마라 국립공원 사파리체험이 포함되었다(www.hikolon.com).

굿데이 플러스에서는 2006년 봄맞이 대축제상품으로 선운사(동백+벚꽃축제) 도솔암/강경젓갈(23,000원) 상품을 공지하였다. 중식에는 풍천장어가 제공된다. 마이산 벚꽃축제/강경젓갈(23,000원) 상품, 단양팔경유람선/청풍명월벚꽃길(23,000원) 상품, 지리산 바래봉 철쭉축제(23,000원) 상품, 장수봉화산 철쭉축제(23,000원) 상품은 2006년 4~5월 출발 기준이다(조선일보 2006년 4월 광고 참조).

미래로 여행사에서는 내장산 단풍여행 강경젓갈 상품을 내놓았다. 출발은 2006년 10월 13일~11월 19일 매일 출발하는 상품으로 가격은 20,000원이며 3식, 차량, 입장료 포함 조건이다(조선일보 광고 참조).

하나 RG투어에서는 가을맞이 특별기획으로 울긋불긋 단풍의 명산 무주 적상산 상품을 내놓았다. 2006년 10월 12일~10월 24일 13일간 매일 출발한다. 참가비는 10,000원이며 간식, 중식, 적상산 입장료, 왕복버스비 포함이다. 행사기간 후에는 관광비용이 28,000원임과 패키지여행 상품이므로 쇼핑코스가 포함될 수 있음을 공지하였다(T.1566 - 1732).

코오롱세계일주에서는 대한항공과 함께 조기예약 할인 시원한 Summer Festival 알래스카 빙하투어 5일(2,190,000원) 상품을 내놓았다. 2006년 7~8월 출발 기준이다. 앵커리지/포테이지/위디어/와실라/타키트나 일정이다. 패어뱅스 빙하일주 7일(2,690,000원) 상품은 디스커버리 유람선, 엘도라도 사금채취 기차탑승, 파이오니어공원, 맥켄리산 경비행기 탑승, 위디어유람선 빙하관광 포함 일정이다. 패어뱅스/치나/포테이지/위디어/앵커리지를 방문한다(www.hikolon.com).

한진관광에서는 삿포로보다 더 시원한 홋카이도 쿠시로 대한항공 직항 전세기 상품을 내놓았다. 대원시림 체험 및 온천관광 4일(1,190,000/1,290,000원) 상품은 아칸,

아바시리, 쿠시로 일정이다. "알래스카 비자 간소화 지정업체"를 공지하면서 알래스카 슈퍼골드 7일(2,690,000/2,890,000원) 상품을 소개하였다. 치나강과 타나나강을 따라가면서 역사의 현장을 관람하는 디스커버리 유람선 탑승, 골드마인 골드러쉬 전성기에 금을 캔 장소에서 기차탑승 및 사금채취를 하는 엘도라도 방문, 직경 48인치 기름 송유관 시설 1,200km인 알래스카 파이프라인 견학, 역사의 테마공원으로 원주민 마을 및 각종 유락시설을 갖춘 파이오니어공원 방문, 타키트나 경비행기 탑승하여 맥킨리산 공중관람, 위디어 유람선 관광(6시간 탑승, 프린스 윌리암 사운드 및 서프라이즈 빙하, 바다동물 관람)이 포함되었다.

대한항공 전세기(7시간대)로 편안하게 모험과 스릴의 레포츠 천국, 천혜의 휴양지 호주 케언즈로 공지하면서 케언즈 5일(관광+휴양) 1,440,000원 상품을 소개하였다. 쿠란다 열대 우림투어+그린섬투어+1일 자유여정이다. 쿠란다 열대우림투어, 원시림 스카이레일 탑승, 대보초 그린아일랜드 관광, 노보텔 팜코브리조트(특급호텔) 이용 조건이다. 2006년 여름수요를 겨냥한 3가지 상품은 모두 7~8월 출발 조건이다(www.kaltour.com).

경인관광여행사에서는 겨울눈꽃 기차여행으로 태백산 눈꽃 기차여행, 정동진 해돋이 대관령 눈꽃 기차여행, 소백산 눈꽃 기차여행, 태백산 산상일출과 눈꽃 기차여행상품, 정동진 겨울바다와 태백산 눈꽃기차여행, 겨울 환상선 눈꽃 열차여행을 33,000~57,000원대로 판매하였다(www.ktx7788.co.kr).

청송여행사에서는 환상의 겨울 눈꽃 기차여행, 태백산 눈꽃 관광열차, 덕유산 눈꽃 · 곤돌라여행, 환상선 설경여행, 내장산눈꽃 · 담양온천여행, 소백산눈꽃 · 풍기온천, 태백산눈꽃 · 백암온천여행, 태백산(등산·눈꽃), 정동진 일출 · 태백산 눈꽃, 정동진 일출 · 환상선(승부역) 설경여행, 정동진일출 · 스노우파크상품을 36,000~149,000원에 판매하고 있다(http://www.114). 상기의 국내의 겨울여행상품은 한국철도공사 협찬으로 열차를 이용한 상품이다.

겨울 테마여행

서유럽 4개국 스위스 융프라우

스위스 융프라우는 4,158m의 유럽 최고봉으로 아름다운 전경으로 유명하다. 유럽의 지붕으로도 일컬어진다. 또한 지상 최대의 파라다이스로 명명되기도 한다. 우아하고 눈부신 설경으로 관광객들의 찬사를 받고 있는 곳이기도 하다. 겨울철 해외여행의 테마여행코스로 홋카이도의 스키상품과 함께 선호되는 여행상품이다. 눈이 많이 올 때는 융프라우에 산악열차가 올라갈 수 없어서 기상상태가 여행에 영향을 많이 미친다고 할 수 있다.

계절의 변화와 현지상황을 고려한 여행지역 선택이 현명

해외여행은 현지사정을 고려해서 선택하는 것이 현명하다. 특히 날씨와 기후변화에 민감하게 반응하여 목적지를 정하는 것이 여행을 즐겁고 현명하게 하는 방법이 될 것이다. 동남아의 경우, 가을철에 주의해야 한다. 말레이시아는 9월에서 10월경에는 비가 많이 와서 여행하기에는 부적절하다. 최근에 인기가 있는 코타키나발루, 랑카위 같은 휴양지도 이 기간에는 피해야 할 것이다. 그리고 사이판의 경우 태풍이 자주 오는 지역으로 9월경에 주의해야 한다. 무엇보다도 현지정보에 귀를 기울여야 할 것이다.

성지순례 지역인 이스라엘이나 이집트, 터키는 여름보다는 겨울철이 좋다. 왜냐하면 지중해 지역에서 순례여행을 하기에는 상대적으로 선선한 겨울철이 좋기 때문이다. 무더운 여름철에는 이집트 사막의 경우 일교차 외에도 40도 이상의 기온을 감수해야 하기 때문이다.

유럽의 경우는 늦가을부터 겨울철에 유의해야 한다. 기온이 떨어지고 날씨도 흐려 다른 계절에 비해 상대적으로 좋지는 않다. 특히 북유럽의 경우 겨울철은 기온이 영하 10도 이하로도 떨어지는 냉대지역이 많아 자제가 요망된다. 한편 전시회가 많은 유럽에서는 가을철에 주요도시에 참가자들이 많이 몰리므로 숙박시설을 확보하는 데 어렵고 가격인상의 문제가 있으므로 주의하여야 한다.

동유럽에 항공기의 직항 취항 등으로 여행상품이 증가하여 수요가 증가하였다는 점도 생각해야 할 것이다. 가격은 서유럽에 비해 저렴하였으나 최근에는 인기에 힘입어 가격이 오르고 있는 상황이다. 여행경험이 없으면 의외로 현지에서 높은 요금에 숙박을 해결해야 하는 어려움이나 바가지를 당할 수도 있다.

최근 티베트 여행도 인기가 높아지고 있다. 국내의 혜초여행사가 전문여행사로 관련상품을 내놓고 있다. 티베트 지역은 보통 5월에서 9월 사이에 여행을 해야 한다. 고산지대로 10월을 넘어서면 겨울 기후를 보여서 정상적인 여행을 할 수 없기 때문이다. 높은 고지대를 연결하는 하늘열차라는 별명의 칭짱열차로 인해 여행이 활성화되고 있는 지역이 되었지만 여행기간은 고려되어야 한다.
그 밖에도 인도는 우기가 7~8월경에 있어서 여행에 불편함이 많고 추운 지역인 알래스카나 캐나다도 겨울철은 피해 가는 것이 좋다. 동남아는 여름철 장마기간을 피해야 할 것이다. 미국의 플로리다와 동부 지역도 여름철 허리케인이 닥치는 기간으로 유의해야 한다.
시베리아나 하얼빈도 여름철 여행이 권장된다.
기본적으로는 혹서기간과 혹한기간, 장마철이나 태풍기간을 피하면 무난하다고 사료된다.

19. 옵션이 포함된 특선상품

참좋은여행에서는 4대 옵션 미서부 코치일주 7일(1,590,000원) 상품을 판매하였다. 샌프란시스코 유람선, 캘라코은광촌, I-MAX입체영화, 라스베이거스 야경이 포함되었다.

노랑풍선에서는 2005년 특선 이집트/그리스/터키 10일(1,890,000원) 상품을 내놓았다. 고대문화 역사기행상품으로 카이로, 룩소, 알렉산드리아, 엠피스, 사카라, 아테네, 이스탄불 일정이다(www.ybtour.co.kr).

디디투어에서는 노동절/어린이날/어버이날 대특선 노팁, 노옵션, 노택스 상품으로 추가경비가 없는 상품을 내놓았다. 2006년 4~5월 출발 기준이다. 남태평양의 보석 피지/사우스시섬 4일/5일(699,000원) 상품, 가정의 달 특집 캔버라/호주 문화기행 6일(799,000원) 상품, 호주/뉴질랜드/타우포+반딧불이 동굴 8일(1,090,000원) 상품, 100% 순수휴양+대자연 피지/뉴질랜드 7일(1,290,000원) 상품으로 한정 출발하는 상품이다(www.ddtour.com).

20. 골프투어 상품

코로나19 상황에서 국내에서는 약 400여 개의 골프장이 예전보다 부킹하기가 더 힘들다고 할 정도로 골프에 참가하는 사람들이 증가하는 상황이다. 해외여행의 증가와 함께 해외의 골프투어 상품도 다양한 나라와 코스로 확대되어 왔다.

골프투어상품은 전형적인 특별관심관광(SIT:Special Interest Tour)으로 동남아, 일본, 중국, 남태평양 등으로 목적지가 확산되었다. 수빅, 칸차나부리, 파타야, 푸켓 , 미야자키, 나고야, 센다이, 와카야마, 벳푸, 상해, 연대, 하남, 괌, 사이판 등의 지역을 포함하여 여러 지역의 상품이 증가하였다. 국내 레저인구의 증가와 연계되어 목적지와 참가수요가 지속적으로 증가할 것으로 예측된다. 예를 들어 인기 있는 중국의 곤명 춘성골프 6일 상품과 해남도 골프 5일 상품을 표를 통해 정리하면 다음과 같다. 국내 H투어의 상품을 대상으로 하였다.

곤명 춘성 골프 6일 상품	해남도 골프 5일 상품
- KE 이용한 72홀 상품 - 아시아권 최고 컨디션을 자랑하는 춘성리조트에서 라운딩. 레이크 코스와 마운틴코스는 총 36홀로 세계 100대 골프장으로 평가됨. - 곤명의 춘성리조트는 연평균 16~18℃로 골프매니아를 위한 최적기후이며 해발 1,891m임. - 포함내역은 전 일정 그린피, 캐디피, 전동차 포함임. - 별도 추가비용은 캐디팁 미화 5달러(1홀당), 클럽렌탈비로 1일 기준으로 옵티마 또는 블랙리스트급은 미화 20달러, 갤러웨이급은 미화 25달러 선임.	- KE 이용한 90홀 상품 - H투어의 기획상품으로 무제한 라운딩, 총 90홀 플레이가 가능함. 무비자 입국지역으로 도착비자(1인당 미화 22달러, 5인 이상은 무비자) 가능함. - 별도 비용내역은 캐디팁 미화 5달러(18홀/1인 기준) - 골프 시 중식(클럽식은 미화 10달러부터 메뉴에 따라 상이) - 캐디피는 미화 15달러(18홀/1인 기준), 전동차 미화 15달러(18홀/1인 기준)

자료: H투어의 상품을 저자가 정리

세중여행에서는 2005년 제1회 세중 해피투어 배 골프대회를 10월 27일부터 10월 30일까지 개최하는데 상품가는 690,000원이었다. 장소는 북경 천하제일성 내이며 라운딩 2회, 3일째 관광일정(추가라운딩가능)이며 만찬으로 만한전석 및 그린피, 캐디피 포함 조건이었다(www.happytour.co.kr).

현대드림투어에서는 기획특선 현대드림투어 GSA계약 기념 방콕 C.C골프 5일(799,000원) 상품을 내놓았다. OX항공을 이용하며 72H이다. 특전사항으로는 GA 볼보 클래식 개최 골프 클럽, 현대드림투어 단독계약 골프리조트, 공항에서 40분 거리 등이다. 동남아 지역으로는 푸켓 최고의 코스 푸켓 미션힐 골프 4/5일(949,000원) 상품, 수빅베이 골프클럽 토너먼트대회 5일(699,000원) 상품, 가족골프 쿠알라룸푸르 에이 파모사 골프 5일(649,000원) 상품, 말라카 골프투어 5일(799,000원) 상품이 있다. 중국의 꽃의 도시 춘성 곤명골프투어 5/6일(1,090,000원부터) 상품, 동양의 하와이 해남도 골프 4/5일(749,000원부터) 상품, 대만과 같은 위도에 위치한 하문골프 3/4/5일(799,000원부터) 상품, 중국 최고 규모 코스 심천 미션힐 골프 4/5(1,099,000원부터) 상품, 중국 비즈니스의 요충지 상해골프 2/3/4일(699,000원) 상품이 있다. 일본 후쿠오카 골프 3일(699,000/849,000원) 상품, 나가사키 골프 3일(749,000원) 상품이 있다.

투어몰에서는 나가사키 54H 오션팰리스 골프 3일(849,000원) 상품을 내놓았다. 요트, 페리보트를 이용 골프장 이동의 색다른 경험을 공지하였다. 동반가족을 위한 하우스텐보스 무료셔틀버스 운행, 골프장 내 리조트, 수영장 완비, 일본 최고의 경관, 바다를 향한 티샷을 공지하였다. 또한 말레이시아 초특급리조트 AFAMOSA 에이파모사 무제한(90H) 5일(549,000원) 상품을 출시하였다. 무제한 라운딩(90H), 카트피 포함(캐디예약 필수), 시내관광/카우보이 타운관광 포함, 조석식 포함(3회), 공항 송영서비스, 레이트 체크아웃, 웰컴 드링크가 제공된다.

KRT에서는 그림같은 필드! 최적의 온도! 동남아 Best 골프상품으로 무제한 태국 골프 5일(699,000원) 상품, 대만 골프(도원홀리데이인 36홀) 3/4일(799,000원) 상품, 코타키나발루 골프(54홀) 5일(1,049,000원) 상품을 내놓았다. 거대한 중국! 필드의 규모가 다릅니다! 중국 Best 골프상품으로는 세계 최대 180홀 미션힐 C.C 심천 황제골프(직항) 5/6일(999,000/1,099,000원) 상품, 오리엔트 C.C 하문골프 4/5일(54/72홀) (699,000원부터) 상품, 춘성 C.C 곤명골프(54/72홀) 5/6일(1,049,000원) 상품, 무제한 강력추천! 동양의 하와이 해남도 골프 5/6일(699,000원) 상품, 무제한 최적의 라운딩을 즐길 수 있는 곳! 해구골프 4/5일(649,000원부터) 상품이 있다. 일본 Best골프 상품은 저렴한 가격으로 최상의 골프체험이라고 광고하고 있다. 나가사키/오션펠리스 골프(54홀) 3일(849,000원부터) 상품, 미야자키/피닉스 고원골프(54홀) 3일(899,000원부터) 상품, 후쿠오카/UBE72골프(54홀) 3일(799,000원부터) 상품, 무제한 일본 규슈골프(온천) 2/3/4일(599,000/699,000/799,000원) 상품은 ACCORDIA그룹의 특급골프장인 아마가세CC, 키쿠치CC전용으로 사용함을 공지하였다.

씨에프랑스에서는 중국 연태 단독 전세기 골프상품을 출시하였다. 인천 - 연태

간 비행거리가 50분임을 강조하며 3일(899,000원) 상품을 내놓았다. 2006년 봄(4~5월) 출발 기준이며 현지 추가비용은 없고 캐디팁 5달러는 별도이다(www.ciefrance.com).

골프/할인항공권/자유여행 전문업체인 일성 GOLF에서는 사은 골프행사, 특급 골프장 한국인 직영기념으로 로얄라차부리 C.C 5일(599,000원) 상품을 11월 단 1회 행사로 내놓았다. 무제한 라운딩 조건이다. 캐슬힐 C.C 무제한 라운딩 12일(799,000원) 상품, 블루사파이어 C.C 무제한 라운딩 8일(839,000원) 상품은 2006년 11월 출발 기준의 상품이다. 일본 규슈 키쿠치 무제한 라운딩 3일(749,000원) 상품, 칸차나부리 블루 & 미션힐 무제한 라운딩 6일(779,000원) 상품, 방콕 로얄 무제한 라운딩 5일(599,000원) 상품, 중국 하문 골프 54홀 3일(599,000원) 상품, 상해 골프 54홀 3일(549,000원) 상품이 있다(www.ilsungtour.co.kr).

21. 스키상품

1) 해외 스키상품

현대드림투어에서는 연말연시 기획특선 현대드림투어와 함께 떠나는 겨울 테마여행 스키상품을 내놓았다. 현대홈쇼핑 방영 최고 히트상품으로 노팁/노옵션 시츠쿠이시 프린스 보드/스키 4일(499,000/699,000원) 상품, 현대명품스키 노팁/노옵션 아르츠반다이 보드/스키 4일(549,000/699,000원) 상품이 있다. 기다리지 않는 즐거움, 호텔에서 스키장 1분 거리를 공지하였다. 2005~2006년 일본 스키송객 1위 여행사(출처:JNTO)의 이유를 제시하였다. 첫째, 일본스키/보드가 좋은 이유로 설질이 자연설이며 리프트 대기시간이 없고 대형스키장으로서의 규모와 보드 전용코스임을 제시한다. 둘째, 현대드림투어 스키/보드가 좋은 이유로 전일 리프트권이 포함되고 스키장 바로 앞 호텔이용과 한국인 전문 스태프가 상주하고 리조트 내 최고 숙박시설(특급호텔) 이용을 강조한다. 출발은 2006년 12월~2007년 1월 기준이다(현대드림투어 조선일보 광고 참조).

후쿠시마현 관광연맹과 후쿠시마현 관광그룹이 주관하는 '스키타러 후쿠시마에 간다!' 상품은 3일 스키여행으로 상품가격은 429,000원부터였다. 후쿠시마현은 25개의 개성 넘치는 스키장과 130여 개의 온천을 보유하고 있는 겨울 스포츠의 천국임을 공지하였다. 인천-후쿠시마 항공스케줄은 월, 수, 토, 일 주 4회 편도 운항하며 아시아나항공이다. 상품취급 여행사는 넥스투어, 노랑풍선, 모두투어, 범한여행, 온누리레저개발, 인터파크여행, 세중해피투어, 자유여행, 참좋은여행, 코오롱세계일주, 투어2000, 투어몰, 포커스투어즈, KRT, SK투어비스이다. 신문광고는 2006년 12월 초 4대 일간지에 게재하였다(www.fukushima.co.kr ; www.japanpr.com/fukushima/fukushima_main.htm).

아시아나항공과 대련여유국이 협찬하는 대련 자유여행 & 온천+스키(샹그릴라) 상품은 노랑풍선, 참좋은여행, 투어비스, 투어2000, 여행매니아가 참여하는 연합상품이다. 인천-대련까지의 비행소요시간 50분을 공지하였다. 대련 자유여행(샹그릴라 호텔) 2박 3일(299,000원), 대련/안보온천/스키 3일(399,000원), 대련/성해해양세계/성원온천 3일(399,000원) 상품이 있다. 5성급인 샹그릴라 호텔을 모두 이용한다. 출발은 2006년 12월~2007년 1월 기준이다. 패션과 쇼핑의 천국, 홍콩보다 더 아름다운 도시, 온천과 테마파크를 함께 즐길 수 있는 다양한 이벤트 도시인 대련을 강조하였다(대련여유국 ; 아시아나항공 참조).

한진관광에서는 일본스키상품을 내놓고 업계 최저가를 선언하였다. 공항세, 송영버스, 조석식 포함 조건이다. 홋카이도 스키 4일(649,000원) 상품, 아키타/아오모리 스키 3/4일(399,000원) 상품, 일본 최대 스키장 앗피 3/4일(599,000원) 상품, 야간버스 하쿠바 스키+도쿄 자유 4일(699,000원) 상품, 나가노 하쿠바 스키 3/4일(449,000원) 상품, 아르츠 반다이 스키 4일(549,000원) 상품이다(www.kaltour.com).

SK주식회사가 운영하는 여행사업 브랜드인 투어비스에서는 스키와 온천을 모두 즐기는 겨울여행의 백미 스키상품을 출시하였다. 아오모리(아지가사와앗피리조트) 3/4일(499,000/549,000/599,000/649,000원) 상품, 일본 6대 스키장 중의 하나 야마가타 자오 3/4일(499,000/569,000원) 상품, 홋카이도(삿포로 프린스·니세코 프린스) 4일(699,000/849,000원) 상품, 세계선수권 대회가 개최되었던 명문스키장인 시즈쿠이시가 있는 아키타(다자와호·시즈쿠이시) 3/4일(449,000/479,000/519,000/569,000원) 상품 등이다. 인천에서 2시간대, SKT멤버십 최대 10%할인, OK캐쉬백 적립(인터넷), 리프트 대기시간 0분, 자연설 90% 이상의 Power Snow를 공지하였다. 출발은 2007년 1월 이후 기준이다(www.tourvis.com).

참좋은여행에서는 아시아나와 캐나다BC관광청이 함께하는 스키상품을 내놓았다. 2010 동계올림픽 개최지, 스키어들의 꿈의 리조트상품이다. 캐나다 서부 휘슬러를 한국인 전문 스키가이드가 안내하는 상품임을 공지하였다. 내가 원하는 캐나다 휘슬러 스키 가족여행 6일(2,190,000원) 상품, 내가 원하는 시애틀 캐나다 스키 여행 7일(2,490,000원) 상품으로 출발은 2007년 1~3월 기준이다. 오전 마운팅 가이딩은 3시간에 60달러, 전일 마운팅 가이딩은 5시간 100달러이다. 헬리 일일 스키/스노우보드는 중급자용 일일 3회 활강 740달러이다. 스노우 모빌 여행은 2인 기준으로 175달러로 공지하였다(www.verygoodtour.com).

스키 · 해수욕 한 곳에서

Weekly 브리핑

KBS – 오전에는 스키를 타고 오후에는 해수욕을 즐길 수 있는 곳이 있어 화제가 되고 있다. 최고 50도까지 올라가는 무더운 도시 두바이에 흰 눈이 가득 쌓인 실내 스키장이 개장돼 지난 12월 31일에는 하루 6,000명이 이곳을 방문해 기록을 세웠다.

이와 함께 스키장에서 얼마 떨어지지 않은 곳에서는 해변이 있어 해수욕 및 낙타 타기, 사막의 나라 체험 등 다양한 액티비티를 즐길 수 있다. 주 고객은 유럽인들이다. 스키 명소 '알프스'에 지구 온난화로 눈이 적게 내리면서 이곳으로 발길을 돌리는 사람들이 늘고 있는 것으로 나타났다.〈1월 18일 뉴스〉

역발상의 좋은 결과물로 평가하고자 한다. 두바이의 스키장은 인공 눈을 만들어 제공한다. 더운 사막의 나라에서 스키를 탄다는 것이 일반적이지 않다. 전기비용 등 많은 비용이 지출되는 시설이지만 참으로 관광을 활성화시키기 위한 노력과 아이디어는 놀라울 뿐이다.

출처 : 세계여행신문, 2007.1.22., 51면 참고.

2) 국내 스키상품

내국인들의 대표적인 겨울철 운동이자 관광스포츠 상품이 스키이다. 특히 인바운드 여행상품으로서 동남아 지역의 관광객을 대상으로 상품화를 잘 한다면 인바운드 경쟁력 강화에 매우 큰 역할을 할 것이다. 우리나라의 대표적인 스키장은 강원랜드, 무주리조트, 베어스타운, 천마산리조트, 서울리조트, 사조마을리조트, 현대성우리조트, 용평리조트, 보광휘닉스파크, 양지리조트, 홍천대명리조트, LG강촌리조트, 알프스리조트, 지산리조트 등이다.

22. 온천여행 상품

1) 온천여행 상품 분석

현대드림투어에서는 2006년 하우스텐보스 5,000명 돌파 감사 조기할인 이벤트로 온천 현대홈쇼핑 반영 인기상품을 소개하였다. 대상은 2007년 1~3월 출발 고객이다. 4명 이하 예약 시 5% 할인, 5명 이상 예약 시 7% 할인의 이벤트이다. 2006년 12월 20일 이전 예약고객에 한정한다. 주요상품을 보면 다음과 같다. 노팁/노옵션 하우스텐보스/벳푸스기노이/검은모래 찜질 4일(899,000원) 상품, 노팁/노옵션 하우스텐보스/벳부사파리/유후인, 벳푸온천 4일(899,000원) 상품이다. 2007년 신년고객 감사 특가 게로온천/나고야 화이트 일루미네이션 3일(599,000원) 상품은 2007년 1/2일 단 1회 출발상품이다. 일본 3대 온천인 게로온천을 3곳 탐방한다(현대드림투어 조선일보 광고 참조).

코오롱세계일주에서는 중국 루산/무한+온천 리조트 4/5일(499,000원) 상품을 출시하였다. 리조트 개념의 특급호텔(과일/차 제공), 삼석(보양요리), 마사지, 온천시설 무제한 이용 가능한 상품으로 공지하였다. 빛의 거리 축제 하우스텐보스+기타규슈 온천 4일(699,000/799,000원) 상품, 웰빙온천 벳부+구로가와 온천 4일(649,000/ 799,000원) 상품은 2007년 1월 출발 기준이다. 가격은 특급호텔과 노팁 및 노옵션 유무에 대한 차이이다(www.hikolon.com).

코오롱세계일주 주최 대한항공/아오모리현/아키타현 협찬 상품

눈의 나라, 온천의 나라 아오모리, 아키타로 오세요.
젊은 날의 겨울은 다르다! 차가운 스키! 뜨거운 온천!

풍부한 자연이 보존되어 있는 아오모리

- 아오모리 모야힐즈 스키 3/4일(399,000/449,000원) 상품, 아오모리 아지가사와 스키3/4일(499,000~569,000/599,000원) 상품, 아오모리 고마키 자유온천 3/4일(499,000~549,000/599,000~629,000원) 상품

유명 온천과 풍부한 적설량으로 유명한 아키타

- 아키타 타자와 스키 3/4일(449,000/519,000원) 상품, 아키타(타마가와) 자유온천 3/4일(449,000~469,000/499,000~519,000원) 상품
  - 공통 특전은 리프트 대기시간이 없고 풍부한 적설량과 자연 설, 공항-호텔 간 무료 송영, 온천 무료 이용이다.
  - 타자와 스키장은 손꼽히는 대설지역으로 100% 자연설이며 리프트 9기, 15코스, 최장 활주거리 3,000m를 공지하고 있다. 타마가와 온천은 암예방에 효과가 있음을 공지하고 있다.
- 2007년 1월 출발 기준이다.

출처: www.hikolon.com

보물섬투어에서는 중국최고의 온천여행 루산 웰빙온천(골드카드) 4/5일(495,000원) 상품을 내놓았다. 대한항공 이용, 노쇼핑+노옵션 조건이며 루산/무한 4일+온천리조트 2박 상품과 루산/무한/경덕진 5일+온천리조트 2박 상품이 있다. 북경/만리장성/온천욕+인력거 4일(249,000) 상품은 16대 풀옵션 상품이며 황제온천호텔을 이용하는 보물섬투어의 대한항공 북경/상해 송출 1위 기념상품이다. 출발은 2006년 12월~ 2007년 1월 기준이다(www.bomultour.com).

범한여행 레드캡투어에서는 화이트 일루미네이션 홋카이도/노천온천 4일(899,000원) 상품, 동반자 1일 50% 할인상품인 북경/만리장성/천용원 온천 테마파크 4일(174,500/349,000원) 상품이 있다. 천용원 온천상품은 노마진 이벤트, 각종 TAX 포함한 가족과 함께하는 테마파크 상품이다(www.redcaptour.com).

하나투어에서는 하문 전세기 온천여행상품을 출시하였다. 동반자 10만 원 할인이다. 하문/계림/용승온천 5일(799,000원) 상품, 해산물 특식과 과일바구니가 제공되는 하문 일월곡 온천관광+온천 3/4/5/6일(499,000~799,000원) 상품이다. 출발은 2006년 12월~2007년 1월 기준이다. 또한 일본 가고시마 전세기 온천여행상품도 내놓았다. 아오모리 온천여행 3/4일(599,000~699,000원) 상품, 아키타 온천여행 3/4일(599,000-699,000원) 상품이다. 흰눈과 겨울온천의 환상적인 조화를 강조한다. 2007년 1월 이후 상품이다(www.hanatour.com).

포커스투어에서는 홋카이도 온천 4일(999,000원) 상품을 공지하였다. 개썰매, 유빙선 탑승이 포함된다. 2007년 2~3월 출발 기준이다. 온천의 대명사 쿠사츠/가루이자와/도쿄/하코네 4일(949,000원) 상품은 2007년 1~2월 출발한다. 일본 최고의 자연용출온천수 쿠사츠 관광, 동북 최고의 휴양도시 가루이자와 관광, 도쿄에서 최고로 인기 있는 하코네관광, 나리타 왕복으로 편안한 일정을 공지하였다(www.focustour.co.kr).

교문투어에서는 일본 마쓰야마 온천 2박 3일 코스(649,000원)를 겨울방학 특선으로 공지하였다. 2007년 2월 중 출발 기준이다. 참가자격은 교원공제회원 및 공제회원 가족이다. 상품특전은 아시아나 항공 이용, 오쿠도고호텔 본관 이용, 정글온천, 마츠야마 시내를 가로지르는 봇짱열차 탑승, 가이드 및 기사팁 포함이다. 상기 상품은 서울교육문화회관 여행사에서 3천년 된 가장 오래된 일본의 온천인 도고온천과 고성 그리고 문학의 향기가 어울어진 나쓰메 소세키의 소설 '도련님'의 무대임을 공지하였다(한국교직원신문, 2007.1.15, 8면).

2) 온천

(1) 해외온천

원래 스파(Spa)라는 용어는 라틴어이다. 물을 통해 건강을 추구한다는 의미이다. 온천은 유럽에서도 호텔의 출현과 깊은 관련이 있다. 독일의 바덴바덴 같은 온천지역에 휴양형 호텔이 설립된 것도 맥락을 같이 한다. 온천은 지중해 지역인 터키나 이스라엘에서도 피부병이나 기타 질병을 치료하는 수단으로 여겨왔고 현재도 각국에서는 스파를 개발하고 널리 이용하고 있는 현실이다. 여가시간의 증가와 웰빙의 영향이 더욱 스파의 수요를 늘리고 있다. 아이슬란드 블루라군 온천, 태국 후아힌의 치바솜 헬스리조트, 두바이 버즈 알 아랍 호텔의 호화 스파, 고대 로마부터 현재까지 2000년의 역사를 이어온 영국 바스의 서미 바스 스파, 터키의 파묵칼레온천, 뉴질랜드의 로터루아 유황온천, 이스라엘 사해지역 등이 세계적으로 알려져 있다.

프랑스에서는 건강을 추구하는 차원에서 온천을 많이 즐긴다. 비시와 생수로 유명한 에비앙이 유명하다. 특히 해양심층수와 와인 포도밭을 이용한 스파기법을 개발하여 호응을 얻고 있다. 벨기에는 Spa라는 명칭의 온천지역도 있다. 독일은 전통적인 수(水) 치료 방식을 추구한다. 독일의 팔츠도 알려져 있다. 미국은 현대의 전형적인 모던한 스파로 경쟁력이 있다. 원래 애리조나와 캘리포니아의 온천은 잘 알려져 있다. 동부의 뉴욕도 시설이 잘된 스파로 알려져 있다. 아시아권에서도 온천의 수가 많고 인지도가 높은 일본과 한국, 인도 그리고 중국이 부상하였다. 최근 한국에도 잘 알려진 링슈온천은 중국 사천성에 위치하며 초대형 물놀이 시설과 공연무대도 설치되어 있다. 어메이산 1,500m 지하에서 생성되는 라돈천으로 피부와 신경통에 효험이 있다고 광고하여 외국인 관광객도 많이 찾는 곳이다.

(2) 우리나라 온천

우리나라 온천법에서는 온천을 지하로부터 용출되는 섭씨 25도 이상의 온수로서 성분이 인체에 해롭지 않은 물로 규정한다. 온천수는 성분에 따라 적게는 10여 가지, 많게는 70여 가지로 나뉜다. 수질별로는 구분하는 기준이 없어서 보통 일본이나 유럽에서 정해 놓은 기준에 따른다. 수질별 온천 종류를 살펴 보면 다음과 같다.

우리나라 온천의 90%를 차지하는 25도 이상의 물인 단순천, 보통 이산화탄소와 철이 함유돼 있어서 탕이 녹슨 것처럼 빨간색을 띠거나 비릿한 철 냄새가 나며 혈액 순환과 위장 계통에 특히 좋다는 단순탄산천이 있다. 대부분이 냉천이며 심장병, 위장병, 변비에 좋다고 한다. 충주의 수안보와 예천온천(단순천), 앙상온천(탄산온천), 아산의 천연 고열온천인 온양온천(단순천) 그리고 양양의 오색능암(탄산천)

이 알려져 있다. 바닷가 온천 중에 많고 류마티스, 신경통, 피부병과 염증을 없애는 효과가 있는 식염천이 있다. 태종대온천, 해운대온천, 동래온천이 대표적이다. 물이 뿌옇고 달걀 썩는 냄새가 나며 물에 들어갔다 나오면 피부가 미끌미끌한 유황천이 있다. 단양온천, 공주 마곡온천, 전북 완주군 죽림온천, 전남 화순온천, 도고온천 등이 유명하다. 김포 약산약암홍염천은 땅에서 솟아나는 홍염천으로 알려져 있다.

소염과 경련 완화작용, 류마티스성 질환, 알레르기, 두드러기 등 피부병에도 효과가 있는 중탄산토류천이 있다. 탄산수소염온천으로도 명명되며 대표적인 곳이 전남 화순 도곡온천, 완주 죽림온천이다. 라듐과 라돈이 함유된 온천인 방사능온천이 있다. 라듐온천으로도 불린다. 피부염, 위장에 좋고 신경통, 류머티스, 갱년기 장애에 효과가 있다. 능암온천, 앙성온천, 예산 덕산온천이 알려져 있다. 마시는 온천수로 쓴맛이 나는 황산염천은 신경통, 신장염, 소화기 질환에 효과가 있다. 경북 영천의 사일온천이 대표적이다. 그 밖에 우리나라에는 갈색을 띠는 철천과 피부의 지방분이 제거되는 중조천은 거의 없다고 한다.

사례

1. 프랑스의 와인스파

와인의 수요가 일반화되면서 와인과 접목한 스파상품이 인기를 끌고 있다. 특히 프랑스인들은 온천을 즐기는 편이며 이러한 차원에서 와인의 유명산지인 보르도의 샤토 스디스 오 라피트 지역에 와인스파가 생겨서 색다른 즐거움을 제공하고 있다. 보르도 외에도 부르고뉴, 루와르, 알자스, 상파뉴, 론, 프로방스, 랑그독 등 와인재배 지역에 확대되는 개발가능성을 열어놓고 있다고 할 수 있다.
보르도 '샤토 스미스 오 라피트' 옆에 시골 농가처럼 아늑하면서도 세련된 2층 건물인 스파 레 수르스 드 코달리(Les Sources de Caudalie)는 와인투어와 함께 할 수 있는 웰빙여행 코스이다. 포도씨 추출물을 이용해 화장품을 만드는 코달리가 운영하는 스파이다. 와인 숙성시키는 오크통인 바리크탕에서 와인 추출물을 물에 붓고 하는 스파 등 이곳에서는 종류별로 다른 테라피 프로그램이 20여 가지이다. 얼굴마사지 프로그램은 10여 가지이다. 손님의 60% 이상은 프랑스인이며 미국, 유럽, 일본사람들이 찾아온다. 프랑스인들은 커플끼리 와서 평균 4박 5일을 쉬었다 간다. 아침에 일어나 포도밭을 산책하고, 오전 오후로 스파를 즐기고 인근 샤토의 와인 투어를 다니는 코스이다(조선일보, 2006.12.14,

D4면). 건강을 추구하여 찾는 웰빙스파로서 와인스파는 차별화된 훌륭한 여행상품으로 생각된다. 그리고 와인투어가 접목된 여행은 더할 나위 없는 최고의 여행상품으로 와인투어와 와인스파의 만남은 최적의 선택이라고 사료된다. 현재 국내의 여행상품은 테마상품으로 이러한 와인투어 상품의 개발과 시판은 미약한 편이다. 그러나 국내의 와인투어의 수요는 와인매니아를 중심으로 차츰 증가하여 각광을 받게 될 것으로 전망된다. 국내에서도 와인생산지인 영동지역에서도 와인스파의 개발계획이 발표된 상황을 보더라도 예견할 수 있다.

2. "한 권으로 끝내는 퍼펙트 프라하"(안그라픽스)저자 최미선 · 신석교의 추천 방문지

– 프라하에 가면 카를로비 바리에서 온천수를 마시자 –

동유럽에서는 헝가리가 온천지역으로 가장 유명하다. 헝가리인들은 온천을 나름대로 즐기는 것으로 전해진다. 부다페스트에서 겔레르트 온천욕 체험 여부도 일정에서 확인할 만큼 권장되는 곳이기도 하다. 체코의 프라하 터미널에서 버스로 2시간 거리에 있는 카를로비 바리(Karloby Bary)는 온천도시로 알려졌다. 이곳의 온천은 간장 장애, 소화기 계통 질환에 특히 뛰어난 것으로 유명하다. 예로부터 베토벤, 톨스토이, 모차르트 등 명사들이 찾아와 요양한 것으로 전해진다. 그러나 색다른 점은 유명한 온천 도시처럼 물에 몸을 푹 담그는 것이 아니고 온천수를 받아 시음하는 방식이다. 컵을 들고 다니다 온천수를 받아 마시는 식이다. 마을을 흐르는 강물에서 김이 폴폴 나는 모습이 인상적이라고 한다. 철분 때문에 색깔이 흙탕물 같지만, 수질은 1급수라고 한다. 온천수가 나오는 수도꼭지마다 미지근한 30도, 적당히 뜨거운 50도, 한차례 식혀 마시면 좋은 70도 등 온도가 다양하다. 물맛은 철가루 듬뿍 탄 다음, 소금으로 간을 맞춘것 같다고 한다.

참고로 오스트리아에서는 관광 시 블루마우온천욕이 권장된다. 블루마우 지역은 1999년 유네스코 세계문화유산으로 선정된 오스트리아 제2도시 그라츠 북쪽 69km에 위치한 작은 마을로 종합휴양리조트 블루마우 호텔 & 스파가 있는 온천휴양이 중심개념으로 자리 잡은 곳이다.

23. 미식여행

코로나19 상황에서 참좋은여행에서는 제주 미식여행 상품과 여수 미식여행 상품을 출시하였다. 국내수요가 커진 상황에서 차별화된 특별관심관광(SIT) 상품을 개발한 것이다. 제주여행에서는 갈치조림, 성게미역국, 해물탕, 옥돔구이, 활전복, 회정식, 흑돼지 구이, 전복죽 등 제주 2박 3일 중 7끼 미식이 제공된다. 제대로 된 맛집만 골라 방문하며 고객들 반응이 좋다고 한다. 여수 미식여행 상품에서는 돌게장 정식, 꼬막정식, 한상차림, 회정식이 제공된다. 1박 2일 여행 중 4끼 미식이 제공된다. 그리고 왕복항공 이용, 5성급 호텔 숙박, 순천만 하늘택시 스카이큐브, 여수해상케이블카, 일출이 좋은 향일암 방문이 포함된다. 2021년 6월 출발 기준이다. 참좋은여행의 미식여행 상품은 먹는 즐거움을 통해 여행의 인상과 기억을 끌어올리는 인상적인 상품이다. 최근 음식 마니아층을 중심으로 이러한 상품들이 인기를 끌고 있다고 하겠다.

여행가에서는 중국 미식여행 상품을 내놓았다. 노쇼핑, 노팁, 노옵션으로 아시아나항공을 이용한다. 위구르 전통디너, 미식천당(Golden Jaguar) 최고급 샤부샤부, 한정식 만찬 디너쇼(북경지야), 54층에서 야경과 함께하는 하얏트뷔페가 제공된다. 북경 미식여행 4일(399,000원) 상품, 상해 미식여행 4일(399,000원) 상품이 있다. 출발은 2007년 1월이며 단 2회와 1회 행사 상품이다(www.tourga.com).

24. 워킹투어

디디투어의 상품으로 마카오 워킹투어(199,000원) 3일/4일 상품은 2인 이상 100% 출발이 보장된다. 여행조건은 마카오 왕복항공권, 숙박제공(2인 1실), 해외여행자보험, 마카오 가이드 책자 및 관광지도가 제공된다. 유네스코 세계문화유산 25곳 선정을 기념으로 아시아 속의 작은 유럽 마카오 배낭여행으로 광고하였다(www.ddtour.com).

코로나 상황에서도 걷기투어 즉 워킹투어가 활성화되고 있다. 이미 스페인의 산티아고 순례길은 산티아고 데 콤포스텔라까지 최장 약 800km의 길을 걷는 코스로 인기를 얻고 잘 알려져 있다. 1993년 유네스코 세계문화유산으로 지정된 순례길로 스페인과 프랑스 접경에 위치한다(시사상식사전). 모두가 완주하기보다는 정해진 시간 내에서 무리없이 시간과 구간을 정해 걷기를 진행한다. 우리나라에서는 혜초여행사가 전문여행사로 전문인솔자가 동행하는 상품을 운영 중이다.

제주도는 관광객이 많이 몰리면서 워킹투어가 활성화되고 있다. 이미 한라산 등정 외에도 한산하게 걷기 좋은 생태탐방길 화순곶자왈, 곶자왈 도립공원, 송악산 둘레길, 제주 올레길 15코스, 화북포구 등이 알려져 있다. 비자림, 성산일출봉도 걷기 좋은 장소이다. 주위의 바다와 생태환경과 공기가 좋은 제주도는 워킹투어의 최적지로 사료된다.

25. 비자발급 상품

미국비자는 현재 이스타(ESTA: Electronic System for Travel Authorization)비자로 바뀌었다. 이스타는 미국 전자여행허가제도이다. 그래서 비자인터뷰 없이 컴퓨터상에서 신청하고 발급받는 전자비자로 보면 된다. 관광, 상용, 환승 목적으로 미국 입국 시 발급받을 수 있다. 발급비용은 미화 14달러이다. 90일 이내의 방문이라 하더라도 취업, 유학 등 목적으로 방문할 때는 목적에 맞는 비자를 대사관에서 발급받아야 한다. 아래 내용은 예전의 상황으로 참고하면 된다.

세중여행에서는 하와이(오하우섬) 일주 5일(999,000원) 특가상품을 내놓고 있다. 하와이 신혼여행 미국비자 발급간소화로 세중여행사를 이용하면 더욱 간편히 발급받을 수 있음을 공지하였다(www.happytour.co.kr).

현대드림투어에서는 Summer Festval ALASKA 조기예약 할인상품을 내놓았다. 대한항공의 협찬으로 알래스카에 주 3회 직항함을 공지하였다. 당사는 알래스카 비자 간소화 지정업체 알래스카 익스플로어 비자 프로그램 여권과 비자신청서(사진)만으로 미국비자를 쉽게 발급할 수 있고 알래스카 관광 후 관광비자와 동일하게 적용된다. 즉 10년 복수 조건이다. 인터뷰 날짜를 자유롭게 조정하여 일주일 만에 비자발급이 가능함을 공지하였다. 섬머 페스티벌 알래스카 5/6/7일 상품(2,190,000/2,390,000~2,790,000원)이다. 프린스윌리암사운드 및 서프라이즈 빙하관광, 와실라 개썰매 관광, 맥켄리산/데날리 국립공원 경비행기 공중관광, 백야의 앵커리지 시내관광과 고품격상품은 디스커버리유람선, 골드마인 체험관광, 파이오니어 공원관광이 추가된다. 1일 자유일정 시에는 골프, 빙하 개썰매 헬기관광, 연어낚시 등의 선택이 가능하다. 2006년 7~8월 출발 기준이다.

26. 테마파크 상품

노랑풍선에서는 테마파크 홍콩 디즈니랜드 3일(519,000원) 상품을 내놓고 있다. 아시아나항공을 이용하며 빅토리아파크, 백만불 야경, 픽트램, 리펄스베이, 케이블카, 수족관, 디즈니랜드, 돌고래쇼가 특전이다.

디즈니랜드는 1955년에 로스앤젤레스 교외에 처음 개장하였다. 미국에 6개, 프랑스와 일본에 2개씩 있고 홍콩에도 개장하였다. 1971년 올랜도에 큰 규모의 디즈니월드를 개설했다. 디즈니월드는 세계 최대 규모의 종합휴양지이다. 1983년 일본 도쿄 디즈니랜드가 개장하였고 1992년 프랑스 파리에 개장하였다. 2016년에 중국 상하이에도 개장하였다. 하루 평균 각 30만 명 정도가 방문한다(두산백과; 세계문화사전).

코로나 상황에서 방문자들이 다른 장소보다는 야외인 테마파크를 많이 찾는 것으로 알려지고 있다.

27. 페리 이용 상품

성도여행사에서는 중국 제남/태산/곡부/해신장보고/청도(FERRY) 6일(299,000원) 상품을 출시하고 있다. 화동페리를 타고 산동성을 완전 일주하며 디럭스룸을 사용하고 있음을 공지하였다.

백두산/고구려 전문랜드인 고구려닷컴에서는 현지 직영랜드사, 현지 지상수배, 단동페리 공식 주관사, 수학여행 전문임을 공지하면서 백두산 지프차 트레킹/고구려유적지(299,000원) 상품, 봉황산 암릉트레킹(199,000원) 상품, 주몽과 연개소문이 호령하던 고구려유적지(259,000원) 상품, 요녕성 최대의 석회암동굴 본계수/압록강(199,000원) 상품을 내놓았다. 여행사 지급 수수료는 12%를 책정하였다(www.gogooryeo.co.kr).

28. 미디어 관련 상품

여행매니아에서는 불교TV와 함께하는 노팁, 노옵션 중국상품으로 상해/계림/장가계/원가계/서안 5일(1,100,000원) 상품을 내놓았다.

29. 기차여행 상품

1) 상품 분석

여행매니아에서는 미서부/솔뱅+3대 캐니언+암트랙 10일(1,690,000원) 상품을 출시하였다. 연장체류 6개월 가능, 팁포함, 3대 캐니언(그랜드캐니언, 자이언캐니언, 브라이스캐니언), 웨스트림순환버스, LA-산타바바라 120마일 구간의 암트렉 탑승, 허스트캐슬, 솔뱅이 포함된다(www.tourmania21.com).

세계의 기차여행으로 추천할 만한 코스를 살펴보면 다음과 같다. 지상에서 가장 멋진 낙원과 아프리카 최고의 미항인 케이프타운을 연결하는 남아프리카공화국 블루트레인, 겨울에 떠나는 환상특급으로 한 폭의 그림 같은 베르겐을 방문하는 노르웨이 피오르 기차, 세상에서 가장 낭만적인 여행과 스키여행 코스인 생모리츠 빙하특급 기차, 청명한 녹색 숲 그린델발트와 유럽의 지붕인 융프라우를 연결하는 융프라우 등산 기차, 천의 얼굴 마터호른을 오르는 스위스의 체르마트 등산기차, 아름다운 고도를 찾아 떠나는 프라하-비엔나-부다페스트 기차, 바이칼호, 블라디보스토크를 포함한 유라시아를 횡단하는 시베리아 횡단 기차, 몽고 횡단 기차, 삶의 애환과 꿈을 싣고 오르는 북인도 칼카-쉼라의 히말라야 협궤 기차, 장엄한 대자연(아소산)의 파노라마인 아소보이호 기차, 꿈을 찾아 가는 여행인 유후인 노 모리 기차, 눈이 부시도록 깨끗한 대자연의 향연이며 크나큰 대지와 빙하를 탐험하는 알래스카 관광 기차, 세상에서 가장 멋진 드라마로 밴쿠버 · 재스퍼 · 토론토 · 오타와 · 몬트리올 · 퀘벡 · 노바스코샤를 경유하는 캐나다 대륙횡단 기차, 천상의 호수로 가는 안데스 특급으로 영원한 잉카제국 쿠스코와 바다

같은 티티카카호를 연결하는 페루 고산 기차 등이다.

기차여행이 지니는 매력은 비단 그 자체로서 맛볼 수 있는 낭만이나 빼어난 대자연의 장관을 감상하는 것 이상으로 많은 것을 보고 느낄 수 있다는 데 있다. 거기에는 다양한 삶의 애환이 서려 있기도 하고 대륙과 대륙을 잇는 교역의 장이기도 할 뿐만 아니라, 세계 각국의 다양한 문화와 풍물, 역사가 함께 살아서 움직인다(윤창호 외, 우리 생애 최고의 세계 기차여행, 안그라픽스, 2005).

포커스투어에서는 칭기스칸의 대제국 몽골 바이칼+시베리아 횡단열차 9일(1,690,000원) 상품을 내놓았다. 울란바토르－바양고비－하라호린－횡단열차 2박－이르크츠크－리스트비앙카 일정이다(www.focustour.co.kr). 이 상품은 문화관광부가 지정한 우수여행상품이기도 하다. 2006년 5~6월 출발 기준이다.

엔투어의 싱마타이(싱가포르 - 말레이시아 - 태국) 기차여행은 3국 간의 이동만 편리하게 하는 것이 아니라 국경을 넘나들며 각국을 여행하는 재미를 선사한다. 각 도시 간 구간별 노선도 유럽 기차여행만큼이나 다양함을 자랑한다. 싱마타이는 3국의 도시별로 짜여진 기본 일정 외에 앙코르와트가 있는 캄보디아 시엠립, 홍콩, 인도네시아 빈탄 등 동남아 전 도시로도 연결이 가능하다. 때문에 일정을 잘 짠다면 3국이 아니라 4개국도 여행할 수 있다. 유럽기차와 다른 점은 유럽기차는 방별로 4~6개 침대가 배치돼 있지만, 동남아 기차는 따로 방이 없이 1층 또는 2층 침대가 마주보며 양쪽으로 죽 늘어서 있다. 또한 객실에 맥주를 포함한 간식거리를 파는 카트가 지나 다닌다(여행미디어, 2006.6.19, 20면).

롯데관광은 러시아 시베리아 기차여행 상품을 판매하였다. 시베리아 횡단열차는 우리나라보다 위도상 위쪽에 위치해 한여름에도 다른 지역보다는 서늘한 기운을 느끼며 여행할 수 있는 장점이 있다. 영화 '닥터 지바고'를 통해 일찍이 잘 알려진 자작나무 숲과 러시아의 심장 바이칼호수를 맞이할 수 있다는 것도 시베리아 횡단열차의 가장 큰 백미다.

시베리아 횡단열차는 일명 TRS(Trans Siberian Railway)라고 불리며 세계에서 가장 긴 코스인 9,297km를 자랑한다. 아름다운 풍광으로 7~10일 정도의 시간이 소요되며 호텔+야간열차를 이용하면 12박 13일 정도에 횡단이 가능하다. 여정 중에는 아시아 극동의 최대 무역도시이자 고려인들의 정착촌인 블라디보스토크를 시작해 구소련의 잔재가 남아 있는 소도시들의 풍광을 만날 수 있다. 또한 관광도시로 널리 알려진 이르크츠크, 과학의 도시 노보시비르스크, 예카데린부르크를 만나며 역사와 문화의 도시인 모스크바, 유럽으로 열린 창 상트페테르부르크를 두루 관광할 수 있다.

시베리아 횡단열차는 우리나라와 비슷하게 열차의 속력으로 열차를 구분한다. 논스톱으로 7일을 달리는 열차와 10일이 소요되는 열차가 있다. 우리나라와 열차 너비가 다르며 겨울에도 반팔차림으로 다닐 수 있을 정도로 난방시설이 잘 갖춰져 있다. 그러나 냉방시설은 다소 떨어진다. 객실은 6인 1실(개방형), 4일 1실(큐페형), 2인 1실(에스베형)이 있다(여행미디어, 2006.6.19, 20면).

비아레일캐나다의 캐나다 대륙횡단 기차여행 상품은 기차로 로키산맥을 넘어 대륙으로 연결되는 일정이다. 캐나다에서도 유럽의 유레일패스처럼 기차패스권으로 간편하고 실속 있는 기차여행을 즐길 수 있다. 캔레일패스는 유효기간(30일) 내 12일은 일반석을 자유롭게 사용할 수 있는 패스로 무제한 승차가 가능하다. 캐나다 동부의 토론토에서 서부 밴쿠버까지 배낭여행을 위해서는 최선의 선택이다. 동부횡단이 부담스러우면 밴쿠버에서 출발 캔룹스－재스퍼－에드먼튼에 이르는 서부 중심코스를 돌아보며 로키산맥의 눈부신 풍경을 눈에 담을 수 있다.

'옥'이라는 뜻의 재스퍼는 로키산맥이 품은 보석같은 도시다. 광대한 국립공원의 한가운데 놓여져 대자연의 아름다움을 고스란히 지니고 있다. 대표적인 곳은 휘슬러산과 멀린호수이다. 휘슬러산에서는 정상까지 2km를 오르내리는 트램웨이(케이블카)를 타고 황홀경을 만나며 멀린호수는 작가들 사이에서 아름다운 촬영장소로 명성이 자자한 스피릿 아일랜드를 볼 수 있다. 애드먼튼은 알버타주 주도로 축제의 도시다.

클론다이크라는 최대 축제가 열려 각종 퍼레이드와 음식축제로 도시 전체가 들썩이는가 하면 세계 최대의 쇼핑몰 웨스트 에드먼튼몰도 경험할 수 있다. 코리더패스로는 나이아가라폭포에서 퀘벡에 이르는 동부종단 여행에 도전할 수 있다. 일정에 따라 방문도시의 수를 여유 있게 조절해서 계획을 세우면 더욱 실속 있게 된다(여행미디어, 2006.6.19, 20면).

기차여행 상품은 최근 유럽에서도 이용이 증가되고 있는 추세이다. 온라인 철도예약 시스템으로 인한 철도예약이 용이해진 점 등과 항공기 배출가스 문제 등에 대한 인식이 높아지면서 철도이용에 대한 수요가 늘어나고 있다.

국내에서도 철도공사와 함께 연계된 축제여행 상품과 전략적인 기획상품들, 즉 영동 와인열차와 강원랜드 스키열차 등 선호되는 특정상품을 중심으로 여행상품화 되어 철도이용이 증가되고 있는 상황이다.

〈사례〉 시베리아 횡단철도 잊혀진 대륙의 길을 찾아서…

러시아 모스크바와 블라디보스토크를 연결하는 시베리아횡단철도(TSR)는 거리가 9,288km로 거리가 지구 반 바퀴 정도 된다. 작가 최연혜 씨는 6박 7일이 소요되는 TRS을 두 번 경험했다. 또한 몽골횡단철도 · TMGR과 중국 단동까지의 중국횡단철도 · TCR 1만 1,000km 경험도 갖고 있다. 시베리아 철도는 최근 국내의 아웃바운드 여행상품에 있어서도 러시아 대륙을 경험하고자 하는 마니아를 대상으로 상품화되어 수요가 늘어나고 있는 상황이다. 한국은 철도 운행구간이 짧지만 운행밀도가 높고 러시아의 광궤 일본의 협궤에 비교하면 표준궤라고 설명한다.

저자는 10년 동안 매년 5,000km 이상 기차를 탔다고 하며 시베리아 철도를 활용할 필요성을 강조한다. 한국철도공사의 부사장을 거쳐 현재 철도대학 학장으로 재직 중이며 철도정책 전문가이기도 한 저자는 뮌헨대학교에서 경영학박사 학위를 취득하였다.

저자는 시베리아 횡단철도와 중국횡단철도를 연결하여 글로벌 시대를 확대해 나갈 수 있으며 부산에서 모스크바까지 철도로 연결될 날이 도래할 것으로 예측하며 대륙의 주인을 잘 활용하는 사람에게 주어질 것이라고 언급하고 있다. 본인의 TSR과 TMGR의 탑승기로서 철도의 문화적인 가치와 도래하는 철도시대에 대한 준비와 정책을 밝히고 있는 내용으로 관련한 여행상품의 개발에 시사하는 바가 크다고 사료된다.

(자료 : 최연혜, 시베리아 횡단철도 잊혀진 대륙의 길을 찾아서, 나무와 숲, 2006)

티베트로 연결되는 칭짱철도

지도자 달라이라마, 철저한 고행으로 신앙심을 보이는 라마교의 신자들, 중국으로부터 독립을 원하는 티베트, 미국의 유명배우 리처드기어가 동경하는 종교와 나라로 인식되는 티베트의 방문길이 쉬어지게 되었다. 티베트는 세계의 지붕으로 불리는 곳이다. 중국 내에서도 접근성이 좋지 않아 방문하기가 여간 어려운 곳이 아니었으나 2006년 7월부터 관광객들이 방문하기에 좋은 하늘열차라는 별명을 지닌 칭짱철도가 연결되어 관광객들이 더 많이 방문하게 되었다. 높이가 해발 4,500m 이상 최고 5,068m로 정상인들도 산소마스크가 필요할 만큼 산소가 희박한 고산지대이기도 하다. 산소 공급을 위해 의사가 기차에 탑승하여 역할을 담당한다. 베이징에서는 48시간 이상 걸린다. 상하이, 청두, 충칭, 란저우, 시닝에서 라사까지 연결된다. 기차 안에서는 식당에서 식사를 판매하며 현지인들은 준비한 음식을 기차에서 먹는 풍경을 보게 된다. 티베트 여행 시 주의할 점은 고산지대의 특성상, 충분한 휴식을 취해야 하며 무리한 운동은 삼가고 지나치게 과음하면 위험하다는 점을 인식해야 한다. 보통 멕시코시티도 그렇지만 해발 3,000m 이상인 곳에서 느끼는 증상으로 어지럽고 구토증상을 보이며 머리가 심하게 아프다던가 하는 상태를 보이게 된다. 물을 충분히 마시고 현지에 도착하자 마자 샤워하는 것도 위험하다는 전문가의 지적이 있다. 사전에 의사의 처방에 따라 약을 준비해서 먹는 것이 좋다. 우리나라에서도 여행상품화가 되면서 수요가 증가하고 있다. 칭짱열차표는 개인적으로 구입하려면 수요가 많아 현지에서 직접 구입하기가 쉽지 않다. 여행사 패키지의 경우 현지여행사를 통해 구매가 이루어지므로 어려움은 없게 된다. 또한 이곳은 외국관광객은 허가증이 있어야 입국할 수 있는 지역이기도 하다. 여행사 상품담당자에 의하면 기차 안에서 승무원이 나눠주는 건강증명서에 서명해 제출해야 한다고 한다. 주요 여행사를 통해 여행을 신청하면 된다. 티베트는 고산지대이므로 일교차도 심한 편이다. 그리고 여행은 여름철에 하는 것이 적당하다. 태양의 직사광선이 강하므로 선크림이나 선글라스 준비도 필요한 곳이다. '티베트에서의 7년'이라는 영화와 책을 통해서 멀게 느껴지던 라사가 이제는 일반화된 여행상품으로 쉽게 이용할 수 있게 되었다.

티베트 칭짱열차(하늘열차) 9일 상품

세계 문화탐방 전문여행사인 혜초여행사에서는 티베트 칭짱열차 9일 상품을 내놓았다. 인천–서안–라사–장체–시가체–라사–하늘열차(36시간)–서안–인천 일정이다. 10인 이상 접수 시 1,690,000원이며 4인 이상 신청 시에는 1,790,000원이다. 특전사항은 다음과 같다. 티베트고원을 가로지르는 하늘열차 라사–서안 간 36시간 탑승, 세계문화유산 포탈라궁(라사), 병마용(서안) 방문, 칭짱열차 6인 1실 사용, 고산 전문인솔자의 안전한 동행(10인 이상)이다. 출발은 2007년 1~3월 기준이다.

출처 : www.hyecho.com

2) 테마열차

2006년 야경 순환열차로 운용되던 전용열차는 2007년 1~2월에는 스키관광열차로 이용되었다. 스키시즌 이후에는 다시 야경 순환열차로 운영된다. 야경 순환열차는 운행시간이 2시간 30분으로 은은한 조명 속에 통기타 노래공연 같은 낭만적 이벤트들이 진행된다. 일주일에 한두 번씩 운행되는 관광테마열차는 매주 토요일 밤 8시에 서울역을 출발하여 일영, 장흥, 송추 등 간이역을 통과하게 된다. 의정부를 경유하여 청량리와 한강변을 지나서 서울역으로 회귀하는 코스로 교외선 철길을 지나간다(www.ktx21.com).

국내 와이너리투어 영동 와인투어

국내에서도 와인투어가 가능하게 되었다. 영동 와인투어 상품은 한국철도공사와 제휴하여 서울-영동 구간과 부산-영동 구간에 와인열차를 운행하여 와인투어를 활성화하고 있다. 와인열차투어는 이동수단 외에도 열차 안에서 와인시음과 와인강의까지 제공되는 특별테마열차 투어이다. 주로 부부나 친구 그리고 친목단체에 의해서도 신청된다고 하며 와인에 관심 있는 마니아들도 상당수가 신청하여 참가하고 있는 상품이다.

충북 영동에 도착하면 와인 제조업체인 (주)와인코리아를 방문하여 와인 제조과정과 숙성 오크통, 와인저장 셀러 등을 관람하며 와인시음장에서 영동에서 재배된 킴벨 등 현지 재배된 포도품종의 와인을 테스팅하며 구입할 수 있는 기회를 갖게 된다.

와이너리 와인코리아는 원래는 폐교를 사들여 와인제조에 필요한 공장과 전시장 그리고 사무실 등으로 개조하였다. 와인코리아는 지역경제에 활력을 불어넣고 있다. 현지에서 생산된 포도를 구입하여 와인을 생산함으로써 현지의 특산품을 경쟁력 있게 활용하며 지역경제에도 기여하는 역할을 하고 있는 것이다. 전국적으로 영동와인이 알려지면서 대출액도 가히 비약적으로 늘어나 2006년도는 50억 원 그리고 2007년에는 200억 원 정도로 예상하고 있다는 와인코리아 관계자의 설명이다.

영동 와인투어는 상당한 호응을 얻고 있다. 그러한 이유를 보면 인기비결이 열차 객실에 편하게 앉아 고급 국산와인을 마음껏 즐길 수 있다는 점이다. 고객들은 객차는 물론 영동 와인코리아의 와인공장에서도 무료로 포도주를 시음하고 와인생산 과정을 볼 수 있으며 차로 약 5~10분 거리에 있는 토굴저장고를 견학한다. 토굴저장고는 일제시대 탄약저장고로 쓰였던 천혜의 와인저장고로 연중 와인저장과 숙성에 알맞은 온도와 습도를 유지하는 장소로 와인코리아의 와인저장고로 쓰이고 있다. 이곳은 방문객의 요청에 의해서도 개방되기도 하며 와인열차투어의 정기코스이기도 하다.

와인열차 상품은 점심과 저녁식사와 현지투어를 포함하여 7만 원~7만 5천 원으로 판매되고 있다. 향후 영동 와인투어 상품은 현지에서 개설될 예정인 와인스파, 조성 중인 포도터널, 관광객을 위한 마차 등 부가적인 관광상품과 연계할 것으로 알려졌다. 지역의 특산품과 연계한 테마관광상품으로 주목할 만한 한국의 대표적인 와인관광상품으로 향후 발전방향과 내용에 관심이 집중된다.

출처: 저자 방문 내용을 근거로 작성

3) 유레일 이용상품

유레일은 2006년 한 해 수송인원이 총 44만 5,318명을 기록하여 2005년 대비 18.3% 증가하였다. 이용자 수는 북미, 아시아, 태평양 지역 순이다. 국가별로는 미국 19만 2161명, 한국 6만 56명으로 전년 대비 9% 증가하였다. 이어서 호주 4만 3,470명, 캐나다 3만 7,298명, 일본 2만 2,308명을 기록하여 상위 5개국으로 선정되었다. 가장 많이 판매된 때는 5~7월로 나타났다. 유레일패스가 통용되는 유럽 23개국 가운데 18개국까지 여행할 수 있는 유레일 글로벌패스, 3~5개국을 여행할 수 있는 유레일 셀렉트패스, 인접한 2개국을 여행할 수 있는 유레일 리즈널패스, 한 나라만을 집중적으로 구석구석 둘러볼 수 있는 유레일 내셔널패스 등의 상품 중에서는 유레일 셀렉트패스가 가장 인기가 높았고 유레일 글로벌패스는 두 번째로 많이 판매된 것으로 조사되었다(세계여행신문, 2007.2.19., 5면).

유레일패스(Eurailpass)는 유럽 24개국 국유철도를 횟수에 관계 없이 무제한 이용할 수 있는 정기승차권이다(두산백과). 통용기간 동안만 이용하는 승차권으로 통용기간이 15일, 21일, 1 · 2 · 3개월이 있다(철도관련큰사전). 조건과 사용기간에 따라 패스명이 다르며 가격도 차이가 있다.

30. 문화관광부 인증 상품

롯데관광에서는 2005 문화관광부 인증상품으로 1992~2005 고객 선정 최고인기 디럭스 홋카이도 환상여행 4일(1,190,000/1,290,000/1,490,000원) 상품과 2003/2004 문화관광부 인증상품으로 1999년부터 최다송객 국내 유일판매 디럭스 홋카이도 완전 일주 5일(1,290,000/1,390,000/1,590,000원) 상품을 내놓았다. 환상여행상품은 홋카이도 3대 온천 노보리베쓰, 도야, 조잔케이의 다양한 건강온천욕, 세계 유일의 몰온천 등 다양한 건강온천욕, 도야선팔래스, 148년 전통의 노보리베쓰 다키모토칸, 롯데 단독 계약의 홋카이도 3대 디럭스 호텔숙박, 온가족이 함께할 수 있는 인공파도 풀장, 도야호 환상의 불꽃축제, 홋카이도 특산 3대 게요리 및 가이세키요리, 100여 가지의 화려한 뷔페와 해선특식, 홋카이도 3대 테마파크 관람이 포함된다. 출발 기준은 2006년 6~8월이다(www.lottetour.com).

31. 드라마 연계 상품

모두투어리스트에서는 2006 필수 국내 테마여행지 주몽상품을 출시하였다.

MBC대하드라마 주몽 촬영지인 삼한지 테마파크를 무대로 하고 있다. 삼한지 테마파크는 국내최초 고구려 세트장으로 동부여성, 졸본 부여성, 철기제작소, 해자성문, 전망대, 신단 등으로 구성되어 있다. 당일 주몽 촬영지(37,000원) 상품, 무박 주몽/보성녹차(45,000원) 상품, KTX 고속열차 주몽여행(85,000원) 상품, 항공 주몽 촬영지(129,000원) 상품이 있다(http://image.tourexpress.com).

피알여행사에서는 연개소문 촬영지 기행상품을 출시하였다. 서울－태안－연개소문 촬영지－만리포해수욕장 일정이다. 2006년 7월 출발 기준이며 여행경비는 15,000원이며 조 · 중식, 왕복교통비, 입장료 포함이다.

이벤트와 드라마 촬영세트장을 통한 관광수입 및 관광효과

TV 드라마 주몽의 인기에 힘입어 전남 나주시에 만들어진 촬영세트장인 삼한지 테마파크가 인기를 끌면서 많은 방문객을 끌어들였다. 나주시의 발표에 의하면 51만 4,000명의 관광객과 입장료 수입이 11억 7,000만 원 그리고 특산품이 2억 3,000만 원 판매된 것으로 전해졌다.
관광객들이 지역에서 소비하는 비용과 높은 시청률에 따른 지역 홍보 및 이미지 개선 등 보이지 않는 효과까지 포함하면 연간 600억 원의 경제효과를 가져온 것으로 추산되고 있다.
삼한지 테마파크에는 4만 2,000여평 부지에 95채의 궁궐과 민가 등이 조성되었으며, 공사비용으로 80억 원이 소요된 것으로 보도되었다. 나주시에서는 관광객의 편의를 위해 버스터미널과 역 등에서 테마파크를 연결하는 무료 셔틀버스를 운행하고 시내버스를 증편하였다.
나주시에서는 향후 테마파크를 고구려, 백제, 신라 외에도 발해, 동예, 옥저, 마한 등 한민족의 고대사를 파악할 수 있는 역사적인 문화공원으로 조성할 계획을 밝혔다.
한편 인천 2014 아시안게임 유치는 생산유발 효과 13조 원과 27만 명의 고용효과를 가져오고 총수입 2,000억 원에 순이익은 1,000억 원을 가져올 것이라고 대외경제정책연구원 용역 결과를 발표하였다. 다행히 유치확정으로 인천시와 국가경제에 큰 활력을 불어넣은 것으로 전망된다.
그리고 유치 확정된 2011년 대구 세계육상선수권 대회를 통해서도 큰 부가가치와 제반 경제 및 고용효과를 창출하였다.

32. 여행사의 창사기념 이벤트

노랑풍선에서는 창립 5주년 기념 고객감사 특별 이벤트를 시행하였다. 2006년 11월 1일부터 11월 30일 출발고객에 한해서 적용하였다. 세부내용을 살펴보면 첫 번째는 여행상품권 1,000만 원을 잡는 행사로 1등 2명에게 100만 원 상품권을 증정하며, 2등 5명에게는 50만 원의 상품권, 3등 10명에게는 30만 원의 상품권, 4등 25명에게는 10만 원의 상품권을 제공하는 내용이었다. 두 번째는 더블 포인트 증정으로 11월 출발 고객 모두에게 노랑풍선 포인트를 2배 적립해 주는 내용이었다. 세 번째는 퀴즌 릴레이 STEP 5로 노랑풍선에 관한 정답을 맞추는 고객에게는 푸짐한 상품을 제공하였다. 넷째는 노랑풍선의 2007년 청사진을 제시하는 것으로 좋은 의견을 제시하는 고객에게는 가족여행의 행운을 주는 내용이었다(www.ybtour.co.kr).

모두투어는 2019년 3월 11일 기념한 창사 30주년 역대급 4개의 이벤트로 지중해 크루즈 여행, 해외여행권, 동남아 호텔 숙박권, 모두투어 마일리지 등을 제공함을 홍보하였다. 응답하라 1989년 모두투어 30년 전 고객을 찾습니다 이벤트를 통해 고객님 2인 크루즈 여행을 보내 드린다는 광고를 진행하였다. 이용 인증을 사진, 티켓, 계약서 등을 제출하도록 하고 출발연도, 증빙자료, 여행지 등 내부심사를 통해 당첨자를 선정하였다. 경품으로는 지중해 코스타크루즈 2인권을 1명에게 지급하였다.

'당신의 30주년 함께 축하해요' 이벤트는 특별한 30년간 부부, 친구, 사제 지간 등 소중한 인연 유지의 사연을 보내면 3팀을 선정하여 해외여행을 보내주는 이벤트였다. '모두탄생일 890311 우리 모두 기쁜날' 이벤트는 모두투어와 생일이 같은 사람에게 모두투어 5만 마일리지 증정한 이벤트였다. '모두투어 30주년 소문내기' 이벤트는 모두투어 30주년 기념 응답하라 이벤트를 개인 SNS에 공유하고 스타벅스 커피/ 동남아 호텔숙박권을 득템해 가는 이벤트였다. 창사 30주년 이벤트를 통해 모두투어를 홍보하고 마케팅활동을 강화하는 전략으로 평가된다.

투어2000에서는 2018년 창사 19주년을 기념하는 프로모션을 진행하였다. 4월 1일이 창사기념일로 창사 19년 감사제를 시행하였다. 1999년 이래로 19주년이 되었다. 첫 번째는 할인과 경품으로 해외여행을 예약한 고객들에게 총 1,300만 원의 혜택을 제공하였다. 두 번째는 SNS 공유이벤트로 감사제 게시물이나 URL을 SNS 채널에 공유하고 공유내용을 인증하면 추첨을 통해 상품을 지급하였다. 30만 원 상당의 고급캐리어와 스타벅스 아메리카노 기프티콘이다.

세 번째는 투어2000 베스트셀러를 만나 볼 수 있는 베스트셀러 여행상품으로 여행지 선택을 고민하는 이들이 가성비 좋은 상품들을 고를 수 있는 좋은 기회로 평가하였다. 면세점 할인쿠폰과 와이파이 10% 할인쿠폰, 카드 무이자 혜택이 제공되었다. 2018년 8월 20일부터 4월 13일까지 진행되었다. 투어2000을 홍보하고 이용하는 고객들에게 혜택을 주는 행사로 판단된다.

CHAPTER

6

여행업과 여행상품의 향후 전망

나는 여행이 좋았다.
삶이 좋았다.
내 정신은 여행길에서 망고 열매처럼 익어 갔다.
내가 다녀야 할 학교는 세상의 다른 곳에 있었다.
교실은 다른 장소에 있었다.
보리수나무 밑이 그곳이고, 기차역이 그곳이고,
북적대는 신전과 사원이 그곳이었다.
사기꾼과 성자와 걸인, 그리고 동료 여행자들이 나의 스승이었다.
여행을 떠날 때는 따로 책을 들고 갈 필요가 없었다.
세상이 곧 책이었다.
기차 안이 소설책이고, 버스 지붕과 들판과 외딴 마을은 시집이었다.
그 책을 나는 읽었다.

– 류시화 저 '지구별여행자' 중에서 –

CHAPTER

6 여행업과 여행상품의 향후 전망

1. 여행트렌드의 변화

1) 성수기와 비수기의 구분 모호

예전과 비교해 최근의 여행수요가 증가하는 상황에서는 성수기와 비수기의 구분이 사라지고 있다. 물론 해외여행 부문에서는 여름 및 겨울 방학이 가장 성수기이다. 설날, 추석 등 연휴가 긴 기간의 수요도 큰 편이다. 그러나 최근에는 성수기와 비수기의 구분이 많이 없어진 상황이라 하겠다.

2) 짧고 자주 가는 여행패턴의 정착

동남아 여행도 1990년도까지는 홍방싱, 즉 홍콩, 방콕, 싱가포르를 한데 묶어서 6~7일 정도의 일정으로 다소 빡빡한 일정이 주를 이뤘다. 해외여행이 일반화되지 않은 상황에서는 기왕 여행을 하는 김에 최대한 많은 장소를 방문하고자 하였기 때문이다. 그러나 최근에는 너무 무리하지 않게 일정을 진행하는 패턴으로 단기간에 되도록이면 한 국가 정도, 즉 나눠서 제대로 보자는 식의 사고방식이 여행상품에 반영되어 진행되고 있다.

말레이시아 코타키나발루

3) 해외여행 인구의 연소화

해외여행자유화조치 이전에는 연령에 따라 자유화조치를 적용한 것이 사실이다. 물론 사회경제적으로 기반을 잡고 여유가 있는 세대 중심으로 여행이 이뤄졌으나, 최근에는 중고등학교 학생들도 수학여행이나 졸업여행 목적지를 해외로 삼고 있는 만큼 해외여행 인구는 점점 연소화되고 있는 추세이다.

4) 개별여행객의 증가

FIT(Foreign Independent Tour)가 증가하는 것이 세계적인 여행의 추세인 만큼 한국의 상황도 닮아가고 있다. 패키지투어에 식상한 해외여행객들이 자신에게 필요한 여행요소만을 선별적으로 구입하여 해외여행을 나가고 있다. 특히 항공권, 현지

호텔 등을 중심으로 한 에어텔상품이 인기를 끌고 있다. 그만큼 여행에 대한 부담감과 긴장이 완화되었다는 증거이다. 이러한 상품을 취급하여 여행업계에서도 국내 정상급에 위치한 대표적인 여행사가 넥스투어 같은 곳이라 하겠다. 우리나라에서 근래에 일본어 관광통역안내사 시험을 연 1회에서 추가로 더 실시한 것도 일본 관광객들이 방문하는 형태가 단체여행에서 개별여행의 비중이 커짐으로써 부족한 가이드 확보를 위한 조치로 해석된다.

5) 여행가이드북 등 자세한 정보에 대한 요구 증가

여행이 발전한 관광선진국은 여행정보가 일반화되어 있고 시스템화되어 있다. 세계 관광객 유치에 최고 순위인 프랑스에서는 미쉐린이라는 가이드안내서가 유명하다. 이 책자에는 고급레스토랑 등 관광객들에게 필요한 제반 정보를 상세하게 소개하고 있어서 이 책자의 인지도는 대단하다.

6) 웰빙투어

우선 건강을 위한 식단이 작성된다. 물론 식사가 조절되는 식단이다. 웰빙투어는 일상에서 지친 몸과 마음을 건강하게 치유하여 주는 건강상품이다. 여행기간 동안 스트레스가 일절 없어야 하고 불편함이 없어야 하며 재정상태가 만족스러워야 한다. 긍정적이고 원만한 성향을 지닌 사람들이 함께 여행해야 하며 참가하는 가족과 관계가 좋아야 한다. 참가하는 본인이 정신적이고 신체적으로 건강해야 하며 충분한 에너지를 보유한 사람들이 참여하는 여행이어야 한다. 이상의 내용들을 포함한 여행상품이 바로 웰빙투어라 할 수 있다.

7) 가족여행의 증가

소득의 증가와 연계된 여행수요의 증가현상에는 가족여행의 증가도 함께 나타나고 있다. 해외여행의 수요도 가족중심형으로 전환되어 가고 있는 경향이 높다. 또한 국내여행 형태도 동일한 현상이 일반화된 지 오래이다. 1월 19일자 한겨레 신문에는 다음과 같은 기사가 보도되었다. 여행 웹사이트 (주)우리네트웍스의 도움으로 전국에서 투어토커(여행전문가)로 활동하는 대학교 관광학과 교수, 문화관광 관련 공무원, 문화유산 해설사, 여행사 관계자 65명에게 방학을 맞은 아이와 손잡고 떠나고 싶은 체험여행지를 추천받은 결과 17명이 경북 문경을 꼽았다. 문경에는 옛날 한양을 오가는 가장 큰 대로였던 문경새재를 비롯해 드라마 태조왕건과 연개소문 촬영 오픈세트장 등이 있어 우리 옛 선조들의 숨결과 역사를 손쉽게 접할 수 있는 곳이다. 문경은 용추계곡과 선유동 계곡 등 빼어난 자연경관과 더불어 역사 유적과 유물들을 알차게 간직하고 있어 어린 학생들을 위한 역사체험장으로 알맞다. 특히 주변에 석탄박물관, 철로 자전거 등 가족들과 즐길거리가 많다는 것이 세계여행신문의 분석이다(세계여행신문, 2007.1.22., 51면). 참고로 철로 자전거인 레일 바이크는 폐선된 철길을 이용한 관광자원으로 전남 곡성, 경북 문경, 강원 정선 등에서 이용할 수 있다.

코로나19 상황에서 여행의 형태가 많이 변하고 있다. 적은 여행인원, 가까운 친지와의 여행 증가 등 기존에 친구나 동료 등에 비해 상대적으로 적었던 가족여행의 증가현상이 목격된다. 보통 4명 이하의 자동차 여행이 대중교통 형태를 압도적으로 앞서며 코로나 전염과 방역에 주의한 여행이 증가하고 있다. 가족 중심의 언택트 소그룹 여행의 경향으로 거리두기가 좋은 펜션, 리조트, 가족호텔, 캠핑, 차박여행 등이 증가하는 상황이다. 캠핑카 여행도 국내에서 많이 증가하고 있다. 강원도, 제주도, 여수, 부산 등 다양한 지역이 여행의 목적지가 되고 있다. 네이버에서 추천하는 가족여행 목적지는 에버랜드, 웅진플레이도시, 태종대, 남이섬, 안목해변, 광안리해수욕장, 장황, 오동도, 경포해변, 올림픽공원 순이다. 대부분 야외 공간으로 코로나 상황과도 무관하지 않게 보인다.

2. 여행업의 향후 전망

1) 부각될 지역

현재 여행업계에서는 중국이 아웃바운드 순위를 고수하고 있다. 계속적인 강세를 구가할 것으로 전망된다. 중국 지역 가운데서도 해남도, 구채구, 티베트 등이 새롭게 부각될 것으로 전문가들은 전망하고 있다. 그리고 동남아 지역에서는 인도차이나 지역에 대한 전망도 큰 편이다. 지구온난화로 기후가 무더워지고 기상이변이 일어나는 상황에서 여름 성수기에 피서지로 인기를 끌 지역으로 동유럽, 삿포로, 캐나다, 알래스카 등의 지역이 꼽히고 있다. 종교관광 상품도 지속적으로 증가할 것이다. 사실상 종교시장은 종교인구만 감안해도 큰 시장임에 틀림없다. 유럽은 기독교와 천주교의 절대다수를 차지하는 성지 지역이다. 불교 성지 지역은 캄보디아, 인도, 네팔, 태국, 중국이다. 천주교와 기독교 성지 지역은 스페인, 프랑스, 이탈리아, 이집트, 이스라엘, 터키, 요르단, 그리스, 시리아 등의 지역이다.

이스라엘 텔아비브

2) 여행사의 부수사업

코로나19 상황 전 여행사는 그간 여행수요의 증가현상에서 매출액과 수익성의 좋은 결과로 면세사업이나 호텔 그리고 전문학교 등을 병행하는 등 여행사가 대형화되는 추세였다. 한편 고객도 안정적이고 광고와 홍보를 강화하는 여행사에 관심을 두고 선호하는 성향이 많았다.

그동안 여행사들은 수요의 증가와 함께 사업다각화를 모색하여 왔다. 특히 기술경쟁력을 갖추고 추구한 여행업체의 경우에는 여행콘텐츠를 이용한 출판업 및 온라인사업에 관심을 고조시켜왔다. 여행사들의 경쟁적인 잡지 및 신문 발간 등과 관련된 것으로 보인다.

이 외에도 해외 골프장 및 리조트, 항공사 GSA사업, 해외 리조트 및 골프장 투자와 같은 부동산 관련부문도 사업대상으로 부각되었다.

3) FIT수요에 대비한 투자

개별여행자가 지속적으로 증가하면서 발전한 여행사들이 생기고 여행사에서도 FIT(Foreign Independent Tour: 개별여행자)에 대한 관심과 투자가 커지고 있다. 구체적으로 호텔예약 시스템 개발 및 구축으로 FIT수요를 확보하고 상담센터를 마련하며 상담시스템 구축 등에도 준비를 강화하는 것으로 조사되고 있다. 또한 미주, 대양주, 일본 지역과 골프상품 등은 개별여행자의 수요가 두드러지고 있어서 주요 여행사들에서는 FIT 상품을 강화하는 노력을 기울이고 있는 실정이다.

4) 환율변동에 따른 변화

아웃바운드와 인바운드의 입장차이가 다르다. 아웃바운드에서 원화상승은 달러약세를 동반하여 해외여행을 위한 환전 시 부담감을 줄여 많은 환전을 할 수 있다. 따라서 해외로 출국하는 여행객들의 발걸음이 가벼워진다. 인바운드에서는 원화하락이 되면 오히려 많은 이익을 창출할 수 있다. 1997년 IMF외환위기 이후 인바운드의 관광객 유치로 인해 많은 외화수입이 국가경제에 도움이 되었던 것도 관련이 있다. 물론 분명하게 지나친 원화하락은 수출 이익과도 밀접한 영향을 미치므로 경계되어야 할 것이다. 원화상승은 해외여행객에게 긍정적인 동기부여를 제공하게 될 것이다.

5) 여행업의 호재와 악재

계속적인 해외여행 수요의 증가와 기류는 호재로 작용할 것이다. 또한 병역 미필자의 해외여행 허가제 폐지, 대한항공의 하드블록 재검토, 주5일제 확산 등이 호재로 작용하였다. 반면에 조류독감, 국내외 정치환경 및 대선 그리고 북핵문제, 이라크 등 정변 및 분쟁의 가시화 등 세계적인 정세의 영향은 부정적인 영향을 미칠 것으로 사료된다(세계여행신문, 2007.1.8., 2면 참조). 이처럼 여행업은 제반 환경에 민감하고 세계의 정치, 경제, 자연 및 기후 상황 등에 많은 영향을 받고 있다고 하겠다.

현재 코로나 상황의 장기화로 여행업과 항공업은 1년 6개월 이상 많은 고통과 어려움을 겪고 있다. 백신 접종 이후 항공기 운항과 여행상품이 재개되는 긍정적인 가능성을 엿보고 기대하는 상황이다.

6) 홈페이지 방문자/여행사 실적

세계여행신문에서 나타난 여행사 방문자 순위를 보면 홀세일러 여행사와 대형 여행사들이 10위 내에 위치하고 있다. 그리고 온라인 여행사들의 경쟁력도 보여진다.

Rank9에서 제공하는 방문자 순위를 살펴보면 한진관광이 리뉴얼된 홈페이지를 통해 10위권 내에 진입한 것으로 보도되고 있다. 한진관광과 함께 롯데관광 역시 연말에 떨어진 순위를 높이면서 다시 8위를 차지했으며 통합사이트 순위 역시 200위 상승한 것으로 조사되었다. 온라인 여행사들의 강세도 지속됐다. 넥스투어와 투어익스프레스가 각각 2위와 5위를 유지해 꾸준한 모습을 보였으며 방문자 수 및 통합사이트 순위 역시 소폭 상승한 것으로 나타났다.

2018년 통합 발권실적을 보면 1위 하나투어, 2위 모두투어 네트워크, 3위 인터파크투어, 4위 노랑풍선, 5위 타이드스퀘어, 6위 온라인투어, 7위 호텔신라, 8위 레드캡투어, 9위 롯데제이티비, 10위 참좋은여행이다.

항공권 발권 SP순위를 보면 본사, 지점 통합 및 본사 개별 순위를 분석한 결과로 하나투어는 본사와 지점 통합 발권량은 1,891억 원, 본사 개별 발권량은 1,572억 원을 기록했다. 통합 2위와 개별 순위 3위인 모두투어 네트워크는 각각 1,154억 원, 953억 원의 항공발권이 이루어졌다. 본사 및 지점 통합 순위 3위와 본사 개별 순위 2위에 오른 인터파크투어는 본사 및 통합 및 개별 1,055억 원을 발권했다. 상위 3개 여행사인 하나투어는 17.1%, 모두투어 네트워크 10.4%, 인터파크투어는 9.6%를 차지하며 전체 약 40%를 차지한다(www.anykcm.com/goods/view).

2018년 기준으로 하나투어, 모두투어, 인터파크투어, 노랑풍선, 여행박사, 참좋은 행, 내일투어, 한진관광, 온라인투어, 자유투어, 레드캡투어, KRT여행사, 롯데JTB, 보물섬투어, 롯데관광, 투어2000 등이 우리나라의 실적이 우수하고 고객만족도가 높은 대표적인 여행사로 평가할 수 있다. 브랜드 평판지수가 높은 여행사들이다.

한편, 2007년 1월 네이버에서 각 여행사별 브랜드가 조회된 횟수를 살펴보면 1위에 488,508번 조회된 하나투어, 2위는 220,915번 조회된 모두투어, 3위는 147,958번 조회된 여행박사, 4위는 140,958번 조회된 롯데관광, 5위는 85,168번 조회된 온라인투어, 6위는 81,464번 조회된 넥스투어, 7위는 72,550번 조회된 탑항공, 8위는 54,080번 조회된 여행사닷컴, 9위는 51,037번 조회된 투어익스프레스, 10위는 51,037번 조회된 투어캐빈과 자유투어, 노랑풍선, 온누리여행사, 현대드림투어, 한진관광의 순으로 나타났다. 특히 온라인투어는 작년 대비 207.7%, 모두투어는 153.4%, 하나투어 70.8%의 성장률을 보였다(세계여행신문, 2007.1.8., 7면; 2007.2.5., 5면). 여행수요는 홈페이지를 찾는 방문객의 수와도 비례하므로 여행사들의 온라인 경쟁력강화 노력을 보게 된다. 다음은 2007년도 1월 첫주 Rank9에서 제공한 여행사 방문자 순위표이다.

〈표 6-1〉 여행사 방문자 순위

순위	금주 전체순위	전주 전체순위	도메인	방문자 수
1	243	229	hanatour.com	395,545
2	469	486	nextour.co.kr	196,231
3	545	449	modetour.co.kr	167,695
4	583	774	onlinetour.co.kr	157,751
5	704	744	tourexpress.com	127,536
6	751	513	redcaptour.com	119,486
7	844	1,345	kaltour.com	101,334
8	860	1,082	lottetours.com	98,829
9	861	725	tourvis.com	98,655
10	977	777	tourbaksa.com	87,795

자료: www.rank9.co.kr

7) 인터넷 마케팅의 부각

인터넷의 일반화와 일상화로 인해 여행업계에서도 인터넷을 통한 검색, 문의, 비교, 거래에까지 중요성은 날로 더해 가고 있다. 기업체 입장에서도 온라인 접수 시 소비자에게 할인 혜택을 주는 등 인터넷을 통한 거래활성화를 위해 홈페이지의 경쟁력을 강화하고 수요창출을 위해 자체시스템에 맞는 부킹엔진 등 필요한 시스템을 구축하고 있는 상황이다.

(1) 인터넷 소비자의 의사결정 시 고려항목

첫째, 온라인 유인력이 있어야 한다. 즉 기술적이거나 소비자 혜택 등 모티브가 있어야 한다. 또한 여행사의 무엇보다도 정보의 정확성과 실시간 정보력이 요구된다. 이러한 측면에서 여행자들을 통해 현지에서 실시간 송출되는 정보의 중요성을 인식하여 여행사에서는 주요한 콘텐츠로서 관리하고 있다. 둘째, 보안거래가 보장되어야 한다. 금전적인 거래가 이루어지는 만큼 금융 및 보안시스템이 문제없이 구축되어야 한다. 셋째, 풍부하고 객관적인 정보와 다양한 상품구성과 소개 그리고 서비스체계가 제공되어야 한다. 최근에 지역적인 특화를 강화하면서 영업을 강화하고 있는 H여행사의 경우 고객이 처음 여행을 시작하는 경우라도 특별한 어려움 없이 해외여행을 할 수 있도록 공항 출국수속부터 현지에서 제반 안내, 현지 투숙 호텔의 정보와 서비스 내용 등 자세한 동영상 정보를 제시하며 미진한 부분을 계속적으로 구축하는 등 인터넷 시스템 구축에 보다 차별화된 노력을 기울이고 있다.

(2) 인터넷에서 거래되는 여행상품 증가

인터넷에서 주로 거래되는 품목은 컴퓨터, 소프트웨어, 책, CD, 여행상품, 전자제품, 비디오, 잡지, 주식정보, 은행업무 처리와 같은 것들이다. 여행상품은 향후 거래가 지속적으로 증가할 것으로 예견된다.

2006년 여행 및 예약서비스 온라인 거래액이 2005년도에 비해 25.9% 증가하면서 2조 원을 돌파했다. 전체 전자상거래 분야에서도 의류 및 패션관련 상품에 이어 2위를 차지했다. 참고로 가장 높은 성장률을 기록한 시기로는 추석연휴의 영향을 받은 10월로 2005년보다 445억 2,900만 원이 증가한 1,692억 7,500만 원으로 기록되었다. 가장 거래액이 낮은 시기는 3월과 2월로 2006년 3월은 1,308억 9,100만 원, 2월은 1,324억 8,100만 원을 기록했다. 특히 온라인만을 취급하는 업체의 경우 2006년 4,656억 4,800만 원을 기록해 2005년 대비 72.7% 성장했다. 오프라인에 기반을 두고 온라인을 병행하는 업체의 경우 16.4% 성장하여 비교가 되고 있다. 한편, 시장조사 기관인 포레스터리서치(Forrester research)에 따르면 미국의 온라인 여행업의 2010년도 매출규모가 1,190억 달러로 2005년 630억 달러보다 90% 성장할 것으로 예상하였다. 국내의 온라인 전자상거래 규모는 2006년 기준으로 13조 원에 달하는 것으로 나타났다. 다음 표는 통계청이 발표한 상품군별 사이버쇼핑몰 거래액을 나타낸 표이다(세계여행신문, 2007.2.12., 1면; 통계청).

〈표 6-2〉 상품군별 사이버쇼핑몰 거래액

(단위: 100만 원, %, 통계청)

순위	구분	2006년	구성비	2005년	구성비	증감률
계	13,459,595	100	10,675,595	100	26.1	
1	의류/패션 및 관련상품	2,371,658	17.6	1,583,101	14.8	49.8
2	여행 및 예약서비스	2,018,509	15	1,603,830	15	26
3	가전/전자/통신기기	2,010,894	14.9	1,785,916	16.7	12.6
4	생활용품/자동차용품	1,300,393	9.7	1,056,216	9.9	23.1
5	컴퓨터 및 주변기기	1,260,605	9.4	1,026,997	9.6	22.7
6	화장품/향수	699,107	5.2	587,167	5.5	19.1
7	기타	664,501	4.9	509,130	4.8	30.5
8	아동/유아용품	652,264	4.8	406,365	3.8	60.5
9	서적	627,675	4.7	495,666	4.6	26.6
10	식음료 및 건강식품	625,154	4.6	531,085	5	17.7

출처: 세계여행신문, 2007.2.12., 1면.

코로나 상황에서도 우리나라의 대표여행사 중 하나인 참좋은여행은 국내여행 중심의 판매로 인한 어려움을 극복하기 위해 SNS 등을 통해서 새로운 아이템을 소개하고 판매하는 전략을 보여왔다. 참좋은마켓을 통해 호주 청정 대자연을 담은 베스트셀러 아이템이자 호주 시드니면세점 필수 구매품인 디에나 플래티넘 인리치드 세럼 화장품을 판매하였다. 스페인산 트러플 오일 세트 상품도 있다. 프랑스 국민 잼 크렘 드 마롱(Creme de marrons)은 프랑스 리옹 지역의 천연 무공해 밤을 주원료로 만든 잼이다. 홈페이지 등을 통해 구매가 가능함을 공지한다.

2021년 5월 15일 토요일 12:30 탑승하는 무착륙희망여행 상품도 주목된다. 김포공항 국제선 청사 2층 출국장에서 한국공항공사와 함께한 무착륙희망여행이다. 대한항공, 롯데면세점과 함께 김포－강릉－동해안－부산－대한해협－김포 항로로 이동하며 일등석, 프레스티지석, 일반석으로 진행하였다.

(3) 항공사의 인터넷 회원 확대

여행사뿐만 아니라 항공사에서도 인터넷 마케팅을 강화하고 있는 것이 현실이다. 인터넷으로 예약하는 고객들에게는 대략 5%대 이상의 할인혜택을 제공하고 있다. 그리고 여행사의 우려에도 불구하고 자체 항공권 그리고 관련된 제반 여행상품을 판매하고 있다. 인터넷이란 매체를 통해 인력절감 등 경영상의 운영경비를 절감할 수 있다는 측면에서 온라인 영업을 강화하고 있다.

〈표 6-3〉 대한항공 인터넷 회원 500만 돌파 이벤트

대한항공 인터넷 회원 500만 돌파 이벤트
대한항공의 인터넷 회원이 지난달 15일로 5백만 명을 돌파했다. 대한항공의 5백만 명 돌파는 지난 1997년 홈페이지 개설 이래 8년 만의 일이다. 고객이 필요로 하는 다양한 종류의 서비스를 온라인에서 한번에 해결할 수 있는 '원스톱 서비스'와 알뜰 쇼핑의 기회 및 맞춤정보 제공 등 '인터넷 회원만의 혜택'을 지속적으로 개발해 이뤄낸 쾌거인 셈이다. 대한항공은 이번 인터넷 회원 5백만 명 돌파를 기념해 한국 및 해외지역 홈페이지에서 고객감사 이벤트를 실시하고 있다. 대한항공 인터넷 회원은 홈페이지에 개인정보를 제공하여 회원 등록을 한 고객으로 가입과 동시에 스카이패스 회원으로 자동 등록이 된다. 이달 31일까지 진행되며 이벤트 당첨자는 오는 2월 7일 대한항공 홈페이지(www.koreanair.com)를 통해 확인할 수 있다.

출처: 자유여행신문, 2007.1.22., 2면.

(4) CTI 마케팅 및 집중근무시간제

CTI(Computer and Telephony Integration) 시스템의 도입이 강화되고 있는 추세이다. CTI는 전화와 컴퓨터를 연결해 고객에게 전화가 오면 컴퓨터를 통해 고객정보를

확인할 수 있는 시스템이며 이러한 정보를 CRM(Customer Relationship Management) 시스템을 이용하여 활용할 수 있게 된다. 주요 패키지여행사인 하나투어, 모두투어, 롯데관광, 한진관광, 투어2000, 참좋은여행, 온라인투어, 여행사닷컴, 여행박사, 보물섬투어, 레드캡투어, 노랑풍선 등의 여행사가 도입하여 이용하고 있고 많은 여행사들이 도입을 예정하고 있다. 장비설치 비용은 100명 기준 5,000만 원, 200명 이상이 사용할 수 있는 대용량 교환기는 7,000만 원 이상이 소요되는 것으로 알려졌다. 한진관광에서는 오전 10시부터 1시간 동안 집중근무시간으로 정하고 이 시간 동안 자리를 이탈하거나 흡연 및 잡담을 금지키로 했다. 이는 지난해 마련한 컴퓨터 전화통합인 CTI 착신콜 연간보고서를 토대로 도입된 것으로, 최근 보직변경 등 인사조치 이후 자리를 재배치한 뒤 새로운 위치에서 업무를 시작한 것으로 보도되었다(세계여행신문, 2007.2.5., 1면; 41면). 이처럼 여행사는 영업적인 측면에서 전화상담에 비중과 의존도가 높으므로 효율적이고 수익성을 고려한 마케팅을 지향한다.

8) 내부마케팅의 강화

최근 성장하고 있는 여행사들의 공통점은 구체적이고 정확한 목표제시와 이에 따른 성과급, 즉 적절한 인센티브를 제공하고 있다는 점이다. 성장동력은 명확한 목표와 비전 제시, 목표달성 시 합당한 인센티브의 제공에 있다는 분석이 지배적이다. 노력한 만큼의 결과와 과정을 공정히 평가하고 급여와 승급에 반영하는 시스템을 갖추고 있는 회사도 대체로 성장 속도가 빠르다. 무엇보다도 공정하고 분명한 기준을 제시하고 직원들이 이를 인식하고 있다는 점이 중요하다고 사료된다.

특히 순수익의 일정분을 직원들에게 돌려주는 회사에 다니는 직원들의 만족도가 상당히 높다는 점에 주목해야 한다. 현재 매출액과 수익 그리고 송출실적이 오르고 있는 대형여행사를 중심으로 코스닥 진입 가능성을 놓고도 직원들의 사기가 높아지는 것이 여행업계의 현실이다. 노랑풍선여행사는 회사 순수익의 30%(상반기 1억 7,000만 원, 하반기 1억 5,000만 원)를 직원들에게 성과급으로 지급하였고(세계여행신문, 2007.2.12., 3면) 타 여행사는 연말 성과급을 중간관리자의 연봉 수준으로 지급하였다. 이러한 사례를 볼 때 직원을 가장 중요한 자산으로 인식하는 여행업체의 전형을 보게 된다는 점에서 고무적이다.

9) 공항사무소 등 지사 및 대리점 증가

인천공항 개항 후 여행사의 실적 증가와 더불어 인천공항 내에는 하나투어, 모두투어, 자유투어, 클럽리치여행사, 세중투어몰, 탑항공여행사, JCA여행사, 투어2000여행사가 진출하여 사무실을 개설하고 있다. 이러한 여행사들은 대체로 송출실적이 많은 업체들로 향후에도 지속적인 여행수요 증가와 함께 여행사의 공항사무소는 증가할 것으로 예측된다. 아울러 대형여행사들을 중심으로 대리점 개설이 2000년대 이후 꾸준히 증가되어 왔고 신흥 대형여행사에 진입한 여행사들을 중심으로 대리점 개설이 향후에도 지속적으로 증가되어 왔다.

10) 미래 3대 고부가가치 관광 부상

정부는 2006년 12월 14일 문화관광부를 비롯한 21개 정부부처 통합으로 '서비스산업 경쟁력 강화대책'을 발표하였다. 주요내용 가운데에는 미래 3대 고부가가치 관광을 육성한다는 안을 포함하였다. 부가가치가 높은 분야로 부상한 의료관광, 국제회의, 크루즈산업을 3대 고부가가치 관광산업으로 육성한다는 내용이다. 의료관광의 경우 1인당 지출액이 일반관광객의 10배에 해당되며, 한국의 경우 의료수준이 높고 일본, 미국 등에 비해 의료비가 상대적으로 저렴해 충분한 잠재력을 보유하고 있다는 평가를 받고 있다. 의료법 개정을 통해 의료기관의 광고허용범위 확대, 의료분야 전문 관광통역안내사 제도도 도입될 예정으로 알려지고 있다. 또한 여행사와 한국관광공사가 협력해 의료서비스와 관광지를 연계하는 다양한 상품을 개발할 것으로 알려졌다. 국제회의 육성을 위해서도 중앙컨벤션뷰로(CVB)를 설립하며 국제회의기획업(PCO)도 집중 육성할 것으로 보인다. 크루즈산업은 육성방안을 마련할 것이며, 크루즈선박에 대한 접안 · 정박료 50% 감면혜택을 2007년 이후에도 2년간 지속하였다(여행신문, 한국관광총회 Daily News, 2007.2.27., 1면). 이상의 의료관광, 국제회의, 크루즈산업의 정부의 육성과 여행상품의 활성화와 수요 증가가 계속 이뤄지고 있다.

3. 여행패턴과 스타일의 추세 전환

1) 관람형의 정적인 형태에서 참여형의 동적인 형태로 전환

기존의 여행형태는 좋은 장소에 가서 풍광을 감상하며 즐기는 것이 대부분이었다. 그러나 단순하게 보고 즐기는 관광형태에서 여행객 스스로 참여하는 동적인 관광형태로 탈바꿈하고 있는 것이 현실이다. 이러한 추세는 향후에도 지속될 것으로 예측된다.

2) 휴식과 해양스포츠의 접목

(1) 호주 포트스테판 · 스톡턴비치 시드니 지역상품

휴식과 해양스포츠의 접목은 남태평양 지역의 호주상품을 예로 들 수 있다. 포트스테판 지역에서 돌핀크루즈(Dolphin watching cruise)를 탑승하여 관람하는데 포트스테판 항구를 유람하며 바닷가에 서식하는 야생돌고래를 볼 수 있다. 또한 그레이트 샌디로드의 스톡턴비치로 이동하여 스릴 있는 사륜구동 지프 드라이브로 모래언덕을 통과한다. 40km 모래사막에서 드라이빙하면서 모래썰매 등 활동적 레포츠가 가능하다. 그리고 시드니 항만을 유람하는 마제스틱 유람선을 탑승하여 선상 뷔페식을 즐기며 항구를 감상할 수 있다. 이처럼 휴식과 해양스포츠를 접목한 여행상품이 개발되고 있다.

(2) 뉴질랜드 밀포드사운드 · 로토루아 · 마운트 쿡 퀸즈랜드 지역상품

피오르인 밀포드사운드는 빙하가 지나간 흔적이 거대한 협곡을 만든 곳으로 유람선을 타고 2시간 정도 관광하는 코스이다. 로토루아에서 여행의 피로를 풀어주는 폴리네시안 유황온천욕을 체험할 수 있다. 이는 선택관광으로 약 30분, 미화

100달러가 소요된다. 뉴질랜드 최고봉인 해발 3,754m의 국립공원 마운트 쿡(Mt. Cook) 헬기투어는 헬기를 타고 마운트 쿡의 만년설을 감상하는 코스로 기후에 따라 운행이 결정된다. 여기서 번지점프는 선택관광으로 약 30분, 미화 100달러가 소요된다. 뉴질랜드 퀸즈타운에서 높이 45m의 번지점프를 체험하게 된다.

마운트 쿡

3) 휴양과 관광체험이 접목된 여행, 휴식 · 레저 · 자기계발에 중점

(1) 필리핀의 세부 플랜테이션베이+호핑투어상품

플랜테이션베이는 세계에서 가장 큰 규모의 1,600m^{2}의 크기인 인공바다 풀장이다. 필리핀 배인 방카로 섬 일주를 하고 스노클링과 낚시 그리고 시푸드 및 해산물 바비큐가 포함된다. 호핑투어는 선택관광으로 약 미화 90달러이며 8세 미만은 무료이다. 세부에서는 무동력 해양스포츠가 무료이다. 카약, 카누, 워터바이크, 워터슬라이드가 이에 속한다. 카약은 원래 에스키모가 사용하는 카누를 말한다. 주로 바다사냥에 쓰였다. 길이가 7m, 너비는 50cm 정도이다. 리조트내에서는 프로그램이 무료이다. 게임룸, 헬스클럽, 천연과일주스, 일일 생수 2병이 제공된다. 테니스 사용, 무료 수영 강습, 양궁, 댄스, 암벽타기 등 다양한 프로그램이 제공된다. 또한 체험다이빙이 가능하다. 수중체험하며 열대어를 직접 경험하는 환상적인 체험으로 2~3시간 소요되며 미화 100달러 선이다. Sea Walk가 가능한데 수중에서 호흡을 원활하게 하기 위해 유리관을 쓰고 바닷속 풍경을 관광하는 코스로 복잡한 장비 없이 수중세계를 체험하게 된다. 시워커, 제트스키, 바나나보트, 수중기념 촬영을 포함하여 미화 약 150달러 선의 선택관광이다.

(2) 필리핀의 수빅 / 그란데

필리핀의 수빅 / 그란데 5일 상품은 관광과 휴양이 접목된 여행일정이다. 카지노 무료 베팅쿠폰이 제공되며 원주민 정글 문화체험, 수빅 역사박물관을 관광한다. 세계 최대 규모의 파도풀 그란데 아일랜드 리조트 시설 및 해변을 이용하며 워터덤블링, 스노클링, 바나나보트 1회 제공된다. 이벤트로는 진주 조개찾기, 노래자랑 등이 있다. 선택관광으로 체험골프, 승마정글 트레킹, 파나투보 화산 경비행기투어, 요트 호핑투어, 체험다이빙, 파라세일링, 제트스키 등이 있다. 체험골프는 초보자의 수준에 따라 A~Z까지 강습 후 9홀 라운딩하게 된다. 승마정글 트레킹은 호주산 경주마로 삼림트레킹을 하게 된다. 요트 호핑투어는 최고급 요트를 이용하여 해변에서 야외 디너를 제공한다. 약 3시간 소요되며 미화 100달러 선이다. 스카이다이빙은 능숙한 스카이다이버와 함께 짜릿한 스카이다이빙을 경험할 수 있는 선택관광으로 수빅에서 유일하게 가능하다.

(3) 인도네시아 발리

인도네시아 발리 상품에는 황실전용 마사지가 2시간이 포함되었다. 스파와 마사지는 발리의 전통꽃 목욕으로 아로마 마사지로 피로를 풀 수 있는 코스이다. 발리에서의 래프팅은 가장 안전한 장비를 사용하며 가이드가 동행한다. 인원에 따라 4~8인승 고무보트를 이용하여 계곡의 급류를 타고 내려오는 스릴 만점의 체험이다. 래프팅은 선택관광으로 성인 미화 65달러, 어린이는 미화 45달러이다. 민속무용인 바롱댄스가 있다.

(4) 태국 푸켓

푸켓의 산호섬인 피피섬에서 해변 자유시간 시 다양한 해양스포츠를 선택관광으로 이용할 수 있다. 스쿠버다이빙은 면허증 없이 가능한 체험다이빙으로 미화 100달러이다. 패키지로 판매되는 스노클링+모터보트 섬 일주+바나나보트는 미화 70달러이다. 푸켓의 팡아만에서 섬을 탐사할 수 있는 카누투어+선상뷔페+무인도 투어가 있다. 푸켓에서는 선택관광으로 판타시쇼가 2시간 소요되며 미화 50달러이다. 타이 전통춤, 민속쇼, 코끼리쇼, 마술쇼 등 최대 버라이어티쇼로 푸켓의 명소이다. 푸켓 리조트 라구나비치에서는 다양한 부대시설을 이용할 수 있다. 비치볼, 윈드서핑, 카약, 피트니스센터, 테니스, 스쿼시, 당구, 워터슬라이드, 다이빙, 탁구, 골프, 양궁, 수중배구, 수중농구, 배드민턴 등이다. 태국의 전통안마는 전통지압안마로 2시간에 미화 40달러이다.

(5) 태국 파타야

파타야에서 가능한 관광을 살펴보면 다음과 같다. 코끼리 트레킹을 체험할 수 있으며 산호섬에서 해양스포츠를 즐길 수 있다. 바나나보트는 미화 10달러, 파라세일링은 미화 10달러, 제트스키는 미화 20~30달러이다. 야간투어 상품은 약 3시간 소요되며 미화 50달러로 노천바에서 맥주를 시음하고 킥복싱을 관람하며 화려한 파타야의 밤풍경을 감상할 수 있다(자료 : Hyundairdream 상품 등을 저자가 정리 및 분석).

(6) 사이판

사이판 마나가하섬에서는 제트스키, 바나나보트, 스노클링, 비치체험, 장비 대여와 강사교육이 포함된 다이빙, 선셋크루즈, 파라세일링, 낚시, 잠수함 해저관광, 정글투어, 원주민 문화체험이 가능하다.

사이판은 코로나19 팬데믹 상황에서 백신접종과 국가 간의 허용협약과 트래블버블 등으로 여행이 재개될 우선 국가로 예상하고 있다.

사이판 PIC 리조트

2021년 7월 여행이 예상되며 여행안전권역(트래블버블) 시행 합의문 서면식이 진행될 것으로 보도되고 있다(조선비즈, 2021.6.29.). 하와이, 괌도 이후 우선적으로 예상되는 지역이다.

컨버전스 여행상품

컨버전스란 원래 전자제품 등에서 여러 기술이나 성능이 하나로 융합되거나 합쳐지는 것을 일컫는 말인데, 하나투어의 여행상품도 여러 지역의 상품이 하나의 여행상품으로 합쳐지고 있다. 기존에 동남아를 경유해 유럽이나 호주로 떠나는 상품이 있었지만, 단순 경유만 할 뿐 경유지 관광 없이 공항에서 머무르는 형태였다.

또한 배낭여행객들이 항공료를 아끼기 위해 경유 항공을 이용하는 경우는 많았지만, 패키지 여행상품에서 경유지 관광이 활성화된 것은 최근에 벌어지는 현상이다. 이들 상품은 기존에 다른 지역으로 분류되던 두 지역을 한꺼번에 관광할 수 있으며, 한 지역을 관광하는 것보다 가격도 오히려 저렴한 것이 특징이다(세계여행신문, 2007.1.29., 43면).

그러나 코로나 상황에서는 컨버전스 상품의 활성화가 제한될 것이다. 국가 간 관광 허용이 사전에 방역의 차원에서 엄격하게 검증 후 관광이 재개될 것이기 때문이다.

4. 특별한 여행 등장

1) 오로라 투어

우리나라에서는 오로라 투어, 즉 옐로우 나이프의 오로라 투어 상품의 수요는 늘어나고 있다. 오로라 투어는 태양 에너지가 지구의 자기장과 충돌하면서 일으키는 빛이라는 의미의 특수상품으로 수요는 점차 증가할 것이다. 오로라 투어는 신혼부부가 오로라가 나타나는 첫날밤을 맞으면 천재아이가 태어난다는 이야기가 전해지면서 허니문 목적지로 부각될 것으로 전망되고 있다. 캐나다의 오로라 여행은 환상적인 오로라를 보는 것 외에도 개썰매체험, 바다표범 가죽으로 눈썰매타기, 얼음낚시, 극지방 경비행기 투어 등 북극지방의 다양한 문화를 경험할 수 있는 상품이다. 주요 일정은 첫째 날 출발 후 오후 11시경 캐나다 옐로우 나이프에서 오로라 관광코스가 시작되며 둘째 날 개썰매 타기, 스노모빌 탑승과 시내관광을 진행하고 전통 및 북극 박물관을 견학한다. 셋째 날 얼음낚시를 체험하고 옵션으로 순록과 극지방의 설원을 감상하기 위한 경비행기 투어를 한다. 그리고 마지막 날 항공연결도시, 예를 들면 밴쿠버 시내관광 등을 진행한다. 개썰매 타기 및 운전하기는 18마리의 개가 끌며 2~6명이 탑승한다. 약 8km를 20분에 완주하는 선택관광으로 약 75,000원 선이다. 순록 및 극지방 경비행기 투어는 순록의 이동지역과 극지방의 설원 등을 경비행기로 관광하게 된다. 또한 순록들 앞에서 15분 정도 기념사진을 촬영한다. 오로라 관광은 체험관광으로서 새벽 1시경부터 2시간 정도 감상한다. 오로라 관광은 75,000원, 개썰매 오로라 관광은 150,000원의 선택관광으로 운영된다. 순록 및 극지방 경비행기 투어는 395캐나다 달러이다. 투어 참가자는 투어에 참가할 때 방한복과 눈신발을 착용해야 한다. 오로라 투어는 알래스카 지역 상품도 있다(www.nextour.co.kr; www.happytour.co.kr).

2006년 11월까지 2만 2211명의 한국인이 방문한 핀란드에서는 향후 새로운 상품을 소개할 계획으로 오로라 투어와 겨울 액티비티 등(세계여행신문, 2007.2.26., 35면)으로 알려지고 있다. 2018년 핀란드를 방문한 한국인은 32,803명이다. 참고로 핀란드인은 한국을 2018년에 14,372명이 방문하였다(핀란드관광청, 2018).

2) 등대상품

국내여행 전문이며 국내여행사연합(KITTA·키타) 회원사인 솔항공여행사에서는 2007 희망의 빛, 천혜의 절경등대 상품을 3~12월에 걸쳐 상품을 내놓았다. 3월 거문도 등대와 백도(기차 1박 3일) 상품(202,000원), 4월 울산 울기등대와 천년고도 경주 벚꽃(기차 무박) 상품(69,000원), 5월 죽변등대와 대게 맛기행(버스 1박 2일) 상품(114,000원), 6월 소매물도등대(버스 무박) 상품(69,000원), 7월 진도의 조도등대와 목포(KTX 1박 2일) 상품(179,000원), 8월 주문진등대와 여름나기(버스 당일) 상품(34,000원), 9월 홍도등대와 함평 꽃무릇(KTX 1박 2일) 상품(229,000원), 10월 우도등대와 가을 제주(2박 3일) 상품(248,000원), 11월 간절곶 등대와 부산(기차 무박) 상품(74,000원), 12월 호미곶 등대와 포항(기차 무박) 상품

(69,000원) 이다(http://www.soltour.co.kr). 등대로 소재로 삼아 여행상품을 개발한 것은 참신하며 여행상품의 소재와 주제의 다양화와 발굴의 무한한 가능성을 엿보게 되는 좋은 아이디어로 사료된다. 국내여행사연합은 지자체와 협력하여 국내여행의 활성화를 도모하고 있는 12개 여행사가 회원으로 시작되었다.

3) 특별한 목적지 상품

항공기의 신규 취항과 연계되어 새로운 관광지의 상품화가 이루어지고 있다. 튀니지 일주 상품은 아프리카의 유럽과 보석으로 일컬어지는 튀니지를 두바이를 경유하여 입국하는 일정으로 현지에서 바르도 박물관과 낙타체험 등을 할 수 있다.

그리고 대한항공의 요르단 직항 전세기 취항과 연계된 성지순례와 문화유산탐방 상품이 소개되고 있다. 인근 국가인 이집트, 이스라엘, 시리아, 터키, 레바논 등과 연계하여 상품일정을 구성하고 있다.

5. 세계일주 상품 증가

롯데관광에서는 '내 생애 단 한 번 30일간의 세계일주 환상여행' 상품을 출시하였다. 세계 5대륙의 11개국의 주요 도시들을 방문한다. 세계 3대 박물관인 대영박물관, 루브르박물관, 미국의 메트로폴리탄 박물관을 방문한다. 세계 3대 폭포인 나이아가라 폭포, 브라질과 아르헨티나의 이과수 폭포, 짐바브웨의 빅토리아 폭포를 본다. 유네스코 지정 세계문화유산도시인 영국의 바스와 세계 7대 불가사인 영국의 스톤헨지를 관광하게 된다. 여행상품 가격은 1,690만 원이다.

CHAPTER

7

여행상품 정책 및 제도

왜 떠나는가?

멋지게 다시 돌아오기 위해서다.

모든 여행의 궁극적인 목적지는 행복이다.

춤추라, 아무도 바라보고 있지 않은 것처럼.

사랑하라, 한 번도 상처받지 않은 것처럼.

노래하라, 아무도 듣고 있지 않은 것처럼.

살라, 오늘이 마지막 날인 것처럼.

– 프랑수아 를로프 저 '꾸뻬씨의 행복여행' 중에서 –

CHAPTER

7 여행상품 정책 및 제도

1. 기획여행 신고제도

1) 기획여행

기획여행이란 여행업을 경영하는 자가 국외여행을 하고자 하는 여행자를 위하여 여행의 목적지 · 일정 · 여행자가 제공받을 운송 또는 숙박 등의 서비스 내용과 그 요건 등에 관한 사항을 미리 정하고 이에 참가하는 여행자를 모집하여 실시하는 여행을 말한다(관광진흥법 제2조 제3호).

2) 신고

기획여행을 실시할 때에는 실시 7일 전까지 문화관광부장관에게 신고해야 한다.

3) 신고 취지

1997년 IMF외환위기 이후 도산한 여행사로 인해 고객들의 피해가 상당히 컸다. 이러한 상황에서 고객을 보호하고자 하는 목적에서 신고제도가 마련되었다. 즉, 손해를 보상하는 보증보험을 들고 공제에 가입하며 영업보증금을 예치해야 한다.

끊임없는 변화와 혁신을 지향합니다
(주)투어2000이 새로운 로고타입으로 거듭납니다
투어2000
2021-2000
www.TOUR2000.co.kr
유럽 (02)2021-2050
유럽전문여행사 투어2000 최강유럽팀에서 여러분을 초대합니다
알뜰비용/최고의만족/강력추천상품
융프라우+서유럽 6개국 12일
2,390,000
서유럽 완전일주 10개국 16일
"로맨틱가도" (영/프/스/이/오/독/네/벨/룩/모)
2,390,000
융프라우+서유럽 5개국 10일
2,090,000
NO팁/NO옵션/일급호텔
서유럽 4개국 (영/프/스/이) 9일
2,590,000
"융프라우"+서유럽6개국 12일
2,890,000
서유럽 8개국 완전일주 13일
2,190,000
몽블랑+서유럽 4개국 (영/프/스/이) 9일
1,990,000
환상의 발칸 / 동유럽 스페셜
프라하야경+동유럽6개국 9일
1,750,000
"백조의성+로텐부르크" 동유럽 6국 10일
1,790,000
다뉴브유람선+동유럽 5개국 9일
1,990,000
스페인! 특선
스페인일주+포르투갈/모로코
2,290,000
2,390,000
스페인일주+남프랑스 10일
2,390,000
발칸 동유럽5개국 9일
1,990,000
"크로아티아+슬로베니아" 동유럽 일주 8개국 12일
2,090,000
러시아/북유럽大특선
러시아/북유럽4개국 12/13일
2,290,000
2,440,000
러시아/북유럽4개국 11/12일
2,590,000
2,690,000
"여름/겨울궁전" 로맨틱 러시아일주 5일/6일
1,390,000
최강 지중해
창사8주년 BIG SALE
★정규일급호텔
터키 완전일주 8일
1,390,000
터키 완전정복+보스포러스크루즈 9일
1,690,000
그리스+터키완전일주 9/10일
1,990,000
이집트/그리스/터키일주 10일/11일
2,490,000
■ 전세계 할인항공권 사이트 OPEN EVENT!!
동남아 (02)2021-208
부모님 감사합니
방콕/파타야 4대 특식 5일
399,000
푸켓(관광+휴양
499,000
하노이/하롱베이선상크루즈 5일
499,000
베트남/하노이/
앙코르왓
699,000
방콕/파타야+알카자쇼 5일
529,000
699,000
749,000
일본 (02)2021-2010
6/15 단1회
요나고 전세기
요나고/돗토리사구/다이센 3일
429,000
명탕순례 요나고 3일
599,000
내맘대로 요나고 자유여행 3일
269,000
가정의 달 孝도 특선
북큐슈 일주(벳부+유후인) 3일
399,000
꽃의 축제 나가사키+하우스텐보스 3일
469,000
벳부/아소/구마모토 5일
299,000
다카마츠/카가와현/세토대교 3일
399,000
379,000
479,000
세계3대야경 3일
499,000
세계3대야경 하코다테 북해도 4일
1,190,000
649,000
北海道
세계문화유산 천하절경
천문산/황석채
399,000
499,000
599,000
599,000
749,000
549,000
5월출발한정! 동반자
799,000
749,000
549,000
599,000
599,000
599,000
499,000
849,000

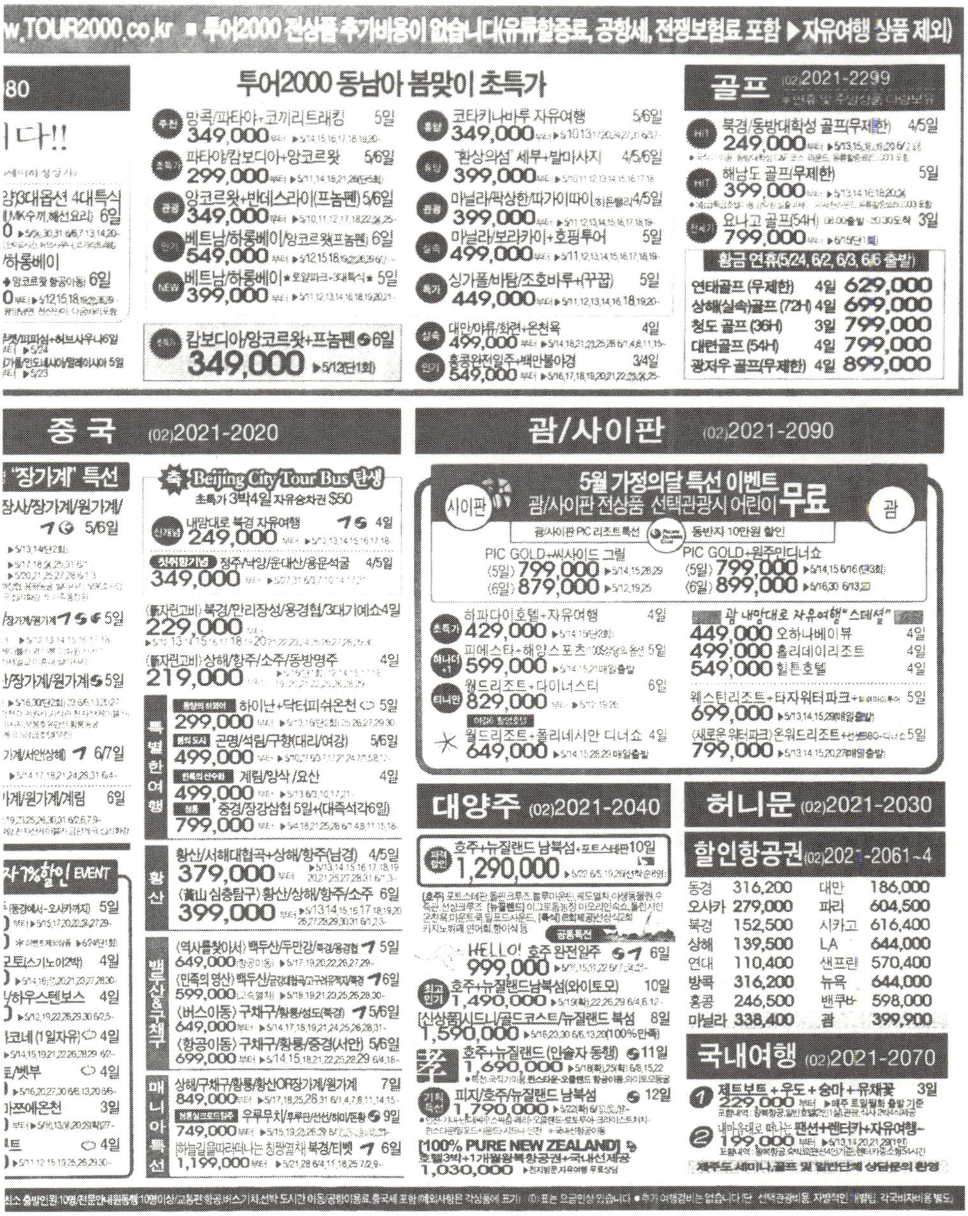
w.TOUR2000.co.kr ■ 투어2000 전상품 추가비용이 없습니다(유류할증료, 공항세, 전쟁보험료 포함 ▶자유여행 상품 제외)

투어2000 동남아 봄맞이 초특가

방콕/파타야+코끼리트래킹 5일 349,000
파타야/캄보디아+앙코르왓 5/6일 299,000
앙코르왓+반데스라이(프놈펜) 5/6일 349,000
베트남/하롱베이(앙코르왓프놈펜) 6일 549,000
베트남/하롱베이 5일 399,000
코타키나바루 자유여행 5/6일 349,000
"환상의섬" 세부+발마사지 4/5/6일 399,000
마닐라/팍상한/따가이따이 4/5일 399,000
마닐라/보라카이+호핑투어 5일 499,000
싱가폴/바탐/조호바루+(구깝) 5일 449,000
캄보디아/앙코르왓+프놈펜 6일 349,000
대만/야류/화련+온천욕 4일 499,000
홍콩완전일주+백만불야경 3/4일 549,000

골프 (02)2021-2299

북경/동방대학성 골프(무제한) 4/5일 249,000
해남도 골프(무제한) 5일 399,000
요나고 골프(54H) 3일 799,000

황금 연휴(5/24, 6/2, 6/3, 6/6 출발)

연태골프 (무제한)	4일	629,000
상해(실속)골프 (72H)	4일	699,000
청도 골프 (36H)	3일	799,000
대련골프 (54H)	4일	799,000
광저우 골프(무제한)	4일	899,000

중국 (02)2021-2020

"장가계" 특선

Beijing City Tour Bus 탄생

내맘대로 북경 자유여행 4일 249,000
청주/낙양/운대산/용문석굴 4/5일 349,000
(新자린고비) 북경/만리장성/용경협/3대기예쇼 4일 229,000
(新자린고비) 상해/항주/소주/동방명주 4일 219,000

특별한 여행
하이난+닥터피쉬온천 5일 299,000
곤명/석림/구향(대리/여강) 5/6일 499,000
계림/양삭/요산 4일 499,000
중경/장강삼협 5일+(대족석각6일) 799,000

황산
황산/서해대협곡+상해/항주(남경) 4/5일 379,000
(黃山 심층탐구) 황산/상해/항주/소주 6일 399,000

백두산/구채구
(역사를찾아서) 백두산/두만강 5일 649,000
(민족의 영산) 백두산 6일 599,000
(버스이동) 구채구/황룡/성도 5/6일 649,000
(항공이동) 구채구/황룡/중경(서안) 5/6일 699,000

매니아 특선
상해/구채구/황룡/황산/장가계/원가계 7일 849,000
우루무치 9일 749,000
하늘길을따라떠나는 칭짱열차 북경/티벳 6일 1,199,000

괌/사이판 (02)2021-2090

5월 가정의달 특선 이벤트
괌/사이판 전상품 선택관광시 어린이 무료

PIC GOLD+씨사이드 그릴 (5일) 799,000 (6일) 879,000
PIC GOLD+원주민디너쇼 (5일) 799,000 (6일) 899,000

하파다이호텔+자유여행 4일 429,000
피에스타+해양스포츠 5일 599,000
월드리조트+다이너스티 6일 829,000
월드리조트+폴리네시안 디너쇼 4일 649,000

괌 내맘대로 자유여행 "스테셜"
449,000 오하나베이뷰 4일
499,000 홀리데이리조트 4일
549,000 힐튼호텔 4일
웨스틴리조트+타자워터파크 5일 699,000
(새로운 워터파크) 온워드리조트 5일 799,000

대양주 (02)2021-2040

호주+뉴질랜드 남북섬+포트스테판 10일 1,290,000
HELLO! 호주 완전일주 6일 999,000
호주+뉴질랜드남북섬(와이토모) 10일 1,490,000
(신상품)시드니/골드코스트/뉴질랜드 북섬 8일 1,590,000
호주+뉴질랜드(인솔자 동행) 11일 1,690,000
피지/호주/뉴질랜드 남북섬 12일 1,790,000
[100% PURE NEW ZEALAND] 1,030,000

허니문 (02)2021-2030

할인항공권 (02)2021-2061~4

동경	316,200	대만	186,000
오사카	279,000	파리	604,500
북경	152,500	시카고	616,400
상해	139,500	LA	644,000
연대	110,400	샌프란	570,400
방콕	316,200	뉴욕	644,000
홍콩	246,500	밴쿠버	598,000
마닐라	338,400	괌	399,900

국내여행 (02)2021-2070

① 제트보트+우도+승마+유채꽃 3일 229,000
② 내마음대로 떠나는 펜션+렌터카+자유여행 199,000
제주도 세미나, 골프 및 일반단체 상담문의 환영

4) 가입현황

보증보험은 해당 여행사의 매출액 등에 따라 다르다. 따라서 실적이 좋은 여행사의 보증보험은 높게 책정된다. 그만큼 고객이 많은 만큼 부담해야 하는 것이다. 기획여행은 일간지 신문광고를 하는 여행사는 모두 가입해야 한다.

5) 기획여행신고 내용

기획여행신고서, 주요 기획여행 내역, 보증보험 가입증명서 또는 영업보증금 예치증명서를 제출해야 한다.

6) 신고기관

일반여행업협회나 지역별 관광협회에 신고하면 된다.

2. 기획여행 광고

1) 기획여행의 광고표시

기획여행의 광고표시(관광진흥법 시행규칙 제21조)는 다음과 같은 사항이 필히 표시되어야 한다. 여행사의 이미지 광고 외에는 의무사항이다.

① 여행업의 등록번호 · 상호 · 소재지 및 등록관청
② 기획여행명 · 여행일정 및 주요 여행지
③ 여행경비
④ 교통 · 숙박 및 식사 등 여행자가 제공받을 서비스의 내용
⑤ 최저 · 여행인원
⑥ 보증보험의 가입 또는 영업보증금의 예치 내용
⑦ 여행일정 변경 시 여행자의 사전 동의 규정
⑧ 여행목적지(국가 및 지역)의 여행경보 단계

3. 기획여행 위반 시 행정처분 및 과징금

1) 행정처분

관광진흥법 제33조에 의거하여 2차위반 시 사업정지 1월, 3차위반 시 사업정지 3월, 4차위반 시 등록취소된다.

2) 위반행위별 과징금

관광진흥법 제35조 제1항 관련하여 종합여행업 800만 원, 국외여행업 400만 원이다.

3) 기획여행 위반사항

광고표시 위반과 기획여행 미신고 후 광고를 하는 행위, 보증보험에 가입하지 않은 행위 등이다.

4. 국외여행표준약관 분석

여행상품은 공급하는 여행사와 수요자인 여행자와의 계약 이행 및 준수사항에 관한 사항이 주된 내용이다. 여행상품을 둘러싼 문제발생 시 해결방안으로 법적인 효력을 갖는바, 주요 내용을 살펴보고자 한다.

1) 성격

해외여행에 관한 여행사와 여행자의 계약이행 및 준수사항이다. 현재 약관은 2019년 8월 30일에 개정되었다.

2) 여행사와 여행자의 의무

여행사는 안전하고 만족스러운 여행서비스를 제공하기 위해 여행알선 및 안내,

운송, 숙박 등 여행계약의 수립 및 실행과정에서 맡은 바 임무를 충실히 수행해야 한다. 여행자는 안전하고 즐거운 여행을 위해 여행자 간에 화합을 도모하고 여행사의 여행질서 유지에 적극 협조해야 한다는 내용이다.

3) 주요내용

(1) 여행계약

여행계약은 여행계약서, 여행약관, 여행일정표가 내용이 된다. 여행일정표에는 여행지, 관광내용, 교통수단, 쇼핑횟수, 숙박장소, 식사 등이 포함되어야 한다. 여행사는 여행계약을 체결하고 계약서와 여행약관 및 여행일정표를 각 1부씩 여행자에게 교부해야 한다.

(2) 여행사의 책임

여행사는 여행 출발 시부터 도착 시까지 여행사 본인 또는 그 고용인, 현지여행사 또는 그 고용인이 임무와 관련 여행자에게 고의 또는 과실로 손해를 가하면 책임을 져야 한다.

(3) 최저 행사인원 미충족 시 계약 해제

여행업자는 최저 행사인원이 충족되지 아니하여 여행계약을 해제하는 경우 출발 7일 전까지 여행자에게 통지해야 한다. 여행참가자 수 미달로 기일 내 통지하지 않고 계약을 해제하면 지급받은 계약금을 환급하고 별도로 배상해야 한다. 여행출발 1일 전까지 통보 시는 여행요금의 30%, 당일 통지 시에는 여행요금의 50%를 배상하도록 되어 있다.

(4) 여행출발 전 계약 해제

여행사가 계약을 해제할 수 있는 경우는 다음과 같다.

① 제12조 제1항 제1호 및 제2호 사유의 경우

② 다른 여행자에게 폐를 끼치거나 여행의 원활한 실시에 현저한 지장이 있다고 인정될 때이다.

③ 질병 기타 사유로 여행자의 신체에 이상이 발생하여 여행에의 참가가 불가능한 경우이다.

④ 여행자가 계약서에 기재한 기일까지 여행요금을 납입하지 아니한 경우이다.

다음으로는 여행자가 출발 전 계약을 해제할 수 있는 경우이다.

① 제12조 제1항 제1호 및 제2호의 사유가 있는 경우

② 여행사가 제21조에 따른 공제 또는 보증보험에 가입하지 아니하였거나 영업보증금을 예치하지 않은 경우

③ 여행자의 3촌 이내 친족이 사망한 경우이다.

④ 질병 등 여행자의 신체에 이상이 발생하여 여행에 참가가 불가능한 경우이다.

⑤ 배우자 또는 직계존비속이 신체이상으로 3일 이상 병원(의원)에 입원하여 출발 전까지 퇴원이 곤란한 경우로 배우자 또는 보호자 1인이 해당한다.

⑥ 여행업자의 귀책사유로 계약서 또는 여행일정표의 여행실시가 불가능한 경우이다.

⑦ 제10조 제1항의 규정에 의한 여행요금의 증액으로 여행계속이 어렵다고 인정되는 경우이다.

(5) 계약금과 잔금 지급

계약체결 시에는 여행요금의 10% 이하 금액을 계약금으로 하며 여행자는 잔금을 출발 7일 전까지 지급해야 한다.

(6) 여행요금의 변경

이용운송, 숙박기관에 지급해야 할 요금이 계약체결 시보다 5% 이상 증감했거나 여행요금에 적용된 외환환율이 계약체결 시보다 2% 이상 증감한 경우에만 한한다. 여행업자는 여행요금을 증액하였을 때에는 여행출발 15일 전에 여행자에게 통지해야 한다. 여행출발 전 변경 분은 여행출발 이전에, 여행 중 변경 분은 여행종료 후 10일 이내에 정산(환급)하여야 한다. 여행자는 여행출발 후 본인 사정으로

출발 후 숙박, 식사, 관광 등 여행서비스를 제공받지 못한 경우는 환급을 청구할 수 없다.

(7) 여행사의 귀책사유시

여행업자의 귀책사유로 여권, 사증, 재입국허가, 각종 증명서 취득을 못해 여행 일정에 차질이 생기면 절차대행을 위해 받은 금액 전부 및 그 금액의 100% 상당액을 여행자에게 배상해야 한다.

(8) 여행사의 책임

이 조항은 여행사의 책임이 지나치게 포괄적이라는 반응이 있었던 다소 문제가 되는 문항이다. 항공기, 기차, 선박 등 교통기관의 연발착 또는 교통체증 등으로 여행자가 입은 손해는 여행업자가 배상해야 한다는 내용이다. 또한 여행자의 수하물 수령, 인도, 보관 등에 주의하지 않았거나 수하물 멸실, 훼손 또는 연착으로 인한 손해를 배상할 책임을 면하지 못한다는 조항이 포함되어 있다.

(9) 출발 후 계약해지

여행사 또는 여행자는 부득이한 사유가 있으면 여행계약을 해지할 수 있으나 이로 인해 상대방이 입은 손해는 배상하도록 되어 있다. 계약이 해지된 경우 여행업자는 여행자가 귀국하는 데 필요한 사항을 협조하고 이에 필요한 비용은 여행업자의 귀책사유가 아니라면 여행자가 부담하고, 양 당사자 누구의 사정에도 속하지 아니하는 경우에는 각 당사자가 추가비용의 50%씩 부담한다.

(10) 여행시작과 종료

탑승수속(승선수속)을 마친 시점이 여행의 시작이 된다. 여행자가 입국장 보세구역을 벗어나는 시점이 여행의 종료이다. 국내이동이 있는 경우 최초 출발지에서 이용하는 운송수단의 출발시각과 도착시각으로 한다.

(11) 기타

이 계약에 명시되지 아니한 사항 또는 이 계약의 해석에 관하여 다툼이 있는 경우에는 여행사 또는 여행자가 합의하여 결정하되, 합의가 이루어지지 아니한 경우에는 관계법령 및 일반관례에 따른다. 특수지역은 정당한 사유가 있을 때 표준약관과 달리 정할 수 있다.

참고 여행사와 여행자의 분쟁사례 가운데 자주 일어나는 사례

제10조 여행자는 여행요금 중 계약금을 제외한 잔금을 여행출발 7일전까지 여행사에 지급해야 한다. 이 조항은 여행자의 의무로 보면 된다.

제11조 여행요금의 변경건이다. 이용운송 및 숙박기관에 여행사가 지급해야 할 요금이 계약체결 시보다 5% 이상 증감하거나 여행요금에 적용된 외화환율이 계약체결 시보다 2% 이상 증감할 경우 여행사 또는 여행자는 증감된 금액 범위 내에서 여행요금의 증감을 상대방에게 청구할 수 있다. 아울러 여행요금 증액 시에는 여행출발일 15일 전에 여행자에게 통지해야 함이 조건이다. 이러한 상황을 받아들이기 어려운 여행자는 여행출발 전 계약을 정당하게 해제할 수 있다.

제15조 여행사의 귀책사유로 여행자의 국외여행에 필요한 사증, 재입국 허가, 각종 증명서를 취득하지 못해 여행일정에 차질이 생긴 경우에 여행사는 여행자로부터 절차대행을 위해 받은 금액 전부 및 그 금액의 100% 상당액을 여행자에게 배상해야 한다.

제17조 여행사가 최저 행사 인원(기획여행은 일반적으로 10명 이상) 미충족 시 여행계약 해제를 여행자에게 통보하게 되는 상황으로 인한 분쟁이 일어난다. 여행출발 7일 전까지 통보하면 면책을 받는다.

(공정거래위원회 국외여행표준약관; 호텔앤레스토랑 여행뉴스, 2019.8.9.)

5. 인·아웃바운드 현황

우리나라는 2019년에 외래관광객 1,750만 명을 유치하여 역대 최대를 달성하였다. 이는 세계 28위에 해당한다. 2018년도는 인바운드 1,534만 명으로 나타났다. 2006년에는 615만 명을 모객해 2%가량 소폭 상승하였다.

2019년 관광수입은 약 25조 1천억 원(문화체육관광부)이었다. 관광수익은 52억

9,450만 달러(약 5조 2천억 원)로 2005년 56억 4,980만 달러보다 6.7% 감소했다. 2005년 대비 달러가치 7%, 엔화가치가 13% 하락한 것에 기인했다는 분석이다. 1인당 관광수입은 2005년 968달러에서 2006년 860달러로 감소하였다.

2006년 12월 국내 인바운드의 문제점 및 비전을 제시하는 대표단 간담회에서 한 인바운드업체 대표는 "서울가요대상 · 대종상영화제 등 한류스타가 대거 참석하는 행사에 방문하고 싶어하는 외국인들이 많다"며 "하지만 행사 일정이 잘 알려지지 않고 표도 구하기 어려워 외국인 참석은 사실상 불가능한 상황"이라며 이를 시정해 줄 것을 요구하였다.

2019년 우리나라 사람들의 해외여행 출국자 수는 2,817만 명으로 세계 11위에 링크되었다. 2006년 아웃바운드는 1,160만 명을 송출해 전년 대비 15% 성장하였다(세계여행신문, 2007.1.22, 45면; 2007.2.19., 25면). 한국문화관광정책연구원의 2007년 인 · 아웃바운드 한국관광동향 발표를 보면 인바운드 여행시장은 지속적인 원화가치 상승과 북한 핵실험, 조류독감 등이 외래객 입국의 부정적인 요인으로 작용이 예측되나, 중국 경제의 성장과 한류와 연계한 이벤트 개최 등을 긍정적 요인으로 평가하였다. 내국인 출국은 원화가치의 상승과 겨울방학 기간 어학연수 증가, 해외여행 욕구 증대 등이 긍정적 요인으로 작용하나, 고유가 및 국제금리 상승으로 인한 해외여행 비용 증대 등이 부정적 요인으로 예측되었다(세계여행신문, 2007.1.8., 26면).

2020년은 코로나19로 인하여 우리나라 여행업을 중심으로 관광산업 전반에 엄청난 피해를 주었다. 수요 자체도 인바운드와 아웃바운드 모두 대폭 감소하였다. 불가피한 이동과 상용(출장)여행 그리고 유학 외에 순수한 여행수요는 인바운드와 아웃바운드 거의 없다고 보면 될 것이다. 2019년 2,871만 명에서 85.1% 감소한 427만 명이 해외로 출국하였다. 방한 외래관광객은 2019년 1,750만 명에서 85.6% 감소한 251만 명이다(한국관광공사; www.tour.go.kr).

중국, 2006년 관광객 유치 4위로 껑충/2019년 세계 정상권에 위치

총 1억 2,400만 명 방문, 유럽관광객도 급증

중국이 지난 2006년 세계에서 4번째로 큰 관광대국으로 성장했다. 최근 중국국가여유국(CNTA:China National Tourism Administration)이 간략하게 발표한 자료에 의하면 중국은 지난 한 해 동안 총 1억 2,400명의 관광객을 유치했다.

2019년에는 약 1억 6천2백만 명의 입국자를 유치하여 미국, 프랑스와 함께 세계 정상의 관광유입국가로 올라섰다. 2019년 출국자 수 순위는 중국이 1억 5천4백만 명 선으로 세계 최고의 해외여행 국가로 나타났다(고객만족마케팅 블로그).

관광객들을 분석해 보면 2006년에는 특히 인도 여행객의 수치가 상당히 증가했다. 홍콩, 마카오, 타이완 등 중화권 국가에서 중국을 방문한 여행객들도 많았으며, 한국과 일본은 물론 기타 동남아 국가에서 중국을 찾는 여행객들의 수도 꾸준히 증가했다. 또한 유럽과 북아메리카, 인도 등은 중국의 새로운 시장으로 여행객 성장률 면에서 급성장했다.

중국이 2005년 한 해 동안 관광을 통해 얻은 수입은 총 3,350억 달러로, 이는 중국의 서비스 · 무역사업 중 인바운드 관광분야가 가장 큰 부문으로 자리잡게 됐다. 이렇듯 관광사업이 활성화되자, 중국에서는 정부차원의 인프라 구축이 이슈로 제기되어 왔다. 현재 중국에서는 관광객들을 타깃으로 한 레스토랑, 호텔, 커피숍 등 기타 인프라가 활발하게 건설되고 있는 것으로 나타났다.

중국국가여유국은 이런 관광사업 성장이 당분간 꾸준히 증가한 것이며, 2008년 베이징 올림픽과 2010년 상하이 월드엑스포를 계기로 관광객들이 급증한 것으로 예측했다.

출처: 세계여행신문, 2007.1.22., 15면; 고객만족마케팅 블로그

6. 여행수요 분석

한국관광공사에 따르면 한국을 방문한 외래관광객[1]은 2020년 251만 명, 2019년 1,750만 명, 2018년 1,534만 명, 2017년 1,333만 명, 2016년 1,724만 명, 2015년 1,323만 명이었다.

1) 외래관광객 = 총외국인 입국−(외교+동거+거주+군인+영주)+재외국민 입국자 수(교포)+승무원을 제외한 통계이다(한국관광공사; e-나라지표; www.tour.go.kr; 콘텐츠 스튜디오 필인러브).

우리나라의 국민 해외관광객 수[2]는 2020년 427만 명, 2019년 2,871만 명, 2018년 2,869만 명, 2017년 2,649만 명, 2016년 2,238만 명, 2015년 1,931만 명으로 나타났다. 2006년 11,609,879명, 2005년 10,080,143명, 2004년 8,825,485명, 2003년 7,086,133명, 2002년 7,123,407명, 2001년 6,084,476명으로 거의 해마다 증가하고 있는 상황이다. 2002년에서 2003년의 −0.5%를 제외하고는 2004년은 전년 대비 24.4%의 성장률도 기록하였다. 일반여행업협회(KATA) 상위 30개 여행사 모객실적을 보면 2004년 1,840,280명, 2005년 2,393,231명, 2006년 3,582,164명으로 지속적으로 증가해왔다.

특히 하나투어의 경우 2018년, 2019년 우리나라 해외여행자의 1/4 정도인 750만 명 정도를 유치했다는 점에서 한 회사의 실적이 매우 크다는 점에서 고무적이다. 주요 여행사의 5년간(2002~2006년) 평균 모객 증가율은 모두투어(42%), 하나투어(39%), 인터파크(38%), 노랑풍선(37%), OK투어(32%) 순으로 나타났다(세계여행신문, 2007.3.12, 3면). 5년 간의 여행수요 성장과 KATA 상위 30개 여행사의 모객 실적 그리고 주요 여행사의 평균 모객 추이를 통해서도 여행수요의 증가를 알 수 있다.

1) 성장률 높은 여행사

2000년대 들어서 내국인 관광객 송출실적의 성장률이 높게 나타나고 있는 여행사는 여행박사, 보물섬투어, 맥여행사, 호도투어, 농협교류센터 등으로 나타났다. 그리고 항공권 판매실적에서 높은 성장률을 나타낸 여행사는 온라인투어, 여행박사, 맥여행사, 보물섬투어로 나타났다. 또한 하나투어, 모두투어, 자유여행사를 시작으로 하여 롯데관광, 세중나모여행, 참좋은여행 등이 상장하면서 여행업의 위상과 회사의 가치가 높아지면서 전반적인 여행사의 발전이 이뤄져 오고 있다.

2010년 이후부터 2020년까지는 하나투어, 모두투어, 인터파크투어, 롯데관광, 롯데JTB, 참좋은여행, 노랑풍선, 여행박사, 레드캡투어, 트리바고여행사, 투어2000, 세일여행사, 내일투어 등이 좋은 성과를 얻고 있는 상황이다. 그러나 코로나19 상

2) 국민 해외관광객수 = 총내국인 출국 − 재외국민 + 승무원(Korean Outbound Travelers: 1998년부터 승무원을 포함하고 있음)(출처: 한국관광공사; e-나라지표; www.tour.go.kr; 콘텐츠 스튜디오 필인러브).

황에서는 대부분의 여행사들이 매우 참담한 실적으로 여려움에 처해 있는 상황이다.

2) 지역별 수요

내국인이 많이 방문한 지역으로 여행수요의 증가지역을 판단할 수 있다. 2005년 중국 2,773,735명, 일본 1,598,068명, 미국 750,645명, 캐나다 125,400명, 멕시코 5,038명, 브라질 3,970명, 독일 134,052명, 영국 109,438명, 프랑스 90,950명, 중동 104,503명, 이집트 16,394명, 남아공 3,942명, 인도 31,052명, 러시아 52,707명, 호주 181,639명, 뉴질랜드 67,920명으로 전년 대비 거의 대부분의 지역이 성장을 나타났다(세계여행신문 2007.1.8., 35면; 2005.12. 참고). 태국의 경우는 2006년 100만 명의 한국인이 방문한 것으로 나타났다.

그리고 중국국가여유국 서울지국이 발표한 자료에 따르면 2006년 중국을 찾은 한국인의 수가 392만 4,000명으로 2005년 254만 5,300명에 비해 10.7%가 성장한 것으로 나타났다(세계여행신문, 2007.2.26, 31면; 23면). JNTO에서 발표한 국가별 방문객수를 살펴보면 2006년 방일 한국인은 2005년 174만 명에 비해 21.2%가 상승한 211만 7,200명을 기록하였다.

2006년 홍콩을 방문한 한국인은 2005년 대비 11.9% 상승한 71만 9,000명을 기록했으며 이중 패키지 이용객이 40%, 에어텔 30%, 개별여행객이 30%를 차지한 것으로 나타났다. 가족관광객은 전 방문객 중 35%를 차지했고 상용 수요를 제외한 관광목적 입국자 중 여성의 비율이 51%로 남성을 뛰어넘은 것으로 조사되었다. 한국 관광객을 유입하기 위해 홍콩 당국은 신문, 온라인광고 및 홈쇼핑을 확대하였다(세계여행신문, 2007.2.19., 23면; 2007.2.19., 15면).

참고 한국인이 선호하는 해외여행지

2019년 기준으로 한국인이 선호하는 해외여행지는 일본 오사카, 일본 후쿠오카, 일본 도쿄, 홍콩, 태국 방콕, 베트남 다낭, 필리핀 세부(트래블뷰; 네이버 포스트)로 나타났다. 데일리 라이프에서는 한국인이 많이 가는 인기 해외여행지로 포르투갈, 헝가리, 베트남, 오스트리아, 러시아, 터키, 말레이시아, 이탈리아, 크로아티아, 그리스로 검색량을 기준으로 발표하였다. 2017년 10월부터 2018년 9월 사이 검색량이 급증한 목적지 리스트로 선정하였다.

2011~2019년 한국인이 가장 많이 찾은 여행지로 일본, 중국, 베트남, 미국, 필리핀, 홍콩, 태국, 대만, 마카오, 싱가포르, 말레이시아, 인도네시아, 캄보디아, 오스트리아, 독일, 호주 등으로 파악된다.

여행신문에 의하면 2019년 베트남이 한국인 해외여행 출국자 수가 동남아 국가에서 1위로 나타났다. 430만 명이었다. 일본은 2017년 700만 명이 넘는 한국인이 방일하고 제1의 해외출국 국가로 나타났다. 2017년 중국에는 한국인이 약 500만 명이 방중하고 2019년 필리핀은 196만 명의 한국인이 방문한 것으로 나타났다.

여행신문, 2020.1.14.

다음 표는 2006년 내국인의 주요여행사 해외여행유치 실적, 항공권 판매실적 그리고 인바운드 유치실적을 나타내는 내용이다.

캐나다 오타와 근위병 교대식

〈표 7-1〉 2006년 내국인 관광객 송출실적

1월~12월 내국인 관광객 송출실적							
순위	업 체 명	인 원(명)			금 액(천 원)		
		2006년	2005년	비고	2006년	2005년	비고
1	하나투어	894,078	572,900	56.1	794,801,778	506,104,811	57.0
2	모두투어네트워크	409,778	257,163	59.3	352,395,703	228,592,787	54.2
3	롯데관광개발	279,133	223,671	24.8	260,214,891	168,698,928	54.2
4	자유투어	222,604	182,427	22.0	150,986,597	126,205,197	19.6
5	넥스투어	135,081	87,058	55.2	92,300,229	62,703,308	47.2
6	온라인투어	134,399	75,012	79.2	79,825,705	47,215,837	69.1
7	오케이투어	109,509	86,661	26.4	74,408,459	62,662,000	18.7
8	투어이천	108,708	96,908	12.2	64,821,418	54,455,696	19.0
9	참좋은여행	106,852	86,267	23.9	69,907,675	55,541,101	25.9
10	인터파크투어	93,132	38,302	143.2	76,553,054	26,189,837	192.3
11	여행박사	91,613	21,273	330.7	52,704,340	12,319,645	327.8
12	현대드림투어	85,970	70,050	22.7	82,283,483	65,076,004	26.4
13	보물섬투어	73,811	21,472	243.8	32,192,526	15,373,706	109.4
14	투어몰여행	72,922	79,669	-8.5	56,310,781	60,704,796	-7.2
15	포커스투어	72,324	58,537	23.6	49,487,433	40,938,677	20.9
16	레드캡투어	66,760	56,848	17.4	62,337,244	49,271,403	26.5
17	온누리여행사	66,341	39,064	69.8	56,317,542	28,387,469	98.4
18	세중나모여행	65,163	51,312	27.0	56,995,728	47,525,331	19.9
19	노랑풍선	64,082	0		48,890,678	0	
20	오케이캐쉬백서비스	59,142	45,132	31.0	57,568,223	42,921,265	34.1
21	여행매니아	57,151	45,496	25.6	47,003,661	36,674,212	28.2
22	김앤류투어	50,287	43,734	15.0	42,477,623	38,032,630	11.7
23	한진관광	45,992	49,981	-8.0	64,840,397	69,603,660	-6.8
24	호도투어	43,590	18,970	129.8	38,313,429	15,583,340	145.9
25	맥여행사	41,475	1,077	3,751.0	34,597,814	1,196,619	2,791.3
26	투어익스프레스	39,626	25,558	55.0	31,184,711	20,896,330	49.2
27	대한여행사	31,177	20,174	54.5	40,414,560	24,487,352	65.0
28	세일여행사	21,414	15,602	37.3	9,354,425	8,706,307	7.4
29	고려여행사	20,152	20,484	-1.6	23,697,971	20,380,072	16.3
30	농협교류센터	19,898	19,680	1.1	22,725,713	6,350,320	257.8
	순 위 소 계	3,582,164	2,410,482	48.6	2,925,913,791	1,942,799,140	50.6
	전 체 합 계	3,721,290	2,694,018	38.1	3,087,089,238	2,200,460,566	40.3

출처: 세계여행신문, 2007.2.12., 23면

〈표 7-2〉 2006년 항공권 판매 실적

1월~12월 업체별 항공권 판매 실적							
순위	업 체 명	인 원(명)			금 액(천 원)		
		2006년	2005년	비고	2006년	2005년	비고
1	하나투어	1,307,989	792,693	65.0	766,935,694	470,068,984	63.2
2	모두투어네트워크	655,428	402,598	62.8	476,288,436	223,278,716	113.3
3	롯데관광개발	314,745	220,485	42.8	205,249,553	145,574,380	41.0
4	자유투어	249,810	210,885	18.5	151,509,543	141,302,177	7.2
5	온라인투어	239,373	65,252	266.8	134,127,122	41,839,457	220.6
6	세중나모여행	233,765	205,077	14.0	271,282,303	229,896,589	18.0
7	투어이천	196,372	197,010	-0.3	124,309,741	122,292,508	1.6
8	오케이투어	193,078	179,377	7.6	134,384,227	124,758,308	7.7
9	비아이이항공	173,992	175,114	-0.6	64,801,385	65,311,787	-0.8
10	레드캡투어	153,871	141,074	9.1	149,382,260	136,306,733	9.6
11	현대드림투어	122,247	111,718	9.4	121,004,455	105,993,880	14.2
12	넥스투어	120,678	71,615	68.5	82,995,049	51,107,628	62.4
13	여행박사	105,659	24,549	330.4	36,046,504	9,963,181	261.8
14	참좋은여행	96,115	51,327	87.3	35,991,564	27,171,522	32.5
15	투어익스프레스	90,721	64,645	40.3	63,434,502	46,595,401	36.1
16	온누리여행사	80,300	0		31,644,638	0	
17	투어몰여행	68,238	77,267	-11.7	39,021,435	41,988,645	-7.1
18	맥여행사	67,994	18,522	267.1	53,773,823	22,175,880	142.5
19	인터파크투어	67,068	21,108	217.7	49,156,696	12,526,873	292.4
20	오케이캐쉬백서비스	66,209	41,975	57.7	38,785,692	25,889,633	49.8
21	한진관광	61,602	58,898	4.6	49,058,118	43,501,620	12.8
22	대한여행사	55,847	36,909	51.3	48,461,690	32,900,937	47.3
23	노랑풍선	53,570	0		32,828,226	0	
24	여행매니아	52,351	36,499	43.4	39,434,202	31,134,388	26.7
25	행복한여행	45,716	0		21,943,317	0	
26	김앤류투어	41,515	38,524	7.8	31,035,583	25,403,324	22.2
27	세일여행사	38,539	38,256	0.7	19,874,354	20,960,876	-5.2
28	포커스투어	36,489	30,546	19.5	20,681,958	17,533,239	18.0
29	동서여행사	34,752	36,633	-5.1	23,384,352	24,843,138	-5.9
30	보물섬투어	34,286	21,472	59.7	24,636,260	9,730,194	153.2
	순 위 소 계	5,058,319	3,370,028	50.1	3,341,462,682	2,237,523,125	49.3
	전 체 합 계	5,447,601	3,857,328	41.2	3,621,994,511	2,627,937,200	37.8

출처: 세계여행신문, 2007.2.12., 23면.

〈표 7-3〉 2006년 외국인 유치 실적

1월~12월 업체별 외국인 유치 실적							
순위	업 체 명	인 원(명)			금 액(천 원)		
		2006년	2005년	비고	2006년	2005년	비고
1	에치아이에스코리아	142,299	142,039	0.2	26,286,623	21,841,401	20.4
2	대한여행사	123,470	127,153	-2.9	32,983,440	32,280,846	2.2
3	포커스투어즈코리아	112,616	118,734	-5.2	29,852,980	30,179,166	-1.1
4	한진관광	100,676	89,195	12.9	23,200,733	19,754,265	17.4
5	세일관광	99,096	31,674	212.9	15,617,148	8,051,374	94.0
6	롯데관광	92,673	101,155	-8.4	26,105,361	25,037,077	4.3
7	세방여행	86,563	89,554	-3.3	20,703,180	21,353,165	-3.0
8	동서여행사	83,478	81,766	2.1	12,225,112	22,000,207	-44.4
9	전국관광	67,174	59,307	13.3	18,757,486	16,360,804	14.6
10	동보여행사	51,417	54,210	-5.2	12,337,449	13,606,263	-9.3
11	한나라관광	48,659	54,079	-10.0	13,721,000	12,811,000	7.1
12	세한여행사	43,807	38,632	13.4	8,635,995	7,792,699	10.8
13	한남여행인터내셔날	41,503	48,814	-15.0	10,448,791	13,354,315	-21.8
14	에느티에스인터내셔날	39,594	0		8,812,729	0	
15	한비여행사	36,969	35,967	2.8	11,106,863	9,854,618	12.7
16	세중쓰어데스크코리아	35,962	250	14,284.8	5,526,702	505	1,094,296.4
17	세린여행사	33,058	35,768	-7.6	8,737,718	8,305,976	5.2
18	한국관광여행사	31,749	28,410	11.8	7,324,337	7,334,396	-0.1
19	도우관광	26,823	29,995	-10.6	3,329,986	3,657,469	-9.0
20	승인여행사	22,982	37,175	-38.2	3,726,704	6,876,503	-45.8
21	하나투어인터내셔날	22,788	840	2,612.9	5,042,961	152,115	3,215.2
22	씨엔피여행사	22,536	29,218	-22.9	5,982,251	7,298,319	-18.0
23	왕조여행사	21,463	22,435	-4.3	4,644,990	4,727,991	-1.8
24	알렉스여행사	19,849	13,432	47.8	3,318,475	2,544,308	30.4
25	대홍여행사	19,650	19,972	-1.6	4,429,995	3,881,363	14.1
26	호도투어	19,434	32,315	-39.9	5,352,515	10,069,085	-46.8
27	인화관광	18,888	16,020	17.9	3,708,934	3,511,540	5.6
28	아주세계여행사	18,050	12,996	38.9	3,013,048	2,112,210	42.6
29	금룡여행사	17,662	27,276	-35.2	3,181,987	5,445,542	-41.6
30	파나여행사	16,467	14,367	14.6	3,323,578	3,357,146	-1.0
	순 위 소 계	1,517,355	1,392,748	8.9	341,439,071	323,551,668	5.5
	전 체 합 계	2,010,492	2,076,735	-3.2	442,114,410	477,893,316	-7.5

출처: 세계여행신문, 2007.2.12., 25면.

7. 여행산업의 발전을 위한 정책적 고려

1) 관광객 유치 시 시정사항

(1) 수용태세

인바운드를 통해 한국관광을 활성화하기 위해서는 다음과 같은 사항이 고려되어야 한다.

① 출입국절차

한국의 출입국절차는 환대 · 환송 측면에서 문제점이 지적되어 왔다. 첫째, 시스템 면에서 출입국 절차가 과학적이고 합리적인 시스템으로 전환해야 한다. 둘째, 중국 관광객의 비자 문제 면에서 불법체류 방지와 관광활성화를 동시에 모색하는 방안을 연구해야 한다. 셋째, 태도 면에서 딱딱한 대응 태도를 고치면서도 철저하게 출입국을 관리하는 시스템을 마련해야 한다. 이러한 지적들은 어느 정도는 개선된 것으로 보인다.

2019년 중국인은 602만 명이 우리나라에 입국하였고(한국관광공사; 한국관광통계) 2017년 한국인 약 500만 명이 중국을 방문한 것으로 나타났다(여행신문, 2020.1.14.). 2006년 한국에 입국한 중국인은 78만 명이었지만, 같은 기간 중국으로 출국한 한국인은 286만 명(조선일보, 2007.3.27., A9면)이었다.

참고 2019년 한국을 방문한 외국인 관광객 TOP 5

전체는 17,502,756명이 입국하였다. 중국 6,023,021명, 일본 3,271,706명, 대만 1,260,493명, 미국 1,044,038명, 홍콩 694,934명이었다(한국관광공사; 한국관광통계). 1,750만 명은 세계에서 입국자 수 순위로 28위이다. 참고로 우리나라는 2019년 해외여행 출국자 수가 세계 11위로 2,871만 명이었다.

② 안내데스크

관광객들이 최종 보안심사를 마치고 입국장으로 나왔을 때 공항 내에 있는 안내데스크를 통해 제반 안내를 받을 수 있는 여건이 마련되어야 한다. 우리나라에 처음 입국한 사람이라면 여러 면에서 한국이 낯선 만큼 환대적이면서 필요한 체류정보를 얻을 수 있는 안내데스크 운영이 정착되어야 할 것이다. 태국 방콕공항의 경우 직원들의 적극적인 안내태도와 마인드는 본받아야 할 대응자세라 여겨진다.

또한 국경관문 안내데스크, 즉 안내센터가 활성화되어야 한다. 미국, 캐나다 국경 지역으로 유입되는 도로의 관문에 관광안내소가 위치하여 관광객들에게 지도, 자료, 호텔예약 등 제반 안내를 제공함으로써 관광객의 편의와 필요에 절대적으로 부응하도록 시스템화되어 있다. 이러한 요소들은 한국에서도 도입되어 활성화되어야 할 것이다.

③ 가이드 지원자 시스템 전환

여행의 만족과 평가는 안내를 담당하는 인솔자나 현지지역을 담당하는 가이드, 즉 현지안내원에 의해 구축된다. 이러한 측면에서 외국어가 가능한 문화유산해설사가 관광지의 주요 지역에서 안내하는 시스템으로 전환되어야 할 것이다. 지금 상황은 언어소통은 가능하지만 자질과 공부가 되어 있지 않고 역사적 인식과 지식이 부재한 가이드들에 의해 한국의 주요 관광지에 대한 소개와 설명이 왜곡되는 현상도 보여지는바, 상당한 문제점으로 지적되어 온 것이 현실이다. 이탈리아의 로마 소재 관광지인 카타콤베의 입구에는 여러 나라 언어별 가이드를 신청해서 설명을 들을 수 있는 시스템이 구축되어 있다. 카타콤베에서의 안전문제와 언어소통 등 정확한 설명과 안내를 도모하기 위한 차원에서 정해진 방식으로 이해된다.

④ 항공노선 유치 및 연계상품화

2018년 대한항공은 크로아티아 자그레브를 신규 취항하였다. 아드리아의 진주라 불리는 크로아티아에 취항함으로써 두브로브니크 등 연계된 여행상품이 주요 여행사를 통해 개발되어 상품화되었다. 크로아티아는 세계관광국가로서 경쟁력을 지닌 국가이다. 아시아나항공은 바르셀로나 신규 취항과 예전의 파리 취항을 통해 여행상품화가 진행되었다. 보통은 항공사의 취항과 함께 내국인의 해외여행 상품 개발이 초점이 되어 아웃바운드 상품에 해당 항공사와 주요 여행사가 주력하는 현상이 일반적이다. 그러나 다른 측면에서 크로아티아, 스페인, 프랑스를 중심으로 유럽의 관광객들을 유치하는 방안과 상품개발이 활성화되는 노력이 경주되어야 할 것이다. 결국 이러한 노력은 한국관광의 경쟁력을 도모할 것이기 때문이다.

⑤ 공항환승객 관광제공

관광공사에서는 2007년 1월 KATA 인바운드위원회에서 환승객에게 서울 시내까지 셔틀버스를 제공, 자유여행을 할 수 있도록 하자는 의견을 제시했다. 이는 300만 명으로 추산되는 환승객을 시장으로 끌어내 새로운 관광수익원으로 활용하자는 취지였다. 그러나 인바운드 업체에서는 항공사가 환승객에게 숙박을 저렴하게 제공하고 관광공사가 교통을 무료로 제공한다면 상대적으로 여행사 상품의 경쟁력이 떨어질 것이라는 우려가 있었다. 그리고 시행도 되지 않았다. 현재도 저가상품으로 어려운 인바운드에 또 다른 어려움으로 작용할 것이라는 의견이 제시되었기 때문이다. 나름 아쉬운 미시행의 결과로 사료된다. 관광공사에서는 환승객은 관광객이 아닌 만큼 이들을 대상으로 하는 시티투어 진행은 전체적인 여행시장에 도움이 될 것이라는 입장이었다. 환승객을 대상으로 한 무료 셔틀버스 운행은 여행사의 고객을 공유하는 것이 아닌 새로운 시장을 창출하는 것으로 보는바, 바람직한 판단으로 여겨진다. 물론 업체들은 이 제도가 환승객을 서울에 내려주면 직접 지도를 보고 여행을 하거나 먹거리를 찾아가는 등 100% 자유여행으로 진행되어 업체들이 이들을 활용할 방법이 없다는 점을 지적하였다(세계여행신문, 2007.2.12., 37면). 싱가포르의 사례에서처럼 국가경쟁력을 가져오고 업계의 발전방안도 이끌 거시적인 시각에서의 방법이 강구되어야 할 것으로 사료된다.

문화관광부, 인천공항 환승투어 활성화 주력과 인천공항 경쟁력

- 문화관광부에서는 인천국제공항 환승투어 활성화를 위해 적극 지원하고 나섰다.
  문관부는 인천국제공항공사 측에 온라인 광고, 예약시스템 구축, 기내지 광고, 리플릿 제작, 항공사 해외지점망을 활용한 홍보활동 등 인천공항 환승투어 활성화를 위해 총 2억 원을 지원하고 있다. 문관부에 따르면 2004년 11월부터 시행돼 왔던 환승투어가 활발히 이뤄지지 못했던 것은 홍보부족이 주된 요인으로 분석하고 있다.
  문관부에서는 이번 환승투어활성화 사업을 통해 동북아 허브공항으로서 인천공항의 위상에 걸맞은 환승률 상승과 장기적으로는 외국관광객 유치에도 기여할 것으로 기대하고 있다. 인천공항 환승투어는 2~5시간 단위의 단기 프로그램으로 구성돼 있으며, 공항주변 관광, 인천시내 관광, 서울시내 관광, DMZ 견학 등 7개 코스로 50~70달러가 소요된다.
  한편, 인천국제공항은 개항 이후 고객만족도 세계 1위, 화물취급 3위, 여객수송 10위권 등으로 급성장하고 있으나, 환승률은 12.1%에 불과한 상황이다. 이 수치는 일본 나리타 공항(20%), 홍콩 첵랍콕공항(28%), 싱가포르 창이공항(30%) 등 주변국 주요 공항에 비해 현저하게 낮다.
  인천국제공항에서는 60개국 133개 도시로 항로를 연결하고 있다.

- 인천국제공항은 2001년 3월 29일 개항하여 동북아 허브공항으로 약진하고 있다. 여객, 화물 수송량이 매년 10%대의 성장률을 보이고 있다. 운황횟수는 2002년부터 12만 6,094대, 13만 185대, 14만 9,776대, 16만 843대, 18만 2,007대를 기해 전년 대비 증가율이 최고 15%의 성장률을 보였다. 승객의 경우 2002년 2,092만 4,171명이었던 데 비해 2006년에는 2,819만 1,116명을 기록했으며, 화물은 2002년 170만 5,897톤에서 2006년 233만 6,572톤으로 늘었다. 이와 함께 인천공항공사에는 지속적인 투자와 시설 개보수를 통해 유수한 기관으로부터 다양한 상을 수상하였다. 2005 공항서비스우수상에서 세계최고공항, 아시아 최고공항, 2,500만 명 이상 최고 공항, 가장 발전하는 공항 등으로 선정됐으며, 2006 공항 효율성 대상에서 아시아태평양 최우수 공항 등으로 꼽혔다. 특히 세계 최초로 공항 서비스 분야에서 국제 ISO인증을 취득하기도 해 위상을 더욱 높여가고 있다. 2007년 3월 이후 김포공항에서 인천공항까지는 전철이 직행노선과 경유노선이 운행됨으로써 접근성과 교통비에 있어서도 경쟁력을 확보하게 되었다.

- 인천국제공항은 1992년 건설이 착수되어 2001년에 국제공항으로 개통되었다. 2018년부터 3단계 공사 중이다. 스카이트랙스(Skytrax)에서 평가한 전 세계 국제공항 Top 100 순위에서 매년 최상위권을 차지하고 있다. 국제공항협의회(ACI)에서 주관하는 세계공항서비스평가(ASQ)에서 세계 최고 품질서비스를 제공하는 공항으로 12년 연속 선정되었다. 2019년도 운항편수는 404,104이며, 여객 71,169,722명 화물 2,764,369톤의 실적을 나타냈다. 2018년 환승여객은 8,020,699명이다.

자료 : 한국관광총회 Daily News, 2007.2.27, 5면 ; 나무위키, 2021.8.4. 참고

참고 최근 인천공항 환승투어

2021년 기준으로 코로나19로 인해 환승투어는 중단된 상황이다. 일반적인 내용은 다음과 같다. 한국 입국에 문제가 없는 승객은 투어에 참가할 수 있다. 제3국에서 제3국으로 24시간 내에 환승하는 승객은 참가가 가능하다. 탑승동으로 도착하는 승객은 스스로 지하에 있는 셔틀트레인을 이용하여 각각 해당되는 터미널 1 & 2로 이동하여 1층에 있는 환승투어 등록데스트에 도착해야 한다. 투어 좌석은 온라인 예약시스템과 도착 시 선착순으로 등록하는 승객 순서대로 배정된다. 우리나라 법무부는 1회 한국방문 시, 2회의 입국을 허용하지 않는다는 공지를 하고 있다. 위치는 제1여객터미널 1층/2층/3층에 있고 제2여객터미널은 1층/2층/3층/4층에 위치한다(인천국제공항고객센터; 항공마케팅팀).
환승투어는 무료로 진행된다. 2018년에는 8만 명 정도가 이용했다. 환승객 800만 명 중 1%에 해당한다. 싱가포르, 이스탄불, LA, 아부다비 등의 공항에서 환승투어가 진행 중이다. 환승투어를 모르는 사람들이 많다고 하니 지속적인 홍보가 필요하다는 지적이다. 환승투어 시에는 사찰 입장료 등은 별도로 내어야 한다.
5시간 전통투어는 가장 인기 있는 코스라고 한다. 경복궁, 인사동으로 가는 투어로 입장료, 식사 포함 약 10달러의 추가 비용이 있다고 한다. 하루에 8시, 10시에 두 번 출발한다. 5시간 쇼핑코스는 명동, 남대문을 돌아 보며 오후 1시부터 6시까지의 코스이다. 4시간 사찰코스는 전등사, 덕진진을 둘러 본다. 오전 8시~오후 12시 코스이다. 4시간 어드벤처 투어는 광명동굴코스이다. 오전 9시 출발 오후 1시에 돌아온다. 한류열류풍을 이용한 4시간 K-컬처 코스는 상암월드컵경기장, 홍대거리를 둘러본다. 오후 2시~6시 코스이다. 2시간 송도를 다녀오는 코스는 오후 3시에 가서 5시에 돌아온다. 송도 한옥마을과 트리플 쇼핑거리를 방문한다. 1시간 사찰코스는 하루에 1, 2 터미널 합해 7번이나 있다. 1시간 엔터테인먼트 코스는 파라다이스 호텔의 로비에 전시된 아트구경과 외국인 전용카지노를 이용할 수 있다.
이 투어에는 해당 여행객의 여권, 도착항공권, 출발항공권이 필요하다. 무료환승투어는 24시간 이하 레이 오버 승객에게만 제공된다. 짐은 신청데스크에 보관이 가능하다(인천공항 무료환승투어 블로그 천국나그네, 2019.9.9. 참고).
우리나라 관광의 경쟁력을 위해 시행하는 환승투어는 매우 중요하고 가치있는 콘텐츠로 인식되며 지속적인 발전을 기대한다.

(2) 외국인 불편사항

① 음식점 영문 표기

외국인들이 한국관광 시 문제점으로 제기하는 것들 가운데 하나로 음식점에서 영문표기가 되어 있는 메뉴판이 없다는 점이다. 마찬가지로 중국어, 일본어 등 주요한 외국 관광객들이 불편함이 없도록 지원되어야 할 것이다.

② 안내책자 부족

프랑스에서는 미쉐린이란 안내책자를 통해 내외국인들이 관광업소를 찾고 있다. 특히 식당의 등급과 맛이 평가되어 있어서 관광객들에게 좋은 길잡이가 되고 있다. 특히 우리나라에서는 제2외국어로 된 안내책자가 부족하므로 이에 대한 준비를 서둘러야 할 것이다. 지도 및 홍보물에 표기된 내용들이 정확하지 않다는 지적도 받고 있다. 관광활동별, 테마별로 특성화 홍보물의 제작 필요성도 제기되고 있다.

③ 도로표지판

도로표지판도 많이 지적되어 온 사항이다. 영문, 일문, 중문 등 주요 관광객들에게 안내되는 데 문제점이 없어야 한다.

④ 대표상품 부재

외래관광객들에게 어필할 수 있는 우리나라의 대표상품을 개발해야 한다. 보통 프랑스에서는 관광객들 대다수가 파리의 리도쇼를 관람하고 센강에서 유람선인 바토무슈을 타고 야경이 아름다운 파리의 샹젤리제 거리와 에펠탑을 관광한다. 태국의 경우에는 알카자쇼를 관람한다. 이처럼 야간에 관광객들이 즐겨 찾을 수 있는 대표상품 개발에 주력해야 한다.

⑤ 외국어 소통

외래관광객들이 일반적인 도시의 관광지에서 벗어나 자유로운 관광을 할 경우 전반적으로 느끼는 의사소통 문제가 있다. 이러한 현상은 한국의 국제화로 점증적으로 해결되리라 본다. 특히 절약여행자들이 스스로 원하는 코스와 일정에 따라 주요한 관광지를 벗어나 지방의 시골지역으로 이동할 경우 외국어 소통의 어려움을 느끼게 된다.

⑥ 관광안내전화 만족도

2020년 관광통역안내전화는 1330으로 내 · 외국인 대상으로 24시간 운영된다. 서비스 언어는 한국어, 영어, 일본어, 중국어, 러시아어, 베트남어, 태국어, 말레이 · 인도네시아어이다. 8시부터 19시까지 서비스된다. 외국인은 1339 연결 후 4번을 누르면 1330과 3차통화 형태로 통역상담이 가능하다(한국관광공사).

한국관광공사가 발표한 '모니터링을 통한 FIT 관광안내체계 개선방안 연구'에 따르면 국내 외래관광객의 방문형태 중 FIT(개별여행객)가 차지하는 비율은 2001년 50.7%, 2003년 57%, 2005년 61.5%로 꾸준히 증가하고 있지만, 이들을 위한 웹사이트, 홍보물, 관광안내 전화 등의 구축이 선진국에 비해 미비한 것으로 나타났다. 특히 안내전화 만족도가 가장 개선되어야 할 사항으로 나타났다. 관광공사는 외국인이 관광안내전화를 숙지할 수 있도록 입국게이트부터 심사대까지의 구간에서 홍보를 하는 방안과 공사 해외지사를 활용한 홍보활동을 고려하고 있는 것(세계여행신문, 2007.2.12, 15면)으로 보도되었다.

2) 관광경쟁력 제고 방안

(1) 건전한 밤문화

1970~1980년대는 일본인을 중심으로 한 기생관광이 한국에서도 수요가 많았던 시절이 있었다. 외국의 경우도 밤의 여흥을 위해 환락가에 방문하는 관광객들이 있다. 건전한 밤문화 형성을 위해 한강유람선 운행시간 연장, 난타공연, 워커힐쇼, 야간 시티투어 활성화, 청계천 2층버스 확대 등의 방안이 마련되어야 한다.

(2) 발상의 전환

현재 아랍에미리트의 두바이가 인공적인 관광명소로 활성화되어 상당히 많은 관광객들을 유치하고 있다. 이러한 이면에는 발상의 전환이 주요한 성공요인이라 할 수 있다. 항상 더운 지역이지만 인공 스키장을 만들고 해변에서 해수욕을 동시에 할 수 있도록 환경을 조성하고 상품화한 데서 성공요소를 찾게 된다. 싱가포르도 동물원의 공연과 야간 사파리를 즐기면서 식사를 할 수 있는 상품을 만드는 등 발상의 전환을 통해 인위적이지만 상당히 성공적인 상품화로 주목을 끌었다. 우리나라도 한국의 특성에 맞는 발상의 전환을 통한 상품의 경쟁력을 도모해야 할 것이다.

발상의 전환이 돈을 부름 : 적은 자본과 기발한 아이디어로 승부하는 이색창업 사례

- **오키나와 이색나무 식당**: 수만 년은 되었을 것 같은 커다란 나무식당이다. 현재 오키나와의 빠질 수 없는 관광명소가 되었다. 아시아 각국의 별미를 맛볼 수 있다. 한국음식도 맛있다고 소문이 나 있다. 오래된 나무처럼 꾸미고 그 위에 식당을 조성한 건축물로 아이디어가 좋아서 성공한 사례이다.
- **이색 철도식당**: 기차표를 끊고 철도원의 안내를 받아 식당에 입장한다. 물론 철도원은 식당 종사자이다. 기관사가 서빙하는 카레를 먹는 등 음식점 안이 온통 기차를 연상케 하는 소품으로 가득찬 도쿄의 이색 철도식당으로 유명해져 성공한 사례의 하나이다.
- **일본의 아이디어 낚시 식당**: 이곳에서는 마치 바다 위에 떠 있는 배를 연상케 하는 가게 안에 출입하게 된다. 이어서 가게 안에서 손님이 직접 낚시를 해 자신이 잡은 생선을 바로 회로 먹는 특이한 식당으로 호응을 얻고 있다. 일본의 아이디어 가게로 소개되는 곳이다(자료 : VJ특공대 방영내용 참고)
- **이스라엘의 전통레스토랑**: 이 레스토랑은 보통의 레스토랑보다 가격이 비싸다. 식당을 들어가기 전에 이스라엘의 전통복장과 투구, 갑옷 등을 착용하고 입장하여야 한다. 가족이나 친지와 함께 갔더라도 서로 마주보고 식사를 하는 동안은 유대시대의 장군, 병사, 공주, 귀부인 등이 되는 것이다. 웃음이 나오고 어색하더라도 이스라엘의 전통문화를 체험할 수 있는 색다른 분위기를 연출하는 장소로 관광객들의 관심을 끌고 있다고 한다.

(3) 국가별 선호 상품 확대

우리나라 관광지 가운데 중국인들이 가장 선호하는 장소는 잠실 롯데 월드이다. 그리고 일본 관광객들은 한국의 주요 면세점에서 명품구입을 선호하는 편이다. 미국 등 서구 관광객들은 사찰관광과 비즈니스관광 등의 특정 목적으로 방한하고 있다. 이러한 측면에서 장기적으로 관광객을 유인할 수 있는 상품의 개발이 요청된다. 온천여행을 즐기는 중국 관광객들의 수요도 포착해야 할 것이다.

지속적인 국가별 맞춤 콘텐츠의 개발이 지속되고 성과가 있어야 할 것이다.

(4) 교통기관 연계 혜택

프랑스는 1998년 월드컵행사 때 외래관광객들에게 철도패스 쿠폰제로 편의를 제공하여 많은 호응을 받은 바 있다. 저렴한 가격에 월드컵이 개최되는 10개 도시 쿠폰을 구입해 이동하면 경기 참관에 문제가 없게 지원하여 주었고 좋은 결과를 창출했다. 이처럼 우리나라도 정책과 제도적으로 외래관광객들에게 혜택을 지원하는 교통기관 연계서비스를 제공해야 할 것이다.

(5) 쇼핑 품질 보증제

모조품과 가짜 상품이 상당히 범람하여 해당국은 이미지가 손상되고 관광객들에게 부정적인 인식을 끼치고 있다. 태국의 경우도 가짜보석 문제로 국가가 보증하는 쇼핑품질 보증제를 시행하여 관광청이 보증하는 업소에는 믿고 찾아가서 물품을 구입하도록 정책적으로 제도화하였다. 이처럼 우리나라도 쇼핑품질 보증제도를 정착화하여야 할 것이다.

(6) 특화상품 개발

인도, 태국, 말레이시아, 싱가포르, 남아프리카공화국 등은 의료관광을 활성화시키기 위해 부단히 경쟁력을 강화하고 있다. 우리나라도 의료관광 분야에서 경쟁력 있는 분야를 특화하고 발전시켜 오고 있다. 성형분야는 경쟁력이 있는 분야로 주목받았고 의료기술의 경쟁력과 합리적인 치료비용 등으로 중동 지역 등에서 중증환자들이 많이 입국하고 있는 상황이다. 또한 일본관광객들이 찾고 있는 때밀이 등 건강투어의 개발 등에도 주력해 왔다. 한방체험 상품 등이 예이다. 한편 한의학 분야에서도 의료관광객 유입을 위해 피부 및 치료 특화상품 등을 지속적으로 개발하고 유치하는 노력을 기울여 왔다고 하겠다.

(7) 가이드의 정기점검 시행

우리나라에서 인바운드 가이드를 하기 위해서는 관광통역안내사 자격증을 취득해야 한다. 해당 외국어와 면접 등을 통과하면 된다. 자격증 취득 후에는 소속 여행사 등을 통해 관광단체를 맡아서 안내하게 된다. 그러나 몇 년이 지나고 수십 년이 지나도 재교육 등 정기적인 교육이 이뤄지지 않고 있는 것이 현실이었다. 이러한 측면은 결국 자기계발을 하지 않는 가이드는 천편일률적인 방식으로 안내하는 차원을 넘기 어렵게 되는 것이 사실이다.

그러나 2017년의 경우, 관광통역안내사 역사 문화재 교육이 8월 말에서 9월 초까지 수원화성, 융릉, 정동길까지 답사부분이 새롭게 추가되어 실시되는 등 변화가 보인다. 2016년에도 관광통역사 역사문화재 교육이 총 24시간 이론교육과 현장교육으로 진행되었다. 이론은 친절교육, 한류, 한 · 중 · 일 역사와 문화비교, 조선왕릉, 조선의 역사와 문화, 한글과 세종대왕, 풍수지리와 명당 등의 내용이다. 현장교육은 경복궁, 종묘, 창덕궁, 덕수궁에서 진행되었다. 4일간 교육을 마쳐야 수료증이 발급된다. 외국어 자격을 갖춘 관광통역사에게 우리나라의 역사와 고궁을 현장에서 연수함으로써 경쟁력 있는 안내를 할 수 있도록 하는 유용하고 중요한 재교육으로 평가하고자 한다. 문화체육관광부와 한국관광공사가 진행한다.

이스라엘의 경우에는 가이드가 1달 이상 현장 연수를 받아야 하며 연수 후에만 자격증이 부여된다. 이에 비하면 우리나라는 가이드 훈련이 부족한 현실이다. 일본 여행업계에서는 사원에게 특정 국가와 지역의 여행정보를 인터넷으로 학습하여 익히게 하고, 여행상품의 기획과 판매에 보다 정확하게 대응할 수 있도록, 즉 해당 국가 전문가를 한 사람이라도 더 양성해 나가자는 취지로, 각국 정부 관광국과 일본여행업협회가 공동으로 데스티네이션 스페셜리스트(Destination Specialist) 자격인증제도를 실시하고 있다(인천광역시·한국관광공사, 2007 한국관광총회 자료집, 39면). 해외여행 부문에 관련된 제도이지만 국가적인 전문가 양성을 위한 제도라는 점에서 참고하여 여행업의 발전적인 측면에서 정책에 반영하여야 할 것으로 사료된다.

(8) 가이드시스템 변경

태국에서는 우리나라 관광객을 한국인 가이드가 안내하도록 하고 있었다. 그러나 Sitting Guide제도를 법제화하여 태국인 가이드를 법적으로 고용하도록 하고 있다. 우리나라에서 한국인들이 전용으로 가이드를 하는 시스템과 비교하면 장단점을 찾아낼 수 있을 것이다. 이탈리아나 이집트 그리고 터키에서도 현지인인 Local Guide를 의무적으로 고용하게 하는 시스템을 만들었다. 한국도 한국인 가이드만이 외국인에게 언어별로 가이드하는 체계이다.

(9) 관광업계 종사자 처우 개선

예전에는 관광업에 종사하는 사람들에 대한 인식과 이미지, 나아가 대우가 상대적으로 열악하였던 것이 현실이다. 그러나 지금은 관광기업체들의 발전에 힘입어 상당히 호전되었다고 사료된다. 그러나 관광선진국의 경우에 비교하면 더욱 발전해야 한다는 판단이다. 일본의 경우만 하더라도 JTB(Japan Travel Bureau: 일본교통공사)여행사에 대학교 졸업예정자가 가장 많이 지원하는 추세인 만큼 일본 사회에서 관광의 위상을 보여주는 사례라 하겠다. 관광종사자들의 자부심, 장인정신이 더욱 요청되는 상황이라 여겨진다.

유럽 등 세계관광의 중심국가들의 경우, 관광분야의 종사자들의 처우가 좋고 자부심은 대단하다. 자신의 일에 대한 긍지와 만족감이 크다. 우리나라도 지속적으로 관광이 발전하는 가운데 관광종사자가 좋은 직업으로 선호되며 유망직종이 되기를 소망한다.

(10) FIT 수요에 대비한 시스템 구축

일본을 중심으로 그룹투어보다는 개별여행자(FIT) 수요가 늘어나고 있다. 이러한 측면에서 개별여행자들이 한국여행 상품을 구입하는 전 과정에서 불편함과 피해가 발생하지 않도록 제도적으로 시스템을 구축해야 할 것이다. FIT상품이 다양하게 개발되어야 하고 안내체계도 마련되어야 한다. 교통기관 이용, 숙박시설 이용, 관광지 안내 등 인터넷으로 이용하는 데 편리하게 잘 구축되어야 한다. 국내외래관광객의 방문형태 중 FIT는 2003년 57.9%, 2005년 61.5%로 꾸준한 증가세를 보이고 있으나, 당시 언어소통, 안내표지판, 관광정보 입수 등 안내체계와 관련된 어려움을 호소하여 이들을 위한 안내체계의 개선이 시급한 상황(청사초롱 KTO News, 2007.2.23., 4면)으로 지적되었다.

2018년 한국을 방문한 외래관광객 16,469명을 대상으로 한 외래관광객 실태조사를 보면 개별여행이 79.9%를 차지하였다. 지속적으로 개별여행객 형태의 여행이 증가하는 것을 알 수 있다. 외래객 재방문율은 57.8%, 체재기간은 7.2일, 지방 방문 비율은 49.6%였다. 특히 식도락 관광 및 쇼핑에 가장 만족한 것으로 나타났다. 교통편, 방문지 및 맛집 정보가 방한 준비를 할 때 필요했다고 한다. 언어소통, 관광안내서비스, 대중교통 만족도는 감소했다는 조사결과이다(문화체육관광부; 한국관광공사). 개별여행은 향후 여행형태의 대세가 될 것으로 전망된다. 이러한 흐름에 부응하는 여행수용태세가 필요하며 장기적으로 준비되어야 할 것으로 사료된다.

(11) 환대마케팅 도입

태국에서는 방문하는 외래관광객들에게 환영의 의미로 꽃을 걸어주는 행사를 장기간 지속한 바 있다. 이러한 환대성은 태국의 이미지와 관광경쟁력을 배양하는 중요한 사항으로 인식되고 있다. 말레이시아에서는 2007년을 말레이시아 방문의 해로 정하고 마케팅을 전개하고 있다. Visit Malaysia 2007은 독립 50주년을 기념하여 시행하고 있으며 국가적인 차원에서 환대마케팅을 접목하고 있는 것으로 파악되었다. 우리나라 인천공항에서도 항공사와 협력하여 외래방문객을 대상으로 하는 환대마케팅의 예로 ○○○번째로 입국하는 방문객(관광객)에게 상품을 지급하고 기념촬영을 하고 환영한다. 이러한 행사를 펼치는 등 나름의 환대마케팅 행사와 프로그램을 진행하고 있다.

(12) 시티투어 활성화

싱가포르가 관광경쟁력을 가질 수 있었던 주요한 내용이 시티투어의 활성화였다. 공항에서 대기하는 환승여객들을 대상으로 무료로 공항에서 연결되는 전철로 시내관광을 제공하는 정책은 외래관광객들에게 어필하여 좋은 반응을 얻어 싱가포르의 관광경쟁력을 제고하였다.

우리나라도 현재 코로나 상황으로 잠정적으로 중단되었지만 무료 환승투어를 몇 개의 프로그램으로 운영하고 있다. 2018년 기준 약 800만 명의 환승객을 기준으로 1% 정도인 8만여 명이 참여하였다. 그러나 한국의 관광경쟁력 제고와 인천공항의 허브공항으로서 입지를 다지기 위한 전략적인 차원에서도 매우 중요하고 의미있는 프로그램으로 사료되며 긍정적으로 평가하고자 한다.

(13) 상시 축제화

홍콩은 일년 연중 축제가 이어지는 나라로 인식되어 왔다. 주요한 축제의 경우 상시 축제화가 요구되며 우리나라의 각 지역별 축제를 외래관광객들에게 알리고 즐길 수 있는 프로그램 안내와 전반적인 안내가 지원되어야 한다.

코로나 상황으로 특히 대규모 인원이 모이는 대중행사가 많은 축제는 대부분 열리지 않고 있다. 대표적인 우리나라 보령 머드축제의 경우에도 2021년 상황을 보면 1인 참여 등의 오프라인 형식과 대부분 화상형식으로 방역에 철저히 주의하여 축제가 진행되고 있다. 향후 코로나 문제가 해결된다면 무엇보다도 관광의 활성화를 위한 차원에서 축제는 발전적으로 운영되고 개최됨으로서 관광에 기여하는 긍정적인 역할이 필요하다고 사료된다.

영국 버킹검 근위병 교대식

(14) 광장 및 공원문화 조성

프랑스 파리의 콩코르드 광장, 몽마르트르, 이탈리아의 나보나 광장, 스페인 광장, 미국 뉴욕의 센트럴파크 등 광장과 공원이 관광객이 찾는 주요 관광지가 될 수 있도록 제반 조성과 문화정착이 요청된다.

우리나라도 현재 광화문 광장이나 시청 앞 광장 등 나름대로 유럽 등과는 다르지만 광장 등 문화공간 조성에 관심을 두고 변화해 왔다. 무엇보다 교통량이 많은 시내에서 이러한 공간확보가 유용하고 의미 있게 역할하며 가치 있는 활용이 되기를 기대해 본다.

(15) 대표상품 개발

태국에서는 관광객들이 피로를 풀기 위해 전통안마 상품을 찾는다. 홍콩, 마카오, 필리핀, 말레이시아에서는 카지노산업을 활성화시키고 있다. 우리나라에서는 태권도, 사찰관광(Temple stay), 생태관광(Ecotourism)과 분단국가로서의 독특한 자원인

비무장지대, 동굴관광, 일본 관광객과 중국 관광객들이 점증하는 카지노상품 개발 등에 박차를 가해야 할 것이다.

참고 한국관광개발원 '대한민국 테마여행 10선' 안전여행 콘셉트 상품

(사)한국관광개발원은 문화체육관광부와 함께 대한민국 테마여행 10선 사업을 추진하여 하나투어 자회사인 ㈜하나투어아이티씨와 손잡고 2020 특별여행주간에 대한민국 테마여행 10선 대표상품을 판매하였다.
이 상품은 여행과 일상을 지키는 안전여행 콘셉트를 바탕으로 판매되었다. 4개 권역을 우선 판매한 후 9개 대표상품을 추가로 판매하였다. 판매 중인 7개 상품의 지역은 2권역(평창, 강릉, 속초, 정선), 3권역(대구, 안동, 영주, 문경), 5권역(울산, 포항, 경주), 10권역(단양, 제천, 충주, 영월)이다.
각 지역의 주제는 2권역 속초-강릉, OK 로컬(1박 2일), 시나미 로컬여행(2박 3일)이며, 3권역 선비살이 체험여행-선비의 풍류(1박 2일), 5권역 내 맘 속의 UU자적, 선라잇 해리티지(1박 2일), 10권역 힐링견문록 중부 내륙 체험여행(2박 3일), 한반도의 배꼽여행 중부 내륙 힐링투어(2박 3일)로 구성되었다.
해당 지역에 정통한 전문가들과 함께 개발했다고 한다. 안전한 여행을 위해 이용객 대상 발열 확인 및 문진표 작성 등 방역조치를 한다. 그리고 상품이용객에게는 마스크, 손 세정데, 소독용 물티슈를 제공하고 45인승 버스에는 20인까지만 탑승한다. 1인 2좌석을 사용하여 SAFETY 20 여행버스 운영을 한다(뷰티트래블뉴스: 2020.7.6.). 한국의 대표적인 도시와 지역을 테마로 한 관광상품은 국내의 관광객 외에도 향후 외래관광객에게도 어필할 수 있는 여행상품으로 판단되는바, 개발과 상품화가 요청된다.

(16) 서비스 관광소비형 외국인 유치 활성화

한국의 특화된 경쟁력 우위분야와 상품에 매력을 느끼고 입국하는 외래관광객들을 늘려야 한다. 가격경쟁력과 질이 좋은 서비스와 상품구매를 위해 국경을 넘나드는 세상이다. 원화강세 상황에서는 특히 외래관광객 유치를 늘려서 서비스수지 적자를 만회해야 하는 상황이다. 그리고 중국과의 교류가 확대되면서 중국인들의 관광을 위한 입국이 증가하고 있다. 이에 지출이 높아지는 성향과 트렌드에 맞춰 제반 상품개발과 서비스가 뒷받침되어야 한다. 2007년 한국에 머물렀던 중국인은 8만여 명으로 전체 외국인 수의 60%에 달하며 1999년에 비해 6배 늘어난 수치(조선일보, 2007.1.1., B3면)라는 보도에서처럼 부상하는 국가의 관광객과 서비스 그리고 관광소비형 여행상품의 활성화에 매진해야 할 것이다.

방한하는 중국인 관광객은 카지노에 관심이 높다. 이러한 수요를 잘 감안해서 안내를 해야 할 것이다. 특히 면세상품에 대한 관심과 수요도 높은바, 면세점의 마케팅도 요청된다. 그리고 명품에 대한 수요도 크기 때문에 이에 대한 마케팅과 안내도 필요하다. 중국인의 관심이 많았던 수삼 및 인삼 등 건강에 관련된 상품의 판매진작도 중요하다. 한국에서 구매한 제품에 신뢰도가 있는 만큼 백화점, 면세점 등 홍보가 필요하다.

한편 그동안 중국 기업체 등에서 단체입국한 인센티브 단체(대형그룹)에 대한 수요도 매우 중요한 인바운드 수요로 볼 수 있다. 이러한 행사 등의 유치마케팅과 관리가 지속적으로 잘 이뤄져야 할 것이다. 중국의 해외여행 수요는 현재 세계 1위로 2019년 약 1억 5천만 명이 해외로 출국한 것으로 나타났다(고객만족마케팅 블로그). 관련하여 향후 수학여행단 등 많은 단체에 관심과 유치노력이 필요하다고 하겠다. 우리나라가 인접국으로 10%만 유치하더라도 1,500만 명이라는 수치가 나온다. 이는 우리나라 인바운드(외래관광객 국내여행)에 엄청난 파급효과를 미칠 것으로 전망된다.

파리의 콩코르드(Concorde) 광장

(17) 여행사의 고객서비스 증진과 횡포 근절

여행사의 수가 증가일로에 있다. 여행수요의 증가와 함께 늘어나고 있다. 인바운드 외래관광객을 유치하여 행사를 진행하는 업체의 경우 회사의 이미지와 한국의 위상이 연계되어 있다는 인식으로 고객만족에 최선을 다하여야 할 것이다. 한국소비자보호원에 접수된 해외여행 상품 피해 상담건수는 2004년 2,910건, 2005년 3,251건에 이어 2006년에는 3,607건으로 증가세를 보였다. 공정거래위원회가 2007년 해외여행 소비자 피해 343건을 분석한 결과에 따르면 일방적 계약취소(50.1%), 일정 · 숙소 임의 변경(23.3%), 상해 · 질병(6.7%) 순으로 피해가 많았다(조선일보, 2007.2.27., A9면). 이는 여행사에 지적되는 문제점으로 시사하는 바가 크다. 여행계약서 작성과 보관으로 분쟁 시 불이익을 받지 않도록 공정위 소비자정보팀에서는 권고하고 있다.

코로나19의 상황에서는 주로 여행의 취소 위약금 분쟁이 많은 것으로 보인다. 신혼여행 계약 환급 요구건과 항공사의 운항 취소 관련한 분쟁도 나타난다. 해외여행은 줄고 국내여행이 증가해 렌터카 수요가 늘면서 소비자 피해도 증가한 것으로 나타났다. 가장 많은 피해구제 신청 유형은 차량사고 관련 비용 과다 청구이다. 렌터카 수리비, 면책금, 휴차료 등 과다 요구 사례가 많은 것으로 나타났다. 또한 예약 취소 시 계약금 미환급이나 위약금 과다 청구 등 계약 관련 피해가 2020년에는 가장 많게 나타났다(매일안전신문, 2021.6.23.). 해외여행과 국내여행의 증가가 시작되면 피해와 분쟁이 더욱 증가할 것이다. 이에 한국소비자원 등의 피해구제신청과 처리가 필요하다.

(18) 상품가격 정상화

인바운드 업계에서는 저가상품 난립으로 역마진 비율이 커지면서 업체들이 어려움을 겪고 있다. 상품가 자체에서 수익을 봐왔던 것이 수익률 제로를 거쳐 1박당 약 20달러가량의 손해를 보고 있는 상태이다. 대부분의 패키지상품은 쇼핑커미션으로 수익을 맞추고 있으며, 저가상품이 보편화되면서 인센티브 상품도 가격이 떨어지고 있다. 여기에 여행사들은 수익을 올리기 위해 쇼핑센터나 무료 입장이 가능한 관광지를 중심으로 상품을 구성하다 보니 여행객 컴플레인도 늘고 있다(세계여행신문, 2007.2.26., 33면)는 지적이다. 상품가격의 정상화로 업계의 이익과 산업의 경쟁력을 높여야 할 것이다.

자유경쟁시장에서 가격 등 경쟁은 불가피하지만 지나친 저가경쟁은 관련산업의 발전을 저해하며 결국 소비자에게 불이익이 전해지는 결과를 낳는다는 점에서 우려하지 않을 수 없다. 공정한 경쟁과 최소한의 이익을 전제로 한 여행상품 가격책정이 기업과 소비자 모두 만족스러운 결과를 창출하게 됨을 기억해야 할 것이다. 코로나 팬데믹 이후 이러한 마인드와 변화가 여행시장과 산업에서 펼쳐지기를 소망한다.

(19) 기술력 바탕으로 시설의 현대화

우리나라 서울에 있는 롯데월드타워는 123층, 555m 높이의 거대한 빌딩으로 대한민국 서울의 랜드마크로 평가하고자 한다. 서울의 전역에서 특히 강남 등 근처에 가면 이 빌딩이 잘 보이며 높이로 인해 더욱 인상적이다. 야간에는 조명으로 인해 더욱 아름답게 보이기도 한다. 기술력 없이는 세울 수 없는 건물로 평가된다. 서울 스카이는 롯데월드타워의 전망대로 뷰가 환상적이라는 평가를 받는다. 타워 내에 위치한 시그니엘 서울 호텔은 고객만족도가 최상으로 부킹닷컴 9.2/10 평점을 받고 있다. 주위에 롯데콘서트홀이 있는 롯데월드몰, 롯데월드, 잠실롯데백화점, 롯데호텔월드, 롯데시네마, 롯데마트 등 관련된 시설 등이 연계되어 있다. 올림픽공원, 잠실실내수영장, 올림픽 체조경기장이 근처의 주요관광지로 위치해 있다.

경북 울진군에 전동차를 타고 바다 위 풍경을 감상하는 관광시설인 죽변 해안 스카이레일이 2021년 7월 8일 개장하였다. 죽변항에서 후정해수욕장까지 2.4km 구간에 모노레일 형태의 해안 스카이레일이다. 최대 높이 11m로 4인승 전동차 60대, 승하차장 2곳, 중간 정차장 2곳으로 구성되었다. 요금은 4인용 기준 2만 5,000원~4만원이다. 울진 죽변의 해안선을 따라 이동하는 코스로 주위의 풍광이 뛰어나다(세계일보, 2021.7.1.)는 평가이다. 코발트색 바다를 감상하면서 파도소리와 소용돌이를 보면서 힐링을 얻게 될 것으로 전망된다. 해안 스카이레일은 바다 위에 건설된 시설로 기술력과 1,000억 원 이상의 자금이 소요된 것으로 판단되며 현대 관광자원의 경쟁력을 제고하는 투자와 노력의 산물로 평가하고자 한다.

현대관광은 경쟁력 있는 시설투자로 연계된 시설관광자원이 매우 중요하다는 판단이다. 최근에 한국의 주요관광지를 보면 현대화된 최첨단 시설을 통해 관광 경쟁력을 제고하는 것을 볼 수 있다. 국내관광의 명소로 떠오른 단양의 만천하 스카이워크는 짚와이어, 알파인코스터 등 액티비티 시설을 강화한 레저시설단지로 주위의 산과 강에 어울린다. 만천하슬라이드와 모노레일 등 체험시설도 새롭게 확충했다. 또한 남한강 수면에서 80~90m 위에 25m 높이로 세워진 스카이워크 전망대는 발밑 100여 미터 아래 강물을 특수제작된 투명유리를 통해 내려다보는 짜릿한 경험을 할 수 있는 시설전망대이다. 걸어서 올라가면 주위의 환경과 전망이 일품이다.

단양군은 단성역에서 죽령역까지 폐선된 구간 8.2km에서 레일바이크와 풍경열차 등 시설을 통해 체류형 관광도시화하는 노력을 기울이고 있다.

(20) 코로나 이후 적합한 여행상품 개발

포스트 코로나 시대에는 걷기/트레킹, 생태관광, 힐링관광, 랜선투어 등 많은 변화가 진행되고 있다. 이처럼 시대와 상황에 맞는 투어가 개발되고 실행되어야 할 것이다. 특히 방역에 기초로 한 안전한 상품 즉 비대면 안심관광지 상품이 지속적으로 각광받을 것으로 전망된다. 관광의 패러다임이 변하고 있다.

기존의 단체형 여행이 아닌 스몰투어/혼행(혼자 여행)/나만의 액티비티 등 여행트렌드가 변하고 있다. 자신이 원하는 여행코스를 계획하고 움직이는 자유여행의 수요가 증가하여 국내를 중심으로 개별여행이 지속적으로 늘고 있다. 스마트폰의 발달로 항공권, 교통편, 숙박예약 등이 편해졌고 정보취득이 용이하다. 핵심 소비계층인 시니어 시장이 확대되고 있는 만큼 상품개발이 요구된다. 전반적으로 헬스투어에 대한 관심이 커져 있는 상황에 부응하는 것이 필요하다. 그리고 체험관광의 욕구도 크다. 소셜네트워크가 주도하며 레저활동이 증가하는 관광의 트렌드가 포착된다. 무착륙여행, 한 장소에서 머무르며 한 달 살기, 호텔재택 등의 대체상품도 부각되고 있다.

문화관광부와 한국관광공사에서 2021년 국내관광트렌드를 전망했다. B.E.T.W.E.E.N

으로 '균열, 위로, 연결, 어디든, 강화, 기대, 주목'을 의미한다. 코로나19로 인해 치유형 여행, 근교중심의 단기여행, 한적한 소도시 위주의 여행, 소수의 친밀한 사람들과의 여행으로 변화하였다.

균열(Break)은 코로나19로 인한 여행산업의 변동을 의미한다. 위로(Encourage)는 위로를 전하는 일상 속 소소한 자유여행을 의미한다. 연결(Tie)은 더욱 끈끈해진 인근 지역과의 연결망을 의미한다. 어디든 관광지(Wherever)는 어느 곳이든 내가 있는 곳이 여행명소임을 의미한다. 강화(Enhance)는 친밀한 사람들과 함께 즐기는 여행을 의미한다. 기대(Expect)는 코로나19 속에서도 여전히 존재하는 여행에 대한 갈망을 의미한다. 주목(Note)은 변화의 사이에 주목받는 새로운 여행형태를 의미한다(한국관광공사; 미래한국 Weekly, 2021.1.14.).

코로나의 장기화로 여행업의 피해가 막대하다. 사람들은 스트레스를 너무 많이 받아 위로가 필요하다. 마음의 연결이 필요하다. 일상에서의 방문장소가 여행 및 관광지로 인식되고 있다. 가족 등 친밀한 사람과의 여행이 대세이다. 어려운 상황에서도 여행에 대한 갈망이 크다는 2021년의 국내관광트렌드는 현 상황을 잘 표현하고 적절한 단어로 구성하였다고 사료된다.

해외관광객 유치 695억 원 지원

해외관광객 유치를 위한 정부 지원이 올해 대폭 확대된다.
기획예산처는 올해 정부에서 해외관광객 유치를 위해 695억 원을 지원할 것이라고 발표해 관광산업 육성을 위한 적극적인 움직임을 보이고 있는 것으로 나타났다. 지원금액은 작년 349억 원보다 약 2배가 늘어난 것이다.
특히 국내외에서 호응도가 높은 템플 스테이(temple stay)를 매력적인 한류관광상품으로 개발하기 위해 지난해 35억 원보다 4배 이상 늘어난 150억 원이 지원된 것으로 알려졌다.
우선 외국인을 위한 국제 선체험센터 건립을 위해 올해 신규로 50억 원을 투입하는 한편, 템플 스테이와 관련된 프로그램 홍보 및 운영을 위해 20억 원, 시설보강에는 80억 원을 지원한 것으로 보인다.

경주 불국사 석가탑

경주 불국사 다보탑

템플 스테이는 일반인들이 절에 머물면서 전통문화와 함께 다도, 선 등을 체험하는 프로그램으로 이 사업에 대한 지원규모가 크게 확대됨에 따라 해외관광객 유치는 물론 우리 전통문화에 대한 인식과 이미지를 개선하는 데 크게 기여할 것으로 기대된다.

이와 함께 한국관광 이미지 광고 등 해외관광객 유치홍보를 위한 사업비도 지난해 133억 원에서 334억 원으로 2배 이상 늘어났다.

증액된 사업비는 중국, 일본, 동남아 등 한류열풍이 강한 지역에 집중 투입, TV광고를 중심으로 인쇄매체, 온라인, 옥외광고 등 다양한 매체를 통한 홍보를 지원한 것으로 알려졌다.

아울러 한국관광공사 해외지사(26개)의 사업비를 144억 원으로 지난해 보다 30% 이상 늘리는 등 해외 관광객 유치활동비도 181억 원에서 211억 원으로 확대하였다.

정부는 앞으로도 부가가치가 높은 관광산업 육성과 관광객 유치를 위해 지속적으로 지원해 나갈 계획이라고 전했다.

출처: 세계여행신문, 2007.3.12, 30면.

CHAPTER

8

여행상품 마케팅

너는 아느냐,

미지의 나라에 대한 향수와 조바심 나는 호기심,

우리들을 비참한 일상으로부터

해방시켜 줄 이 알 수 없는 열병을?

– 보들레르의 '여행에의 초대' 중에서 –

CHAPTER

8 여행상품 마케팅

1. 여행상품 마케팅

1) 여행상품 광고 시 소구점 및 매체

① 가격경쟁력
② 목적지의 매력성
③ 여행객에게 제공되는 특전 및 서비스
④ 회사의 공신력 및 이미지
⑤ 조기예약할인, 동반자할인, 단체예약할인
⑥ 이벤트 및 경품제공
⑦ 관광객유치실적
⑧ 항공사 취항기념 행사
⑨ 청정지역상품
⑩ 신문광고

⑪ 잡지광고
⑫ TV, 라디오 협찬 광고
⑬ 신문광고는 조선 · 중앙 · 동아 등을 선호하며 기획여행상품 광고를 중심으로 게재
⑭ 뚜르드몽드, 여행정론, Traveller, Mode 등 여행사가 발간하는 여행신문 및 잡지 증가
⑮ 옥외광고, 인터넷 배너광고, 여행사 내부시설물 이용한 POP광고, DM, 입간판, 외벽 및 교통광고 증가

2) 카탈로그, 전단, 포스터

(1) 카탈로그

카탈로그는 경제적인 소구로 이용되며 주로 우편물로 발송된다. 카탈로그에는 주로 여행상품의 가격 및 기간을 표시한다.

(2) 전단

전단은 일반여행업체가 주로 배포하는데 주로 우편물로 발송된다. 전단에는 여행상품안내, 항공권가격안내, 회사소개 등이 주요 내용이다.

(3) 포스터

포스터는 분기별 제작이 많고 내용은 대부분 여행상품 안내, 회사소개, 항공권 가격안내이다. 배낭여행 상품의 경우 대학가에서 포스터를 가장 많이 사용하고 있는 효과적인 방법이다.

2. 여행사의 불황기 마케팅전략

여행사 마케팅전략에 있어서 가장 어려운 상황은 불황기, 전쟁, 조류독감, 광우병 등 전염병의 피해가 큰 상황으로 이에 대처하는 효과적인 방법을 강구하는 것

이 요구된다. 또한 여행사 마케팅전략은 세계적인 정치 및 분쟁지역 여건의 영향을 크게 받게 된다. 그동안 우리가 보고 경험했던 바와 같이 대표적인 사례가 이라크전쟁과 내전, 아프카니스탄, 이스라엘과 레바논 헤즈볼라 분쟁, 북한 미사일, 홍수 피해 등이다.

또한 최근의 코로나 팬데믹 상황도 가히 가장 어려운 불황기로 언급할 수 있겠다. 다음 표는 여행사의 불황기에 적용되어야 할 활동을 정리하였다.

〈표 8-1〉 여행사의 불황기 활동요소

항목	항목
- 여행상품의 다양화(백화점식 판매) - 구조조정 - 적극적인 판매 및 영업 - 고정물량 및 거래선 확보 - 대고객 평판도 및 이미지 구축 - 도매업자 판매 - 특별관심관광(SIT) 판매 확대 - 가격인하 및 조정 - 여행상품의 전문화	- 비피해지역 여행상품 판매강화 - 국내여행상품 영업 비중 강화 - 직원 무급휴가 - 국내 허니문상품 주력 - 여행사 간 전략적 제휴 / 연합상품 공동 판매 - 인터넷마케팅 강화 - 주문식 상품 판매 강화 - 학생단체 및 배낭여행 상품 판매 확대 - 항공권, 기차승차권, 호텔객실 등 여행상품 요소별 판매 강화

출처: 저자 작성

여행사의 성공적인 불황기 마케팅전략을 제시하면 다음과 같다. 여행목적지의 청정, 안전지역이라는 이미지와 마케팅이 필요하다. 그리고 정책적인 보상제도가 요구된다. 이 부분은 현재 코로나의 심각한 상황에서 특히 방역차원에서 청정하고 안전한 지역이 대두되고 있다는 점에서 맥을 같이 한다. 그리고 국가나 지자체의 보상이 어려운 여행업계에 절실히 필요한 사항과도 동일하다.

사스(SARS)에 대응한 태국 등 동남아시아의 정책적인 대응이 필요하다. 기업체 입장에서는 불황기에 대비한 감량 경영체제가 구축되어야 한다. 현재 시행되고 있는 여행상품인증제도는 여행상품을 보증하는 제도로 선정 시 신뢰도를 구축할 수 있다. 브랜드 인지도 및 고객의 충성도를 높여야 한다. 경쟁자와의 전략적 제휴(Strategic alliance)도 요청되는데 세중여행, 투어비스, 범한(레드캡투어)의 공동상품 판매를 위한 공동광고가 적절한 사례라고 할 수 있다. 또한 여행사의 자사상품에 대한 고기술, 고감도, 개별적인 서비스 지향이 필요하다. 자사만의 독특한 경쟁우위(Competitive advantage)보유도 중요한 전략적 요소가 될 것이다.

3. 여행상품 판매에 영향을 미치는 항공사 마일리지 프로그램

1) 상용고객 프로그램

1981년 시작된 아메리칸 항공사의 Advantage 프로그램이 효시이다. 상용고객 프로그램은 항공사들이 무료로 나누어 준 좌석은 빈 좌석으로 운항될 수 있어서 최소한의 비용만이 추가로 발생한다는 평가에서 시작되었다. 미국의 경우는 상용객의 70%가 1개 이상의 상용고객 프로그램에 가입되어 있을 정도로 활성화되어 있다.

고객들은 마일리지 적립으로 인해 특정 항공사의 충성도 높은 고객이 될 수 있다는 점이 장점이다. 그러나 최근 항공사는 제공했던 마일리지의 부담으로 인해 해당 마일리지에 대한 기존의 혜택을 점차적으로 축소시키는 등의 전략으로 부담감을 해소시키려는 노력을 하고 있다. 고객에게 주어지는 마일리지 혜택은 기업체 입장에서는 금전적인 지출에 해당하는 부담으로 작용하기 때문이다.

2) 대한항공

대한항공은 1969년에 설립된 항공운송업체로 2020년 11월 아시아나 인수를 공식화하여(위키백과) 세계 7위의 항공사로 도약할 것으로 전망된다. 2020년 12월 기준으로 159대의 항공기를 보유하고 2020년 5월 기준으로 123개의 도시에 취항하고 있다(나무위키).

국내에서 가장 성공적인 마일리지 프로그램으로 성공한 것으로 평가되며 국제적인 전문기관의 평가에서도 높은 평가를 받았다. 대한항공은 항공동맹체 '스카이팀'에 가입하여 활동하고 있는데 스카이팀에는 델타항공, 멕시코항공, 에어프랑스, 체코항공, 아탈리아항공 등이 가입되어 있다. 국내의 여러 카드사와 제휴하여 사용한 금액에 해당하는 마일리지를 누적시켜 주는 서비스로 이용객들을 확대해 왔다.

대한항공은 글로벌경영협회(GMA) 주관 2021년 글로벌고객만족도(GCSI) 우수기업 시상식에서 항공여객운송 서비스부문 1위를 차지하여 2005년부터 17년 연속 정상을 유지하고 있다. 참고로 티웨이항공[1)]은 LCC 부문에서 7년 연속 고객만족도 1위를 차지하였다. 대한항공은 2020년부터 승객 간 접촉 최소화를 위해 일반석 후방 좌석부터 순서대로 탑승하는 존 보딩(Zone Boarding)을 실시하고 있다. 2021년 5월에는 스카이트랙스(Skytrax)가 선정한 COVID-19 에어라인 세이프티 레이팅(COVID-19 Airline Safety Rating)에서 최고등급인 5성 항공사로 선정되었다(조선비즈, 2021.7.8). 이는 고객중심 경영의 노력과 방역 등에 힘써 온 결과로 평가된다.

3) 아시아나항공

아시아나항공은 1988년 창립하여 2020년 기준으로 보유항공기는 83대, 74개도시, 90개 노선을 운영하고 있다. 에어부산, 에어서울이 자회사이다(위키백과).

또한 스타얼라이언스 동맹체에 가입되어 있다. 에어캐나다, 에어뉴질랜드, 올니폰에어웨이, 얀셋, 오스트리아항공, 라우다에어, 독일항공, 타이항공, 티롤리언에어웨이, 유나이티드항공, 싱가포르항공 등이 가입되어 있다.

아시아나항공에서는 제휴마케팅의 일환으로 LG텔레콤과 2006년 11월부터 국내 최대인 1,000원당 최대 17마일이 적립되는 제도로 월 5만 6,000원의 국내통화요금을 내는 가입자가 1년이면 제주도 왕복항공권을, 2년간 누적한 경우 동남아편도 항공권을 무료로 이용할 수 있는 혜택을 주기도 하였다. 한달 만에 신규가입자가 10만 명을 넘어선 것은 일반인들의 여행에 대한 욕구가 크게 증가한 것으로 분석되었다(세계여행신문, 2007.1.22., 51면).

---

1) 티웨이항공은 글로벌고객만족도(GCSI)조사에서 7년 연속 LCC 부문 1위로 소비자 품질 만족도, 고객가치, 글로벌 역량, 충성도 등 항목에서 높은 평가를 받았다. 한편 대한항공은 품질만족도, 글로벌 역량 및 고객충성도 등의 평가에서 최우수 기업으로 선정되었다. 대한항공은 코로나19상황에서도 차별화된 서비스, 차세대 친환경 항공기 도입 등 고객서비스 제고를 위한 다양한 노력을 인정받은 결과(데일리안, 2021.7.8.)로 평가되고 있다.

아시아나항공은 대한항공에 인수됨에 따라 우리나라 제2민항기로 역할을 마감하게 되었다. 대한항공이 인수 후 경쟁력이 확대되고 수익성이 강화되는 등 경쟁력이 제고되는 항공사로 발전하기를 기원한다.

4. 여행사의 홍보 실태

여행사들은 여러 가지 경로와 방법을 동원하여 최대한의 효과를 얻고자 다양한 방식을 사용하고 있다. 인터넷을 통한 홍보활동, 우수상품 인증확대를 통한 이미지 향상, 관련 매체를 통한 신상품의 가시화, 여행사 자체 세미나 및 직원연수, 소외계층에 대한 관심과 지원 참여, 항공사와의 공조 및 FAM투어 실시, 지역사회활동 참여, 각국 관광청과 연계한 상품홍보 행사 등이다. 자사의 여행상품을 홍보하기 위해 여행사가 광고하는 주요 내용을 살펴보고자 한다. 특히 여행사들이 가장 선호하고 효과적인 수단으로 인식하는 주요 일간지에 기획여행 상품을 광고할 때 사용하는 구체적인 광고 홍보 마케팅 내용을 정리하였다. 2006년 하반기의 일간지에 게재한 내용을 중심으로 하여 작성하였다. 2007년 1월 말을 기준으로 볼 때 세중나모여행과 투어몰은 합병되었다. 브랜드는 세중나모여행으로 통합되는 것으로 알려졌다. 범한여행은 미디어솔루션과의 합병 후 기존의 범한여행에서 레드캡투어로 상호가 변경되었고 나스항공은 호도투어와 합병 후 동일 브랜드를 사용하고 있다.

1) 자유여행사

자유여행사는 2006년 자유투어로 상호를 변경하고 2014년에는 모두투어네트워크에 자회사로 편입되었다. 창사 12주년 및 코스닥 상장 기념 고객 사은 대잔치 8%(7, 8월 해외여행상품 조기예약 할인으로 5% 현금+3% 상품할인권), 코스닥 상장법인 등으로 홍보하였다.

그러나 코로나19의 상황에서 안타깝게도 자유투어는 2021년 3월에 매각방침을 전하고 있다.

2) 롯데관광

롯데관광개발에서는 제주 드림타워 복합리조트에서 일하게 될 신입 및 경력사원 200여 명을 2021년 7월 31일까지 공개채용한다. 카지노, 객실, 식음료, 조리, 통합지원 등 13개 부문이다(뉴시스, 2021.7.5.). 코로나로 어려운 관광업계 상황에서 많은 인원을 채용한다는 점에서 주목받는다.

롯데관광은 서두르십시오! 여름휴가 고객사은 7% 할인 행사 마감 2일 전(3.5% 할인+3.5% 상품쿠폰 증정) 7월 21일까지/업계 최초 KOSPI 상장기업, 직접 모객 1등, 금탑산업훈장 수상, 한국서비스대상 6년 연속 수상, 대한민국마케팅대상 5년 수상, 2000~2006년 아시아·태평양 여행박람회 세계 권위의 여행전문지 TTG 선정 대한민국 최우수여행사 6회 연속 수상으로 홍보하였다.

3) 참좋은여행

참좋은여행은 삼천리자전거 주식회사로부터 2007년 2월 20일자로 분할되어 설립되었고 2007년 4월 30일에는 코스닥 시장에 상장하였다.

J월간 중앙공동기획, 전 상품 유류세, TAX 포함/여행의 시작과 끝을 책임집니다. 숨어 있는 가격이 없습니다./왜 참좋은여행을 다시 찾을까요－광고에 표시된 상품가격 외에 추가요금이 없음, 같은 가격이라면 호텔과 음식수준이 높음, 가이드를 잘 만나야 여행이 즐거움, 지역별로 엄격한 기준으로 선발한 가이드가 안내, 고객의 의견을 모아 더 좋은 상품을 제작－으로 홍보하였다.

2019년 5월 29일 헝가리 부다페스트의 다뉴브강 유람선 사건으로 한때 위기에 처하기도 하였으나 잘 극복하였다. 코로나 상황에서 백신접종에 대한 기대로 괌 여행과 관련해 8월 14일 예약자 44명, 18일 55명 9월 18일 38명이 확정됐다고 밝히고 있다. 조만간 트래블 버블 후보국 상품을 내놓을 계획이 보도되고 있다(연합뉴스, 2021.6.21.; 월간마이더스, 2021.7월호).

4) 범한여행(Red Cap Tour) / 레드캡투어(Redcap)

범한여행은 1992년 12월 주식회사 설립하여 (주)미디어솔루션과 합병 후 동시에 회사명을 1995년 (주)레드캡투어로 변경하였다. 2000년 2월 1일에 코스닥 상장기업 레드캡투어로 새롭게 출발, redcaptour.com으로 홍보하였다. LG, GS, LS 지정 여행사, American Express 한국 대표여행사로 증견기업이며 평균 연봉이 타 여행사보다 높은 편이다.

5) 보물섬투어

창사 13주년 산업자원부 선정 한국서비스품질 우수기업 여행사, 우리은행 프레스티지 고객 여행주관업체, 씨티은행 고객 여행주관업체, 2004년 대한항공우수대리점에 선정된 것을 홍보하였다.

6) 인터파크투어

코스닥 상장기업, 한국능률협회 선정 2006년 한국산업의 브랜드파워 1위, 신용카드 무이자할부, 항공권 호텔최저가 보장, 인터파크 적립금 지급을 홍보하였다.

인터파크투어는 '싸고 믿으니까'라는 광고로 홍보해 오고 있다. 최저가 항공권으로부터 호텔, 패키지여행까지 전화상담을 권유하며 '대한민국 넘버원 여행파트너'로 광고하고 있다. 여행실적도 국내 최상위권이다.

7) 여행매니아

불교TV · MBC아카데미 공식행사 진행, 2005년 스포츠서울 대한민국 소비자 선정 경영대상 수상을 홍보하였다.

8) 온누리여행사

대한민국 대표브랜드로 홍보하였다.

9) 하나투어

(주)하나투어는 명실상부한 우리나라 대표여행사이며 실적 1위의 여행사로 인식된다. 1993년 11월에 설립되었으며 2000년 11월 1일 상장된 대표적인 중견기업 여행사이다.

1등 여행사, 소비자선호도 압도적 1위, 코스닥상장 30대 우량기업, 한국능률협회 선정 한국산업의 브랜드파워 1위, 8년 연속 해외여행판매 1위로 홍보하였다.

하나투어는 코로나19의 여파로 2021년 3월 기준으로 종업원이 2,158명으로 줄어들었다. 평균 근속연수는 8.3년이며 2020년 매출액은 1,095억 7,161만 원이다.

10) 투어비스

SK주식회사가 운영하는 여행사업 브랜드로 한국일보 선정 2006 서비스만족대상 수상을 홍보하였다.

11) 여행사닷컴

고객설문조사 친절도 1위, 전 상품 10월 추석연휴 조기예약 5% 할인+신용카드 무이자 할부(국민/현대카드)를 홍보하였다.

12) 세중해피투어 / 세중투어몰

(주)세중은 1995년 12월 7일 설립되었으며 2000년 6월 9일 상장된 중견기업이다. 2007년에는 세중해피투어가 투어몰을 합병하여 한 가족이 되었다.

삼성그룹 협력여행사, 축구국가대표팀 공식지정 여행사, 유럽상품 3개월 무이자 할부(삼성, 국민, 현대, 외환카드), 2006 올해를 빛낸 기업대상, 2006 월드코리아 베스트브랜드 대상, 코스닥 등록법인, 6년 연속 산업자원부 서비스품질 우수기업으로 홍보하였다.

13) 노랑풍선

(주)노랑풍선은 2001년 설립되었으며 2019년 1월 30일 상장된 중소기업이다.

거품없는 여행, 대진대학교 전담여행사, 재단법인 해상왕 장보고 기념사업회 주관여행사, 2005년 아시아나항공 유럽송출 1위를 홍보하였다.

최근 공격적인 마케팅과 가격경쟁력을 기반으로 시장에서 좋은 성과를 거두고 있는 여행사로 주목받고 있다.

14) 투어2000

(주)투어이천은 1999년 2월 22일 설립된 중소기업이며 5억 원 보증보험 가입업체이다.

투어2000 여행사는 한국복지재단과 함께 소년소녀 가장돕기 캠페인을 펼치고 있다. 추석 특선상품 홈페이지 예약 시 5% DC, 예약자 전원에게 성룡 주연의 BB 프로젝트 영화시사회 티켓 제공을 홍보하였다.

코로나 상황에서는 국내투어를 중심으로 상품개발과 판매를 해왔고 여행만 22년째로 믿고 떠나는 투어2000 공식 블로그, 특가항공권 및 할인항공권, 제주 · 내륙 사이트 등을 이용해 적극 마케팅을 펼치고 있다.

15) 한진관광

한진계열사인 (주)한진관광은 2013년 2월 1일 설립되었다. 평균연봉이 상대적으로 타 여행사보다 높은 편이다. KAL TOUR, 45주년, 대한항공 자회사임을 홍보하였다.

16) 현대드림투어

현대드림투어는 현대백화점(현대홈쇼핑, Hmall)그룹의 여행사이다. KB카드(KB, BC카드 포함) 무이자 행사, 2~3개월 무이자(2006년 6~12월), 창사 35주년 고객사은 대축제 이벤트로 550만 원 여행상품권, 4인 가족 과일바구니 증정, 인터넷예약 고객 더블마일리지 증정을 홍보하였다.

17) KRT(김&류투어)

전문가가 만든 경제적인 여행, 2004~2005년 연속 대한항공 유럽 최우수 대리점을 홍보하였다.

18) 포커스투어

최단기 외국인관광객 유치실적 1위(1억 달러 돌파, 56만 명 유치, 3,000만 달러 돌파), 관광진흥유공 더블 수상, 2000만 달러 탑 수상, 국가산업포장수상, 문화관광부 지정 7년 연속 우수여행사 선정, 업계 최초 프로골프팀 클럽포커스 창단을 홍보하였다.

19) 나스항공/(주)호도투어

"APEC 21개국 정상들을 모신 경험과 서비스 품질보증제도로 고객 여러분을 모시겠습니다"라고 공지하였다. 우리은행 · BC카드 · 외환카드 지정 여행사이며, 문화관광부 외국인관광객 유치 우수여행사, 대한항공 6년 연속 우수대리점 선정여행사, 이노비즈기업(INNONBIZ, 기술혁신형 중소기업)으로 선정된 것을 홍보하였다.

20) 씨에프랑스

대한민국 전문 여행브랜드로 유럽여행은 역시 씨에프랑스가 최고라는 인식이 있다. 기획여행명은 으뜸세계여행으로 50일 전 또는 6인 이상 예약 시 7%(8월 30일 이전 예약자, 특가상품 제외) 할인을 홍보하였다.

21) 투어몰

한화투어몰의 새 이름 공지(Since 1982), 가격파괴 공동구매 – 품질보장, 출발인원 증가 시 가격인하, 신개념 공동구매 패키지 – 를 홍보하였다.

22) 코오롱세계일주

신뢰와 감동의 여행사로 홍보하였다.

23) 모두투어

(주)모두투어네트워크는 1989년 2월14일에 설립되었고 2005년 7월 26일자로 코스닥에 상장되었다.

코스닥상장 여행기업, 은탑산업훈장 수상, 자격 있는 여행전문가, 산업자원부 인증 여행업계 최초 3회 연속 서비스품질 우수기업이다. 전 상품 유류할증료 및 모든 TAX 포함, 외환 · 신한 · KB · 현대카드 2/3개월 무이자할부를 홍보하였다.

코로나 여파로 2021년 3월 기준으로 종업원이 1,014명이다. 2020년 매출액은 547억 5,107만 원이다.

24) 대한여행사

대한여행사는 100년이 넘은 대한민국 최초 여행사이다. 가격 및 품질 타사 비교 필수, 문화관광부 지정 10년 연속 우수여행업체이며 2006년 대한항공 우수대리점상 수상을 홍보하였다.

25) 온라인투어

첨단시대 첨단여행, 대한민국 1등 여행벤처, 중소기업청 지정 벤처기업, 서울경제신문 · 일간스포츠 선정 우수벤처기업으로 홍보하였다.

5. 대학관여 마케팅

여행상품의 마케팅은 여행업체에서 주도하지만 대학기관이 참여하고 관여하는 마케팅은 소비자의 공신력을 키우는 방법이다. 예를 들어 교수, 학생, 관광객이 함께하는 KTX 남도명품 테마관광상품을 소개하자면 국립 목포대학교 여행동아리 N-Tour에서 3회 한정으로 실시하는 상품이다. 남도의 맛과 멋, 문화체험상품으로 세 가지 상품이 있다.

① 장보고와 이순신을 찾아서 : 해남, 강진, 완도, 진도(2006년 11월 3~5일 진행)

② 남도의 사찰과 차문화 기행 : 나주, 화순, 보성, 장흥, 영암(2006년 11월 3~5일 진행)

③ 서해안의 해양문화 기행 : 함평, 영광, 고창, 부안, 김제(11월 10~12일 진행)

남도명품 테마관광은 목포대학교 강봉룡 교수가 한국해양사를 강의하고 최연식 교수가 한국불교사를 동행하여 설명하며, N-Tour 학생들이 캐빈으로 참여하였다. 풍부한 여행자료집과 최고의 남도음식을 제공하였다. 숙박은 호텔에서 하고 교통은 왕복 KTX를 이용하였다. 모집인원은 35명이며 참가비는 30만 원이었다. 출발은 용산역 기준이었다(www.enandotour.org).

6. 항공사 마케팅

항공사들은 특히 비수기에 고객들을 대상으로 서비스차원에서 마케팅을 펼치고 있다. 또한 건강검진 등의 특별한 아이디어를 동원하여 혜택을 주는 서비스로 고객을 끌고 있는바, 자세한 내용을 살펴보고자 한다.

1) 서비스 마케팅

네덜란드 항공(KLM)은 특별한 기회와 혜택을 강조한 실버요금상품을 내놓았다. 이 상품은 85만 원이며 유럽의 모든 도시에 적용된다. 또한 항공권 구입 시 ING 생명이 함께하는 무료 건강검진 기회를 제공한다. 조건은 만 50세 이상 고객을 대상으로 한다. KLM홈페이지를 통해 예약할 수 있다. 예약기간은 2006년 8월 14일부터 9월 15일이었고 출발 기간은 8월 21일부터 9월 15일, 도착기간은 9월 1일~9월 30일의 조건이었다.

2) 비수기 마케팅

KLM에서는 '준비하는 유럽여행의 즐거움'이라는 모토로 비수기 마케팅을 시행하였다. 2006년 11월 얼리버드(Early Bird)는 유럽의 모든 도시를 75만 원에 갈 수 있는 항공권 상품이었다. 믿을 수 있는 항공사 KLM은 대한항공이 속해 있는 스카이팀(SKYTEAM) 동맹체 회원이다. 부지런한 고객님을 위해 온라인 요금으로 11월 항공권을 예약할 수 있도록 하였다. 예약기간은 2006년 9월 25일부터 10월 31일이었고 출발 기간은 11월 1일부터 11월 30일까지였다(www.klm.co.kr).

3) 부가서비스

항공사에서는 스톱오버 호텔을 제공하는 경우가 많다. 불가피하게 경유지에서 연결편으로 목적지까지 연결이 되지 않은 승객들을 위해서 이러한 서비스를 제공한다. 시간적으로 여유가 있거나 경유지에서 시내관광을 희망할 경우에는 나름대로 좋은 기회가 될 것이다. 보통 이러한 스톱오버 승객의 항공권은 상대적으로 저렴하므로 가격적인 장점이 있다.

터키항공에서는 2007년 2월 기준으로 스톱오버 호텔을 제공하는데 별도의 예약 및 바우처 발행을 하지 않는다. 이스탄불 공항에 도착하여 입국심사를 마치고 입국장을 나와서 공항을 벗어나기 전, 은행과 우체국 등이 있는 곳에 빨간 바탕에 하얀 글씨로 '호텔'이라고 써 있는 터키항공 호텔데스크에서 항공권을 제시하면 호텔까지 무료로 이동할 수 있다(세계여행신문, 2007.2.12., 44면).

7. 연예인 · 방송인 · 명사 마케팅

여행사에서는 자사 상품의 홍보와 발전을 위해 유명한 연예인과 방송인 등을 홍보대사로 삼고 마케팅에 주력하고 있다. 하나투어 · 코오롱세계일주와 일본과 중국 전문업체 하늘땅여행사의 사례를 보도록 하자.

1) 하나투어 · 코오롱세계일주

캐나다 골드 메이플커플로 여에스더 · 홍혜걸씨 부부를 선정하여 이들 부부가 추천하는 캐나다 단풍여행 상품을 신문광고로 홍보하였다. 캐나다관광청과 AIR CANADA의 협찬이다. 몽트랑블랑 캐나다, 퀘백, 천섬 메이플로드 10일(2,590,000원) 상품으로 2006년 9~10월 출발 기준이었다.

2) 하늘땅여행

하늘땅여행사는 탤런트 박준규 씨를 홍보대사로 선정하였다. 또한 홈페이지에 하늘땅여행사에 관한 연예인들의 인터뷰를 콘텐츠화하여 활용하였다.

참고 버스음성광고 마케팅

2006년 초반 이래로 여행사들이 버스음성광고를 시행하고 있다. 매일 특정시간대 · 장소를 이용하는 직장근로자나 대학생 등 20~40대 여행수요를 잡기 위해서는 매우 적절한 마케팅기법으로 평가되고 있다. 버스음성광고는 공중파 라디오에서 나오는 방송으로 착각하는 버스승객도 많아 홍보상승효과가 상당히 크다는 평가를 받았다. 여행업계에서는 웹투어, 하늘땅여행, 참좋은여행 등에서 시행하였다. 버스음성광고 마케팅은 빠른 시간 내에 브랜드 홍보효과가 있는 것으로 분석된다. 특히 연예인을 성우로 쓴 하늘땅여행의 경우는 효과가 컸다는 분석이다. 버스정류소 자동안내시스템이 서울시의 모든 시내버스에서 가능하게 된 것은 지난 1999년 6월부터이다. 이때부터 시내버스에 적외선을 이용한 정류장 자동안내시스템을 부착, 번거로움이 없어졌다는 설명이다. 이 시스템은 적외선 무선통신(GPS위성)을 이용한 것으로 정류장 100여 미터 앞 도로변에는 적외선을 쏘는 송신장치가 있고, 버스의 앞쪽 지붕에는 적외선을 받는 수신장치가 있어서 버스는 도로변 송신장치가 내보내는 정류장 코드를 받아 자동으로 안내방송을 하는 것이라고 한다.
버스음성광고는 지역 · 연령대별 타깃 마케팅이 용이하다는 평가이다. 청취자의 광고내용 각인 정도가 높고 정류소별 1개 업체 독점광고가 가능하고, 광고비용도 저렴하다. 이러한 서비스 마케팅을 이용하는 여행사에서는 소비자의 오감을 자극하는 감성마케팅이 추세로 중요한 홍보수단으로 인식된다.

(세계여행신문, 2007.1.29,13면 자료 참조)

8. 소비자 세분화 마케팅

여행의 대중화와 일반화로 인하여 여행 경험이 많은 사람들이 늘어나고 있다. 여행에 참가하려면 기본적인 요건이 시간과 경제력이며 건강이다. 소위 근자에 여행업계에서 관심을 쏟고 있는 여행경험이 많은 계층을 '블루슈머'라고 일컫고 있다. 여행사의 특판부를 중심으로 이러한 소비층을 대상으로 한 마케팅이 강화되고 있다. 블루슈머는 블루오션(Blue Ocean)과 소비자(Consumer)의 합성어로, 새로운 소비자를 지칭한다. 다양한 여행지역과 많은 여행횟수를 지닌 경험자들로서 가격에 대비하여 만족도가 높은 여행상품을 선호하는 준비된 여행예비자들이라 할 수 있다.

상품이 참신하고 여행에 참가하는 일행들이 좋은 그룹이라면 기꺼이 참여하고자 의지를 지닌 여행자들로 비용이 다소 높더라도 이러한 조건이 충족되면 참가하고자 하는 성향의 고객들이다. 이들은 특히 틀에 박힌 패키지상품에 불만이 높다. 이러한 블루슈머를 위한 명품 및 이색상품이 주요 여행사를 중심으로 개발되고 있다. 이러한 명품 · 특판상품은 돈과 시간과 건강을 확보한 여행자들에 의해 수요가 증가해 왔다.

9. 한국 주재 해외관광청 마케팅

터키관광청에서는 신문광고를 통해서 터키가 인류문명의 고향임을 공지하였다. 최근 한국인의 터키관광 수요 증가와 연계된 대중매체 홍보 마케팅으로 아브라함과 호머 그리고 산타클로스의 고향, 트로이목마와 거대한 신전들, 신 · 구약을 망라한 성서의 흔적들, 세계 불가사의, 수많은 유네스코 세계자연과 문화유산을 보유한 국가임을 내세웠다.

그리고 라스베이거스 관광청에서도 신문광고를 통해 홍보하였다. 호화로운 호텔, 화려한 정찬, 스파, 게임, 끊임없는 즐거움으로 가득한 아주 특별한 곳, 생애 최고의 휴가를 원하는 고객을 위한 최고의 장소로 공지하고 사이트(www.visitlasvegas.co.kr)

방문 시 관광안내자료를 발송한다고 공지하였다.

10. 한국관광공사 마케팅

한국의 관광진흥을 주도하는 한국관광공사 국내관광진흥팀에서는 여행업체로 하여금 참신한 기획으로 한국의 대표 여행 프로그램 공모를 공지하였다. 지역상품(5개), 테마상품(5개)이 공모분야이다.

현지에서 1박 이상 숙박이 포함되어야 한다. 주제는 놀토학습여행, 해변(섬)여행, 도보여행, 레포츠여행, 문화답사여행으로 구성되며 계층은 실버, 청소년, 대학생, 여성, 가족 등 계층별 테마로 할 수 있다.

지원 및 포상이 있으며, 국내관광의 활성화를 위한 마케팅 차원에서 시행되는 여행프로그램 공모전이다.

PIC 주력 마케팅

PIC의 주력 마케팅은 리조트 특성별로 차별화된 전략으로 PIC가 보유한 다양한 키워드(액티비티 · 패밀리 · 펀 · 아쿠아 · 쇼핑 등)를 강하게 어필하는 것이다. PIC 괌 · 사이판을 기본으로 하되, 푸켓 라구나비치와 호주 코란코브리조트도 웰빙무드가 강조되는 2007년을 최대한 이용하였다. 괌을 웨딩채플과 웨딩패키지, 사이판은 마라톤 · 철인3종경기 · 마리아나 발리볼 등 스포츠에 힘쓴 것으로 알려졌다. 이에 덧붙여 웰빙마켓이란 점도 강조하였다. 코란코브와 라구나비치도 여성과 쇼핑, 가족을 강조한 콘셉트로 적극적으로 홍보하였다.

- 홍보 마케터 PIC 코리아 김민하 대리의 인터뷰 기사 중에서 발췌-

(출처: 세계여행신문, 2007.3.26, 34면)

부록

여행업 표준약관

국외여행표준약관

공정거래위원회

표준약관 제10021호 [2019. 8. 30. 개정]

제1조(목적) 이 약관은 ○○여행사와 여행자가 체결한 국외여행계약의 세부 이행 및 준수사항을 정함을 목적으로 합니다.

제2조(용어의 정의) 여행의 종류 및 정의, 해외여행수속대행업의 정의는 다음과 같습니다.

1. 기획여행 : 여행사가 미리 여행목적지 및 관광일정, 여행자에게 제공될 운송 및 숙식서비스 내용(이하 '여행서비스'라 함), 여행요금을 정하여 광고 또는 기타 방법으로 여행자를 모집하여 실시하는 여행.
2. 희망여행 : 여행자(개인 또는 단체)가 희망하는 여행조건에 따라 여행사가 운송 · 숙식 · 관광 등 여행에 관한 전반적인 계획을 수립하여 실시하는 여행.
3. 해외여행 수속대행(이하 '수속대행계약'이라 함) : 여행사가 여행자로부터 소정의 수속대행요금을 받기로 약정하고, 여행자의 위탁에 따라 다음에 열거하는 업무(이하 '수속대행업무'라 함)를 대행하는 것.
   1) 사증, 재입국 허가 및 각종 증명서 취득에 관한 수속
   2) 출입국 수속서류 작성 및 기타 관련업무

제3조(여행사와 여행자 의무)

① 여행사는 여행자에게 안전하고 만족스러운 여행서비스를 제공하기 위하여 여행알선 및 안내 · 운송 · 숙박 등 여행계획의 수립 및 실행과정에서 맡은 바 임무를 충실히 수행하여야 합니다.

② 여행자는 안전하고 즐거운 여행을 위하여 여행자간 화합도모 및 여행사의 여행질서 유지에 적극 협조하여야 합니다.

제4조(계약의 구성)

① 여행계약은 여행계약서(붙임)와 여행약관 · 여행일정표(또는 여행 설명서)를 계약내용으로 합니다.

② 여행계약서에는 여행사의 상호, 소재지 및 관광진흥법 제9조에 따른 보증보험 등의 가입(또는 영업보증금의 예치 현황) 내용이 포함되어야 합니다.

③ 여행일정표(또는 여행설명서)에는 여행일자별 여행지와 관광내용 · 교통수단 · 쇼핑횟수 · 숙박장소 · 식사 등 여행실시일정 및 여행사 제공 서비스 내용과 여행자 유의사항이 포함되어야 합니다.

제5조(계약체결의 거절) 여행사는 여행자에게 다음 각 호의 1에 해당하는 사유가 있을 경우에는 여행자와의 계약체결을 거절할 수 있습니다.

1. 질병, 신체이상 등의 사유로 개별관리가 필요하거나, 단체여행(다른 여행자의 여행에 지장을 초래하는 등)의 원활한 실시에 지장이 있다고 인정되는 경우
2. 계약서에 명시한 최대행사인원이 초과된 경우

제6조(특약) 여행사와 여행자는 관련법규에 위반되지 않는 범위 내에서 서면(전자문서를 포함한다. 이하 같다)으로 특약을 맺을 수 있습니다. 이 경우 여행사는 특약의 내용이 표준약관과 다르고 표준약관보다 우선 적용됨을 여행자에게 설명하고 별도의 확인을 받아야 합니다.

제7조(계약서 등 교부 및 안전정보 제공) 여행사는 여행자와 여행계약을 체결한 경우 계약서와 약관 및 여행일정표(또는 여행설명서)를 각 1부씩 여행자에게 교부하고, 여행목적지에 관한 안전정보를 제공하여야 합니다. 또한 여행 출발 전 해당 여행지에 대한 안전정보가 변경된 경우에도 변경된 안전정보를 제공하여야 합니다.

제8조(계약서 및 약관 등 교부 간주) 다음 각 호의 경우 여행계약서와 여행약관 및 여행일정표(또는 여행설명서)가 교부된 것으로 간주합니다.

1. 여행자가 인터넷 등 전자정보망으로 제공된 여행계약서, 약관 및 여행일정표(또는 여행설명서)의 내용에 동의하고 여행계약의 체결을 신청한 데 대해 여행사가 전자정보망 내지 기계적 장치 등을 이용하여 여행자에게 승낙의 의사를 통지한 경우
2. 여행사가 팩시밀리 등 기계적 장치를 이용하여 제공한 여행계약서, 약관 및 여행일정표(또는 여행설명서)의 내용에 대하여 여행자가 동의하고 여행계약의 체결을 신청하는 서면을 송부한 데 대해 여행사가 전자정보망 내지 기계적 장치 등을 이용하여 여행자에게 승낙의 의사를 통지한 경우

제9조(여행사의 책임) 여행사는 여행 출발시부터 도착시까지 여행사 본인 또는 그 고용인, 현지여행사 또는 그 고용인 등(이하 '사용인'이라 함)이 제3조제1항에서 규정한 여행

사 임무와 관련하여 여행자에게 고의 또는 과실로 손해를 가한 경우 책임을 집니다.

제10조(여행요금)

① 여행계약서의 여행요금에는 다음 각 호가 포함됩니다. 다만, 희망여행은 당사자간 합의에 따릅니다.

1. 항공기, 선박, 철도 등 이용운송기관의 운임(보통운임기준)
2. 공항, 역, 부두와 호텔사이 등 송영버스요금
3. 숙박요금 및 식사요금
4. 안내자경비
5. 여행 중 필요한 각종세금
6. 국내외 공항 · 항만세
7. 관광진흥개발기금
8. 일정표내 관광지 입장료
9. 기타 개별계약에 따른 비용

② 제1항에도 불구하고 반드시 현지에서 지불해야 하는 경비가 있는 경우 그 내역과 금액을 여행계약서에 별도로 구분하여 표시하고, 여행사는 그 사유를 안내하여야 합니다.

③ 여행자는 계약체결시 계약금(여행요금 중 10%이하 금액)을 여행사에게 지급하여야 하며, 계약금은 여행요금 또는 손해배상액의 전부 또는 일부로 취급합니다.

④ 여행자는 제1항의 여행요금 중 계약금을 제외한 잔금을 여행출발 7일전까지 여행사에게 지급하여야 합니다.

⑤ 여행자는 제1항의 여행요금을 당사자가 약정한 바에 따라 카드, 계좌이체 또는 무통장입금 등의 방법으로 지급하여야 합니다.

⑥ 희망여행요금에 여행자 보험료가 포함되는 경우 여행사는 보험회사명, 보상내용 등을 여행자에게 설명하여야 합니다.

제11조(여행요금의 변경)

① 국외여행을 실시함에 있어서 이용운송 · 숙박기관에 지급하여야 할 요금이 계약체결시보다 5%이상 증감하거나 여행요금에 적용된 외화환율이 계약체결시보다 2% 이상 증감한 경우 여행사 또는 여행자는 그 증감된 금액 범위 내에서 여행요금의 증감을 상대방에게 청구할 수 있습니다.

② 여행사는 제1항의 규정에 따라 여행요금을 증액하였을 때에는 여행출발일 15일전에 여행자에게 통지하여야 합니다.

제12조(여행조건의 변경요건 및 요금 등의 정산)

① 계약서 등에 명시된 여행조건은 다음 각 호의 1의 경우에 한하여 변경될 수 있습니다.

1. 여행자의 안전과 보호를 위하여 여행자의 요청 또는 현지사정에 의하여 부득이하다고 쌍방이 합의한 경우
2. 천재지변, 전란, 정부의 명령, 운송·숙박기관 등의 파업·휴업 등으로 여행의 목적을 달성할 수 없는 경우

② 여행사가 계약서 등에 명시된 여행일정을 변경하는 경우에는 해당 날짜의 일정이 시작되기 전에 여행자의 서면 동의를 받아야 합니다. 이때 서면동의서에는 변경일시, 변경내용, 변경으로 발생하는 비용이 포함되어야 합니다.

③ 천재지변, 사고, 납치 등 긴급한 사유가 발생하여 여행자로부터 여행일정 변경 동의를 받기 어렵다고 인정되는 경우에는 제2항에 따른 일정변경 동의서를 받지 아니할 수 있습니다. 다만, 여행사는 사후에 서면으로 그 변경 사유 및 비용 등을 설명하여야 합니다.

④ 제1항의 여행조건 변경 및 제11조의 여행요금 변경으로 인하여 제10조 제1항의 여행요금에 증감이 생기는 경우에는 여행출발 전 변경 분은 여행출발 이전에, 여행 중 변경 분은 여행종료 후 10일 이내에 각각 정산(환급)하여야 합니다.

⑤ 제1항의 규정에 의하지 아니하고 여행조건이 변경되거나 제16조 내지 제18조의 규정에 의한 계약의 해제 · 해지로 인하여 손해배상액이 발생한 경우에는 여행출발 전 발생 분은 여행출발이전에, 여행 중 발생 분은 여행종료 후 10일 이내에 각각 정산(환급)하여야 합니다.

⑥ 여행자는 여행출발 후 자기의 사정으로 숙박, 식사, 관광 등 여행요금에 포함된 서비스를 제공받지 못한 경우 여행사에게 그에 상응하는 요금의 환급을 청구할 수 없습니다. 다만, 여행이 중도에 종료된 경우에는 제18조에 준하여 처리합니다.

제13조(여행자 지위의 양도)

① 여행자가 개인사정 등으로 여행자의 지위를 양도하기 위해서는 여행사의 승낙을 받아야 합니다. 이때 여행사는 여행자 또는 여행자의 지위를 양도받으려는 자가 양도로 발생하는 비용을 지급할 것을 조건으로 양도를 승낙할 수 있습니다.

② 전항의 양도로 발생하는 비용이 있을 경우 여행사는 기한을 정하여 그 비용의 지급을 청구하여야 합니다.

③ 여행사는 계약조건 또는 양도하기 어려운 불가피한 사정 등을 이유로 제1항의 양도를 승낙하지 않을 수 있습니다.

④ 제1항의 양도는 여행사가 승낙한 때 효력이 발생합니다. 다만, 여행사가 양도로 인해 발생한 비용의 지급을 조건으로 승낙한 경우에는 정해진 기한 내에 비용이 지급되는 즉시 효력이 발생합니다.

⑤ 여행자의 지위가 양도되면, 여행계약과 관련한 여행자의 모든 권리 및 의무도 그 지

위를 양도 받는 자에게 승계됩니다.

제14조(여행사의 하자담보 책임)

① 여행자는 여행에 하자가 있는 경우에 여행사에게 하자의 시정 또는 대금의 감액을 청구할 수 있습니다. 다만, 그 시정에 지나치게 많은 비용이 들거나 그 밖에 시정을 합리적으로 기대할 수 없는 경우에는 시정을 청구할 수 없습니다.

② 여행자는 시정 청구, 감액 청구를 갈음하여 손해배상을 청구하거나 시정 청구, 감액 청구와 함께 손해배상을 청구 할 수 있습니다.

③ 제1항 및 제2항의 권리는 여행기간 중에도 행사할 수 있으며, 여행종료일부터 6개월 내에 행사하여야 합니다.

제15조(손해배상)

① 여행사는 현지여행사 등의 고의 또는 과실로 여행자에게 손해를 가한 경우 여행사는 여행자에게 손해를 배상하여야 합니다.

② 여행사의 귀책사유로 여행자의 국외여행에 필요한 사증, 재입국 허가 또는 각종 증명서 등을 취득하지 못하여 여행자의 여행일정에 차질이 생긴 경우 여행사는 여행자로부터 절차대행을 위하여 받은 금액 전부 및 그 금액의 100%상당액을 여행자에게 배상하여야 합니다.

③ 여행사는 항공기, 기차, 선박 등 교통기관의 연발착 또는 교통체증 등으로 인하여 여행자가 입은 손해를 배상하여야 합니다. 다만, 여행사가 고의 또는 과실이 없음을 입증한 때에는 그러하지 아니합니다.

④ 여행사는 자기나 그 사용인이 여행자의 수하물 수령, 인도, 보관 등에 관하여 주의를 해태(懈怠)하지 아니하였음을 증명하지 아니하면 여행자의 수하물 멸실, 훼손 또는 연착으로 인한 손해를 배상할 책임을 면하지 못합니다.

제16조(여행출발 전 계약해제)

① 여행사 또는 여행자는 여행출발전 이 여행계약을 해제할 수 있습니다. 이 경우 발생하는 손해액은 '소비자분쟁해결기준'(공정거래위원회 고시)에 따라 배상합니다.

② 여행사 또는 여행자는 여행출발 전에 다음 각 호의 1에 해당하는 사유가 있는 경우 상대방에게 제1항의 손해배상액을 지급하지 아니하고 이 여행계약을 해제할 수 있습니다.

1. 여행사가 해제할 수 있는 경우
   - 가. 제12조 제1항 제1호 및 제2호 사유의 경우
   - 나. 여행자가 다른 여행자에게 폐를 끼치거나 여행의 원활한 실시에 현저한 지장이 있다고 인정될 때
   - 다. 질병 등 여행자의 신체에 이상이 발생하여 여행에의 참가가 불가능한 경우
   - 라. 여행자가 계약서에 기재된 기일까지 여행요금을 납입하지 아니한 경우

2. 여행자가 해제할 수 있는 경우
   가. 제12조 제1항 제1호 및 제2호의 사유가 있는 경우
   나. 여행사가 제21조에 따른 공제 또는 보증보험에 가입하지 아니 하였거나 영업보증금을 예치하지 않은 경우
   다. 여행자의 3촌 이내 친족이 사망한 경우
   라. 질병 등 여행자의 신체에 이상이 발생하여 여행에의 참가가 불가능한 경우
   마. 배우자 또는 직계존비속이 신체이상으로 3일 이상 병원(의원)에 입원하여 여행 출발 전까지 퇴원이 곤란한 경우 그 배우자 또는 보호자 1인
   바. 여행사의 귀책사유로 계약서 또는 여행일정표(여행설명서)에 기재된 여행일정대로의 여행실시가 불가능해진 경우
   사. 제10조제1항의 규정에 의한 여행요금의 증액으로 인하여 여행 계속이 어렵다고 인정될 경우

제17조(최저행사인원 미 충족시 계약해제)

① 여행사는 최저행사인원이 충족되지 아니하여 여행계약을 해제하는 경우 여행출발 7일전까지 여행자에게 통지하여야 합니다.

② 여행사가 여행참가자 수 미달로 전항의 기일내 통지를 하지 아니하고 계약을 해제하는 경우 이미 지급받은 계약금 환급 외에 다음 각 목의 1의 금액을 여행자에게 배상하여야 합니다.

가. 여행출발 1일전까지 통지시 : 여행요금의 30%

나. 여행출발 당일 통지시 : 여행요금의 50%

제18조(여행출발 후 계약해지)

① 여행사 또는 여행자는 여행출발 후 부득이한 사유가 있는 경우 각 당사자는 여행계약을 해지할 수 있습니다. 다만, 그 사유가 당사자 한쪽의 과실로 인하여 생긴 경우에는 상대방에게 손해를 배상하여야 합니다.

② 제1항에 따라 여행계약이 해지된 경우 귀환운송 의무가 있는 여행사는 여행자를 귀환운송 할 의무가 있습니다.

③ 제1항의 계약해지로 인하여 발생하는 추가 비용은 그 해지사유가 어느 당사자의 사정에 속하는 경우에는 그 당사자가 부담하고, 양 당사자 누구의 사정에도 속하지 아니하는 경우에는 각 당사자가 추가 비용의 50%씩을 부담합니다.

④ 여행자는 여행에 중대한 하자가 있는 경우에 그 시정이 이루어지지 아니하거나 계약의 내용에 따른 이행을 기대할 수 없는 경우에는 계약을 해지할 수 있습니다.

⑤ 제4항에 따라 계약이 해지된 경우 여행사는 대금청구권을 상실합니다. 다만, 여행자가 실행된 여행으로 이익을 얻은 경우에는 그 이익을 여행사에게 상환하여야 합니다.

⑥ 제4항에 따라 계약이 해지된 경우 여행사는 계약의 해지로 인하여 필요하게 된 조치를 할 의무를 지며, 계약상 귀환운송 의무가 있으면 여행자를 귀환운송하여야 합니다. 이 경우 귀환운송비용은 원칙적으로 여행사가 부담하여야 하나, 상당한 이유가 있는 때에는 여행사는 여행자에게 그 비용의 일부를 청구할 수 있습니다.

제19조(여행의 시작과 종료) 여행의 시작은 탑승수속(선박인 경우 승선수속)을 마친 시점으로 하며, 여행의 종료는 여행자가 입국장 보세구역을 벗어나는 시점으로 합니다. 다만, 계약내용상 국내이동이 있을 경우에는 최초 출발지에서 이용하는 운송수단의 출발시각과 도착시각으로 합니다.

제20조(설명의무) 여행사는 계약서에 정하여져 있는 중요한 내용 및 그 변경사항을 여행자가 이해할 수 있도록 설명하여야 합니다.

제21조(보험가입 등) 여행사는 이 여행과 관련하여 여행자에게 손해가 발생한 경우 여행자에게 보험금을 지급하기 위한 보험 또는 공제에 가입하거나 영업보증금을 예치하여야 합니다.

제22조(기타사항)

① 이 계약에 명시되지 아니한 사항 또는 이 계약의 해석에 관하여 다툼이 있는 경우에는 여행사 또는 여행자가 합의하여 결정하되, 합의가 이루어지지 아니한 경우에는 관계법령 및 일반관례에 따릅니다.

② 특수지역에의 여행으로서 정당한 사유가 있는 경우에는 이 표준약관의 내용과 달리 정할 수 있습니다.

24세 이하 병역의무자 국외여행 허가제 폐지/ 25세 이후는 허가 필요

대한민국 국적을 가진 병역의무자는 24세까지는 허가없이 자유롭게 국외여행을 할 수 있으나 25세 이후에는 반드시 국외여행허가를받아야 하며, 국외출생자 및 25세가 되기 전에 출국한 사람이 계속 국외체재를 희망할 경우에는 25세가 되는 해 1월 15일까지 국외여행(기간연장)허가를 받아야 한다(경상매일신문, 2019.11.6).

2007년 1월부터 병무관련 국외여행 제도가 변경된다. 우선 기존의 만 18~35세 병역의무자 병무청장 사전허가제가 25세 이상 35세 이하자로 조정됐다. 이로 인해 24세 이하자는 국외여행 허가를 받지 않고 자유롭게 국외여행이 가능하게 됐다.

국외여행허가 없이 24세가 되는 해의 12월 31일까지 5년 이내 복수여권이 발급되며, 단 기존의 국외여행허가의무 위반자는 24세 이하라도 국외여행이 제한된다. 25세 이상자 및 공익근무요원 등 대체복무자는 현행 국외여행허가 대상자이다.

24세 이전에 출국해 25세 이후까지 계속 국외에 체류하고자 하는 경우 25세가 되는 해의 1월 15일까지 반드시 허가신청서를 제출해 국외여행허가를 받아야 하며, 혹은 24세 12월 31일까지 귀국해야 한다. 또한 기존에 국외여행 후 귀국일로부터 30일 내에 지방병무청에 신고해야 했던 신고제가 폐지됐다. 국외여행허가 의무위반 시 병역법 제94조에 의해 고발자로 불이익 처분을 받게 된다.

출처: 경상매일신문, 2019.11.6; 세계여행신문, 2007.1.22., 4면

한국, 미국비자 면제

한국은 기존의 미국 대사관에서 인터뷰 후 발급받던 미국비자가 필요 없게 되었다. 여행이나 상용 등 관광목적으로 미국에 방문할 때에는 ESTA(Electronic System for Travel Authorization: 전자여행승인)를 받으면 된다. 1인당 미화 14달러가 비용으로 소요된다. 그러나 취업, 단기근로, 유학 등의 목적의 방문은 반드시 대사관에서 영사의 인터뷰를 받아야 한다. 2008년 11월 17일 비자면제 프로그램(VWP)이 시작되었다. 전자여권이 이스타비자의 필수요건이다. VWP는 약 30-40개국에 90일간 관광, 상용, 환승 등의 목적으로 비자 없이 입국 · 체류할 수 있으며 VWP가입국에만 지위를 부여한다. 미국정부가 국경보완, 출입국관리, 비자거부율 등을 심사하여 결정한다. 2년마다 우리나라의 대테러대책, 출입국관리 및 여권관리 현황, 불법체류 및 입국거부자 숫자 등을 감안하여 가입국 지위를 연장 여부를 결정한다(외교부 해외안전여행).

미국 내 통과 상황을 정리하면 다음과 같다. 미 상원은 비자면제 프로그램(visa waiver program · VWP)의 확대방안이 포함된 테러방지법안을 가결했다.

이 법안의 'VWP 현대화' 조항은 미국의 대테러전쟁에 우방으로 참여하는 국가에 대해선 현재 비자 거부율이 3% 이상이더라도 VWP에 포함될 수 있도록 VWP 예외규정을 완화하도록 한 것이다. 미국은 지금까지 비자 거부율 3% 이내 국가에 한해 VWP를 적용해 왔다. 한국은 비자 거부율이 3%를 넘어 이 프로그램에 들지 못해왔다. 비자 면제는 27개국이 적용되고 있다.

한국의 VWP가 통과되면 한국인은 무비자로 미국을 방문하고 90일까지 체류할 수 있는 상황이 된다.

VWP가 시행되면 한국 정부는 여권에 여행자의 정보를 담은 생체 칩을 넣어야 하며, 여행자에 대한 전자 정보를 미국측과 교환할 수 있어야 하는 조건이 갖춰져야 한다. 또한 미국의 대테러전쟁에 참여하는 국가로서 대상국이어야 한다. 이 점은 한국이 동참하는 국가로 문제가 없는 상황이다.

현재 여행국가 중 비자를 취득해야 하는 미국은 가장 까다롭고 어려운 비자 취득 과정을 거쳐야 하는 국가로 인식되어 왔다.

항공업계, 종이항공권 수수료 확대(2008년 e-티켓 전면 시행)

2008년 e-티켓 전면 시행을 앞두고 종이항공권에 수수료를 부과하는 항공사들이 잇따랐다. 대한항공을 비롯해 싱가포르항공 · 캐세이패시픽항공 · 노스웨스트항공 등이 종이항공권 수수료를 적용했으며 2월 16일부터 에어프랑스와 KLM네덜란드항공도 수수료를 부과하였다.

대한항공은 지난 1월 1일부로 e-티켓 발권이 가능한 노선을 종이항공권으로 발권 시 건당 3만 원의 수수료를 ADM으로 부과하였다. 노스웨스트항공은 2006년 9월 1일 이후로 종이항공권에 5만 원의 수수료를 부과하였으며 가장 안정적인 e-티켓 발권율을 기록하였다.

싱가포르 항공은 지난해 10월부터 1만 원의 수수료를 부과하였고 오는 2월 15일부터 3만 원으로 인상하였다. 캐세이패시픽항공은 본사 정책에 따라 지난해 9월부로 전 노선에 100% e-티켓 발권을 원칙으로 하였으며 종이항공권 발권에 따른 수수료는 3만 원을 부과하였다. 에어프랑스와 네덜란드항공도 종이항공권에 대해 3만 원의 수수료를 부과하였다. 하지만 e-티켓 발권 시 여전히 카드할부 미결제, CRS에 따른 요금차이 등이 발생하고 있어 문제해결이 시급한 상황(세계여행신문, 2007.1.29., 1면)으로 지적되기도 하였다.

결론적으로 2008년 이후 기존의 종이항공권을 사라지고 소위 전자항공권으로 불리는 e-Ticket(티켓)이 일반화가 되어 항공권으로 자리잡고 있는 상황이다.

해외여행국가 입국 시 주의 요망 물품

- 호주, 뉴질랜드 : 과일과 말린 생선 절대금지, 음식물 신고 요망/호주에서는 와인을 수하물 가방에 부쳐야 한다. 핸드캐리로 이동하면 특히 출국 시에는 압수되기 쉽다. 물론 공항에서 출국수속 후 구입하는 면세품으로서 와인은 지참해서 출국할 수 있다.
- 미국 : 미화 만 달러 이상 신고 요망
- 프랑스 : 가짜 명품 브랜드, 가짜 명품 판매해도 벌금 부과
- 캐나다 : 과일 및 음식물
- 하와이 : 과일
- 태국 : 큰 가방 갖고 들어가는 사람
- 중국 : 상업용으로 쓰일 물품
- 이탈리아 : 도자기류
- 영국 : 입국목적이 정확해야 함

자료 : http://www.tcclub.co.kr

참고문헌

권기왕, 세계 최고를 찾아가는 여행, 랜덤하우스코리아(주), 2006.
권기왕, 죽기 전에 가봐야 할 여행지 33, 랜덤하우스코리아(주), 2006.
고종원, 세계관광, 대왕사, 2003.
고종원 외, 세계의 축제와 관광문화, 신화전산기획, 2018.
고종원 외, 여행사경영론, 백산출판사, 2010.
고종원, 여행업경영실무론, 대왕사, 2001.
고종원, 여행항공상품마케팅-여행트렌드읽기, 기문사, 2010.
고종원, 투어오퍼레이터업무론, 현학사, 2005.
고종원 외, 현대여행상품, 백산출판사, 2020.
고종원 외, 해외여행항공업무의 이해, 대왕사, 2012.
김솔이, 유럽 그 지독한 사랑을 만나다, 이가서, 2006.
김원수, 인간의 욕구와 신상품개발, 경문사, 1998.
안준수 외, 세계와여행, 현학사, 2006.
이광우 · 고종원, 국외여행인솔자업무론, 대왕사, 2002.
이선희, 여행업개론, 대왕사, 1996.
이형준, 동화를 찾아가는 아름다운 여행, 즐거운상상, 2005.
유영준 · 송재일 · 임진홍, 관광상품기획론, 대왕사, 2005.
윤창호, 나는 카메라만 잡으면 떠나고 싶다, 안그라픽스, 2006.
윤창호 · 이형준 · 정태원 · 최항영, 우리 생애 최고의 세계기차여행, 안그라픽스, 2005.
박혜영, 떠난 그곳에서 시간을 놓다, 히피의 여행바이러스, 넥서스BOOK, 2007.
백은하, 기차를 놓치고 천사를 만났다, 웅진 지식하우스
정찬종 · 신석호, 여행상품 기획 · 판매실무, 백산출판사, 2006.
최미선 · 신석교, 한권으로 끝내는 퍼펙트 프라하, 안그라픽스
최연혜, 시베리아 횡단철도 잊혀진 대륙의 길을 찾아서, 나무와 숲, 2006.
한스크루바 지음, 서경홍 옮김, 마음의여행자, 조화로운 삶, 2006.
스티비 스미스 지음, 정은지 옮김, 25세 인간의 힘만으로 지구를 여행하다, 디오네, 2007.

강동균 · 고종원, 여행사 광고홍보실태 조사 연구, 관광서비스연구 제5권 제2호, 2005.
고종원, 기획여행광고준수에 관한 연구, 대원과학대학, 2004.
고종원 · 강동균, 불황기 여행사 마케팅 전략에 관한 실태 연구, 관광서비스연구 제4권 제1호, 2004.

모두투어, MODE, 2006.11월호.
세계여행신문, 2006.6.12., 33면; 41면.
세계여행신문, 2006.12.25., 26면.
세계여행신문, 2007.1.8., 2면; 15면; 19면; 26면; 28면; 35면.
세계여행신문, 2007.1.22., 4면; 15면; 37면; 45면; 51면.
세계여행신문, 2007.1.29., 1면; 13면; 21면; 33면; 40면; 47면.
세계여행신문, 2007.2.5., 1면; 41면.
세계여행신문, 2007.2.12., 1면; 3면; 8면; 15면; 23면; 25면; 37면; 44면.
세계여행신문, 2007.2.19., 5면; 15면; 23면.
세계여행신문, 2007.2.26., 13면; 23면; 31면; 34면.
세계여행신문, 2007.3.5., 51면.
세계여행신문, 2007.3.12., 30면; 48면.
세계여행신문, 2007.3.27., A9면.
인천광역시 · 한국관광공사, 한국관광총회 자료집, 2007.
여행미디어, 2006.6.19., 20면; 26면.
자유여행신문, 2007.1.22., 2면.
한국관광공사, 청사초롱 제323호, 2007.2.23.
하나투어, HANATOUR Vol.15, 2007년 2월호.
한국관광총회 Daily News, 2007.2.27.
한국경제, 2007.2.26.

Kotle, P., Marketing Management, Analysis, Planning, Implementation, and Control, 6th ed., Englewood Cliffs, N. J., Prentice-Hall, Inc., 1988.
Philip Kotler, John Bowen & James Makens, Marketing for Hospitality and Tourism, second edition, Pretice-Hall International, Inc, 1999.
Urban G. L., J. R. Hauser & N. Dholakia, Essentials of New Product Management(J. TR.), Englewood Cliffs, N. J., Pretice-Hall, Inc., 1987.
Pressemier, E.A., Product Management, Strategy and Organization, 2nd ed., N.Y, John Wiley & Sons, Inc., 1982.

http://search.empal.com
http://search.empas.co.kr
http://search.naver.com
www.aireticket.co.kr
www.airticket-sale.com
www.airtroductions.com
www.bomultour.com
www.ciefrance.com
www.ddtour.com
www.dae-atour.co.kr
www.ehanatour.co.kr
www.eoktour.com
www.emirates.com/kr
www.enandotour.org
www.festivalo.co.kr
www.focustour.co.kr
www.fukushima.co.kr
www.freedom.co.kr
www.gogooryeo.co.kr
www.gohansung.com
www.greenboat.org
www.hanatour.com
www.happytour.co.kr
www.hikolon.com
www.hyecho.com
www.hyundaidreamtour.com
www.ilsungtour.co.kr
www.interpark.com
www.japanpr.com
www.jejuair.net
www.kaltour.com
www.koreakorea.co.kr
www.klm.co.kr
www.krt.co.kr
www.ktx21.com
www.ktx7788.co.kr
www.lottetour.com
www.nwa.com
www.ntour.co.kr
www.modetour.com
www.mudfestival.or.kr
www.nextour.co.kr
www.oktour.com
www.onlinetour.co.kr
www.onnuritravel.com
www.rank9.co.kr
www.redcaptour.com
www.sampotours.com
www.santatour.com
www.shincafevn.com
www.shoestring.co.kr
www.soltour.co.kr
www.sungdotour.co,kr
www.skypack.co.kr
www.snowcastle.net
www.soccer4u.co.kr
www.starcruisekorea.com
www.suntour.co.kr
www.tfriends.co.kr
www.thailove.net
www.theme21.net
www.tcclub.co.kr
www.toptravel.co.kr
www.tourescort.com
www.tourga.com
www.tourmall.com
www.tourmania21.com
www.tourvis.com
www.tour02.com
www.tour2000.co.kr
www.traveldesigner.co.kr
www.travelg.co.kr
www.verygoodtour.com
www.westernaustralia.com
www.wetlandpark.com
www.ybtour.co.kr

저자소개

고종원(高鍾源) kojw12@naver.com

인하대학교 불어불문학과(문학사)
경희대학교 관광경영학 전공(경영학석사)
경희대학교 국제경영학 전공(경영학박사)
천지항공여행사 과장, 계명여행사 부서장
이스라엘 Ophir Tours 서울사무소장
유럽랜드 유로코투어 소장, 오네뜨투어 대표
한국능률협회 강사 및 등록전문위원
연세대학교 사회교육원 문화관광정책과정 강사
한양대학교 사회교육원 국제회의전문가과정 강사
경희대학교 TC 과정 · 장안대학교 관광과 강사
세명대학교 · 국제대학교 관광경영과 겸임교수
대원대학교 여행정보서비스학과 전임강사, 학과장
대한관광경영학회 이사
한국호텔경영학회 상임이사
국제지역학회 상임이사, 사무국장
국제관광무역학회 편집위원장
한국여행발전연구회 회장
현, 연성대학교 관광학과 호텔관광전공 교수
국제관광무역학회 수석부회장
한국관광정보학회 여행항공분과위원장
한국관광서비스학회 부회장, 편집위원
주제여행포럼 공동위원장

〈주요 저서〉
- 해외여행업무(2021, 양림출판사)
- 현대여행상품(2020, 백산출판사, 공저)
- 세계의 축제와 관광문화(2018, 신화전산기획, 공저)
- 해외여행항공업무의 이해(2012, 대왕사, 공저)
- 여행항공상품마케팅(여행트렌드 읽기) (2010, 기문사)
- 여행사경영론(2010, 백산출판사, 공저)
- 세계관광(2006, 대왕사)
- 투어오퍼레이터업무론(2005, 현학사)
- 국외여행인솔자업무론(2002, 대왕사, 공저) 외

여행상품개발론

2007년 7월 31일 초 판 1쇄 발행
2021년 8월 30일 제2판 1쇄 발행

지은이 고종원
펴낸이 진욱상
펴낸곳 백산출판사
교 정 박시내
본문디자인 오행복
표지디자인 오정은

등 록 1974년 1월 9일 제406-1974-000001호
주 소 경기도 파주시 회동길 370(백산빌딩 3층)
전 화 02-914-1621(代)
팩 스 031-955-9911
이메일 edit@ibaeksan.kr
홈페이지 www.ibaeksan.kr

ISBN 979-11-6639-188-0 93980
값 21,000원